LISHIMIN DE FENDOU

玄武门之变·斗争（现场直播）　汤浩方　著

李世民的奋斗

国内首部全景式讲述千古一帝李世民创业、夺权与奋斗的传奇一生

1363年来，最真实、最好看、史料最全的李世民全传

中

此情可待成追忆—— 汤浩方帝王系列

GUANGXI NORMAL UNIVERSITY PRESS
广西师范大学出版社
·桂林·

图书在版编目（CIP）数据

李世民的奋斗．中 / 汤浩方著．—桂林：广西师范大学出版社，2015.1
ISBN 978-7-5633-8910-0

Ⅰ．①李… Ⅱ．①汤… Ⅲ．①李世民（599～649）—传记 Ⅳ．①K827=421

中国版本图书馆 CIP 数据核字（2014）第 241174 号

广西师范大学出版社出版发行
（广西桂林市中华路 22 号　邮政编码：541001
网址：http://www.bbtpress.com）
出版人：何林夏
全国新华书店经销
广西大华印刷有限公司印刷
（广西南宁市高新区科园大道 62 号　邮政编码：530007）
开本：720 mm × 970 mm　1/16
印张：16.25　　字数：260 千字
2015 年 1 月第 1 版　　2015 年 1 月第 1 次印刷
定价：36.00 元

序一·远古的游历

王　斌

王斌，著名作家、剧作家和资深文学评论家，张艺谋文学策划与电影编剧。20世纪80年代开始从事文学批评和创作，90年代转入电影策划与编剧，策划和编剧过的电影有：《活着》《英雄》《霍元甲》《千里走单骑》《满城尽带黄金甲》《十面埋伏》《一个都不能少》《幸福时光》《漂亮妈妈》《菊豆》《我的父亲母亲》《摇啊摇，摇到外婆桥》《有话好好说》《青春爱人事件》《美人依旧》等。出版有长篇纪实文学作品《活着·张艺谋》，长篇小说《遇》《味道》《六六年》等，另有大量小说、文学评论及散文发表。

汤浩方与我，结识于网络，我们共同迷恋于中国传统文化。在今天这样一个神奇的时代，人与人之间的沟通与相识，似乎也有了“奇异”的可能——或许无需太多的语言、太多近距离的接触，在虚拟空间中留存的文字，就足以让相知却不相识的人成为志同道合的朋友。

我与汤浩方便为典型一例。

汤浩方隶属“80后”，如今这一称谓，也成了一个颇为时尚且时髦的名词了，它的后缀还要引申出诸如任性、骄狂、自私、沉迷于网络且追逐流行及时尚的诸般解说。而在这一切的解说中，却暗含着对这一代“沉沦”的叹息。

我亦属“叹息”一族。

所以汤浩方的出现让我惊诧，他告诉我说，写了近百万字的历史小说，并且正在写历史，希望我能为此写篇序。接着，他的部分文稿也随之出现了，我留心地看了一遍，一时无语。

坦率地说，在汤浩方驾轻就熟的历史知识面前，我自愧弗如。他告诉我，少年时就迷上了历史，他像一位好奇且又执拗的“探险者”，一头扎进了历史的汪洋之海中，开始了漫长的游历。

而我的少年，却在狂热地“挥霍”着“读书无用论”，我们逃学、打架、戏弄老师、嘲讽长者，以学习为耻。历史在那时的我看来了无生趣，我鄙夷且不屑一顾。在残酷的青春岁月中，我们虚度光阴，于今想来，悔之晚矣！

而汤浩方的少年，却悠游自在地与历史为伴，他在其中发现了乐趣，也发现了自我的志向所在。终于在今天，他要启动他所执掌的历史巨轮，起航了。

中华民族历经劫难，在沉重的历史迷雾中一直在追寻着民族的大义。这一被冠之于“春秋大义”的精神，于今几经沉沦后，终于在萌动中苏醒了。可随之而来的是一片喧嚣，众家各显神通地挥舞着个性的大旗摇唇鼓舌，并以“卫道士”角色自喜。我高山仰止，自惭形秽，因历史于我是一片空濛的崇山峻岭，虽心向往之，然毕竟才疏学浅，即便窃自潜心研读，试图跟进时代的步履，可还是徒叹奈何。少年的轻狂，让我耽误了大好时光，只能怆然自叹了。

所以我对汤浩方示以敬意，他的文字亦如“80后”之风格，轻盈、率性、不拘一格、随意挥洒，而且俏皮风趣，极具才情。

在这一代人的眼中，历史失却了它故有的那份沉重和苍凉，失却了岁月的凌厉和悲壮，仅仅是一个好玩的故事，一部跌宕起伏的“传奇”。

于是他潇洒自如地轻松道来，看着有趣，让人心生快意。

读汤浩方的文字及故事，无疑是一次愉快的旅行，不经意间，信手拈来，轻松而不刻意，宛如茶余饭后可口的小甜点，一路读来亦有收获。这收获是对历史事件及人物有了一个大致的了解，起码在脑海里形成了一个清晰的印象。在那样的一个冷兵器时代，或者说是铁血年代，我们中华民族诞生了许多伟大而有趣的传奇人物，无论他们出于什么样的缘由和欲望，毕竟无意中缔造了中国历史，缔造了中华记忆，成为我们后来者的集体无意识。

中华民族的文化遗存再度被发掘与发现，说明了一个民族在经历了历史的沧桑巨变之后开始走向真正的成熟和觉醒，开始在历史的千年流变中，重新找寻我们屹立于世界之林的民族个性和位置。

我们的确迷失太久了，太多纷纷扰扰的“西式”思想及做派让我们无所适从，让我们盲目地亦步亦趋。我们忘记了一个民族要真正获得世界的尊重，恰恰不是因为“大同”式的共性，而是自强且自信的民族个性。

汤浩方目前似乎更多的是在发掘历史的故事，他那“80后”典型的游戏心态驱使他要将历史“还原”于一个充满“喜剧感”的叙事。因为是隔岸观火，因为年轻，让他一时还难以梳理出隐藏在这貌似“游戏”的历史背后的分量和气韵，以及随处可能散出的中华精神。但他毕竟已然“生活”在了历史中，这就足以让我惊叹了！

我们还不能要求他做到把历史作为反观今天的一面镜子，他太年轻了。终究有一天，他也会带着他散发着风尘的经历重新走进历史。那时，或许他会发现一个不一样的故事——因为历史的发现，是需要岁月磨砺的。

2007年5月25日于北京

序二·真实是上帝的事业

徐　刚

徐刚，文学博士，现为北京大学中文系、北京大学中国古文献研究中心副教授，主要研究方向为古代语言文字、经学和思想史，著有《古文源流考》《孔子之道与〈论语〉其书》等。

其实我们都知道，真相未必是美丽的，甚至可能是丑陋的、残酷的，让人目不忍视，耳不忍闻。可是在现代汉语中，“真善美”常常并称，我不知道是不是可以认为，这反映了我们勇于追求真相的美德。我经常反躬自问，得出的结论是，我勇于揭示历史的真相，却怯于说出自己周围的真实，所以，我就成了一个研究历史的人。这反思的自惭也让我更加佩服鲁迅先生，他解剖自己的刀，下得太不留情了。

有一句老掉牙的话说，真理是赤裸裸的。我理解这句话的真意，不是说真理本身是赤裸裸的，而是我们面临事关自己的真相时，总是发现自己是赤裸裸的，任何遮羞布都是欲盖弥彰。

既然如此，为什么就不能坦然地赤裸相对？基督教的《圣经》说，人类的祖先亚当和夏娃，最初在上帝面前，就是赤裸裸的，后来受了蛇的诱惑，吃了智慧果，才认为赤裸是羞耻的，开始用布遮掩自己。这多少具有某种寓言的性质，我们本来可以直面真相，却因为自以为有智慧，总想把自己真实的部分遮盖起来，所以我们学会了说谎。

生于今之世，要我们像老子那样，“绝圣去智”，回到无知无欲的社会形态，当然是幻想。因为人类似乎有足够的理由骄傲，我们已经创造了多么灿烂的文明，而这都是拜智慧之所赐。不过，智慧毕竟是说谎的前提，我很想请教一下动物学家们，动物们是不是也会撒谎？不过，即便它们也撒谎，想来也绝不可能像我们人类这样，撒那么多谎，而且能撒得那么大，撒得那么精致，那么理所当然。

有了第一个谎言，就会有第二个，谎言需要另一个谎言来掩饰。再精致的谎言，其实也经不住执着的追问。但是我们通常不会去打破沙锅问到底，因为经验告诉我们，追求真相，很可能是要付出代价的。

历史充满了谎言。

准确地说，是书写下来的历史，充满了谎言，因为历史，是人在书写。历史学也充满了谎言，因为历史学，也是人在研究。所以，很多近代以来的史学，对传统史学求真的基本原则提出挑战，认为真实的历史不存在，任何历史都受到说历史的人所处的时代和个人知识的局限；一切历史都是当代史；历史是现在与过去的对话……

这样的历史观有其发人深省的积极之处，那就是提醒我们：警惕某些人蓄意告诉我们的“历史”，警惕那些以真理的名义述说的“历史”，警惕那些自以为自己的言行就是“历史”的人，不可以不加分析地信以为真。然而，它的消极之处也是显而易见的，它给那些恣意篡改历史的人提供了思想上的依据，那些拥有话语权的害群之马更加肆无忌惮地腐蚀了我们的思想，也摧毁了我们的诚信。

所以，作为一个研究历史的人，我还是主张要回到真相上来，回到上帝那里去——真实是上帝的事业。人的智巧总有缺陷，在用谎言掩盖谎言的过程中，难免留下破绽。历史学家就是知识的侦探，就是要通过各种蛛丝马迹，找寻真相。我与那位传说中小侦探的信念相同，“真相永远只有一个！”我们也许会犯错误，但是我们会充分估计到犯错误的可能性，直面自己的错误，勇敢地逼近真实，这是历史学家的使命。我们不必问真相是否美丽，按照真实的情况去说去做，永远是最好的选择，因为只有追求真实，个人的生命才不至于荒谬，伟大的理想才不至于空虚，人类的灵魂才得以据守最后一片安宁的阵地。真实的力量也许超越我们的想象，我不相信丑陋的事实没有价值。鲁迅先生曾经这样评论俄国文学家陀思妥耶夫斯基，说他总是拿着我们普通人的灵魂去拷问，不但剥去了表面的洁白，拷问出藏在底下的罪恶，而且还要拷问出藏在那罪恶之下的真正的洁白来。

我把这话作为我的座右铭。

古人已逝，但往事并不成空。研究历史的人，在一定意义上，是要为古人主持公道的，尤其是为那些活着的时候就已经丧失了话语权力的弱者。这是因为历史学家首先要面对的不是过去，而是未来，如果不是对未来充满希望，我们不必去研究过去的事情。我们不能在时光隧道中穿梭；寻找历史的真相，充满挑战与艰辛，然而又无可逃避。一个认真的历史学家，恐怕先要把自己的灵魂放在十字架上，拷问自己是否有勇气赤裸地面对上帝。

噫！微斯人，吾谁与归？

我知道汤浩方君，是在2011年的年初，那时，他的三国将要出版，写信给我，要求为他的书作序。我一度因为素不相识而想拒绝，但是他的那些谈理想的火热话语深深打动了我。嘤其鸣矣，求其友声，相逢何必曾相识？所以我为他的书写了一篇《三国颂》。今年夏天，他忽然又来信，告知他的宏大的写作计划，并再次要求我为他的“历史真相系列”作一篇序。在追求理想的路上，我常感寂寞，我也希望找到更多的同路人。所以，我愿意把我自己的一点浅薄的见解，说给他，也说给他的读者听。

徐刚

2012年9月15日夜

写于北京大学畅春园

目　录

第一章 平定中原

如果行动失败，立马就会陷入敌军重围，这是一场赌博，生命的赌博。

李世民，将自己推入最危险的境地！

抉择

窦建德的到来，出乎很多人的意料，因为在出兵前，李渊是做好了他的工作的。

当时为了拉拢窦建德，李渊派使者带去厚礼和亲笔信，以此向老窦示好。老窦也够意思，不但释放了之前被他抓获的李神通、同安公主等一行人，还让使者把他们送到长安，并表示与李渊合作。

见窦建德这么容易就上钩，李渊笑了，苦笑，因为窦建德的真实想法，根本不是要跟唐朝合作，他不过是鼠首两端，静观其变，两边都不得罪，甚至有作壁上观的想法。

你们打，俺老窦在一旁看，等你们打得差不多了，咱再出来收拾局面。

一开始，窦建德是想鹬蚌相争，渔翁得利，可是后来，他发现王世充快要完蛋了,加之被手下怂恿,也坐不住了,于是在攻破孟海公之后,他的枪口,对准了李世民。

李世民,将面临极其严峻的考验,打一个,他还很吃力,何况现在是两强合一,该怎么办?

李世民陷入了进退维谷的境地,毕竟自己的一个决定,关系到手下十多万将士的身家性命,也关系到国家的安危与百姓的幸福,必须慎之又慎。

他将面临着自己戎马生涯中最大的一次抉择,他会作出怎样的抉择呢?

李世民决定,开会。

在会上,各位将领和谋士展开了激列的辩论,很多人都请求避开窦建德兵锋,但也有不同意见的。最后吵来吵去,吵成了两派。

简单来说,一派主守,一派主攻。

主攻,以李世勣的机要秘书郭孝恪与李世民的贴身秘书薛收为代表,他们的目标一致,但方法不同。

薛收认为:王世充依然很强大,但目前最大的问题,就是缺粮,如果窦建德给他补充粮食,我们就会有大麻烦,统一天下的日子也就遥遥无期了。我们应当兵分两路,一路围洛阳,一路打夏军,寻找战机消灭窦建德,王世充自然不在话下,不出二十天,便可生擒两人,若退兵自守,只是下策。

郭孝恪认为:王世充已是穷途末路,马上就要成为阶下囚,窦建德远道来救,后勤空虚,这是天要灭他,只要据虎牢之险,伺机而动,肯定能打败他们。

主守,以屈突通、萧瑀和封德彝为代表。他们认为:唐军疲惫不堪,士气低落,王世充凭借坚固的城墙一时搞不定,窦建德乘胜而来,兵锋锐不可当,与其腹背受敌,不如退守新安,等待时机。

平心而论,他们说的都有道理,但最后如何抉择,就要看李世民的意见了。

郭孝恪和薛收他们的意见,想法是很好,但有很大的风险,围洛打援,两个一起收拾,不是想象的那么简单,稍有不慎,满盘皆输,毕竟自己兵力有限,很多方面都难以支撑。而屈突通等人的主张,虽说过于保守,但保险,只是如此一来,必然被动应战,自己很难掌控战场主动权。

李世民，将如何抉择呢？

这时候的李世民，表现出了一个统帅难得的勇气和冷静，他讲了自己的理由和主守将带来的严重后果，明确表示支持郭孝恪与薛收的意见，他的目标也很明确：

抢占虎牢关，一举击败王世充与窦建德。

屈突通一方仍不死心，他们继续坚持自己的意见，当然，他们也退了一步，不再撤到新安，而是请求撤洛阳之围，据险以观其变。

他们所说的"解围据险以观其变"，其实依然是之前意见的翻版，不过是退的地方不同。对于这点，李世民根本不予理会，他有自己的想法。虽然李世民经常听取下属的意见，但他跟李密不一样，从不为下属所鼓惑，他有自己的思考和坚持。

李世民正式决定，将手下的军队分为两部分，大部分留在洛阳，小部分前往虎牢。

小部分是多少人呢？

直奔虎牢关

三千五百人，其中两千五百人为骑兵，一千人为步兵。

我们看到很多史书上面记载李世民奔赴虎牢的兵力，都是说"步骑三千五百人"或"骁勇三千五百人"，但具体骑兵多少，步兵多少，不知道。有人为此还专门写论文进行论述，依据各种史料进行推测，直到有一天看《太平御览》，我才发现，原来，很多的历史真相，不是没记载，而是没看到。

一般人很少看《太平御览》这类比较偏门的书，所以不知道有这一条史料。在《太平御览》中明确记载"太宗自率骑二千五百、步卒千人趣武牢"，所以可以肯定，李世民前往虎牢带去的骑兵，是两千五百人。

这事重要吗？当然重要，因为最后那场决定大唐命运的大决战，主要就是这支骑兵的突袭，这个以后再说。

李世民是在正午时分出发的，选择这个时间也让人疑惑，难道不怕被阴险狡诈的王世充看见，万一被拦截怎么办？

还真别说，恰巧就让王世充看见了。当时王世充在洛阳城头晒太阳，突然就远远看到城外唐军骑兵向东疾驰而去，本来这时候如果冲破包围，出城拦截，可能还有点收获，可惜王世充这人一向多疑，搞不清楚唐军到底是什么意图，万一是引诱你出城，然后一举歼灭呢？那就不好玩了，王世充没有出城拦截（莫之测也，竟不敢出）。

武德四年（公元 621 年）三月二十五日，李世民终于到达虎牢关[①]，而关外，就是窦建德的十二万大军。

虎牢关，又名虎关、成皋关、古崤关，位于今天河南荥阳的汜水镇，这里南连嵩岳，北靠黄河，有"一夫当关，万夫莫开"的气势，历来就是兵家必争之地。这里是东都洛阳东边之门户，一旦进入虎牢关，洛阳平原的大门，就敞开了，所以，必须守住虎牢关。幸运的是，一个月前，唐军占领了这里，当时唐军并不知道窦建德肯定会来，但李世民能够重视虎牢关的战略地位，未雨绸缪，由此也可见他的战略眼光。

之前一个不经意的举动，很可能，就影响了之后的很多决策。

到了虎牢关后，李世民并没有坐着等，而是进行第一次试探。

当时夏军的大营，在虎牢关东面的高地上。其实这个高地，是一座小山，名叫广武山，这里，就是楚汉争霸时刘邦与项羽对峙的地方，当年刘邦在西，项羽在东，如今，整个山都是窦建德的。

到达虎牢后的第二天，一大早，李世民就开始行动了，带领五百骁骑出虎牢，前往城东二十多里处，这里，是窦建德大营。史书没明确说这五百骁骑是玄甲军，但我肯定就是玄甲军，因为后来李世民在路上设下埋伏，分别统领这些骁骑的，就是李世勣、程咬金和秦叔宝三人，当然还有一个小将李道玄，而李世民自己只带了四个骑兵和一位大将前去诱敌，这位大将，就是尉迟敬德。

---

① 虎牢关，唐朝时并不叫虎牢关，因李渊祖父名李虎，为了避讳，改称武牢关，本书依习惯依然称之为虎牢关。

如果你还记得当时玄甲军的领导是谁，你就知道，这些骁骑是不是玄甲军了。[①]

李世民就这样，带着四个骑兵，还有一个尉迟敬德，大摇大摆地往窦建德大营赶去。

六个人，去别人大营挑战，要不是疯了，就是送死。更令人称奇的是，李世民居然还做出一个令人不可思议的动作。

李世民和尉迟敬德带着四名骑兵乐哉乐哉地赶往窦建德大营，他十分嚣张，居然对尉迟敬德说：我拿弓矢，你执长槊，虽百万众，又能奈我何？

这还不算，他还对左右说：敌人看见我就返回，是上策；趁势来追，是下策。

在李世民的眼里，敌人不过是萝卜白菜。

更嚣张的是，在离夏军大营还有三里地的时候，李世民等人突然与敌军在那里闲逛的巡逻兵遭遇，这些巡逻兵见李世民他们就这么几个人，还以为是侦察兵，也就没怎么理会，没想到李世民好像还生怕自己不被发现，忽然间，他大喊一声：

“我是秦王！”

什么，秦王？估计这些巡逻兵听到这两个字，都有点穿越的感觉，秦王，咋跑这儿来了？

李世民不但大喊一声，还拉弓射箭，一箭就将巡逻兵中的一个将领射翻在地。

这，这就太不友好了！好吧，既然你是李世民，那咱就回去先报个告。

巡逻兵回去了，很快，从窦建德的大营中，就冲出来五六千骑兵，开始追赶李世民，他们争先恐后，恨不得伸手就抓到李世民。

李世民危险了！

---

① 《资治通鉴》：“秦王世民选精锐千余骑，皆皂衣玄甲，分为左右队，使秦叔宝、程知节、尉迟敬德、翟长孙分将之。”现在秦叔宝、程知节和尉迟敬德都到齐了，只缺一个翟长孙，翟长孙这人很怪，不知道什么原因，在这之后，他再未露面，也不知道是病死还是阵亡，总之去向不明。不去管翟长孙，这三人都到齐了，毫无疑问，这次打埋伏的，肯定就是玄甲军。

伏击

看到敌军这么猛，同行的士兵都吓得面无血色，没想到李世民毫无畏惧，还好好安慰他们，说：“你们只管走人，我和敬德殿后。”

说完，他勒住缰绳，开始放慢速度，慢慢地引诱敌军。敌人快赶上了，他就射箭，射死后，追兵怕了，停止追击。这时候，李世民又不走了，等在那里，好像在说：来啊，有本事就来追啊！

敌人又追，李世民又射，如此几次三番，只要有人追赶，就必定有人要去见阎王。李世民当场射杀好几人，尉迟敬德也不示弱，居然一连杀死十几个人。

如此反反复复，追兵不敢进逼。

虽然不敢追得太紧，但还是一直跟着，直到进了玄甲军的埋伏圈。

到了埋伏圈，还有什么好说的，杀吧！

顿时伏兵四起，养精蓄锐的玄甲军，向敌人发起突然袭击，一阵猛砍之后，当场干掉三百多号人，夏军另有大将殷秋、石瓒被俘。

在李世民眼里，夏军不过是老鼠，他只是在玩一场猫捉老鼠的游戏。先慢慢玩，再一口咬死你。

回来后，李世民没有休息，而是立即给窦建德写了一封信，告诉他：你被王世充花言巧语给骗了，今天与你的前哨相遇，他们实在不堪一击，之所以挫挫你的锐气，是希望你听从劝告，撤军走人吧，如果不听，就等着后悔吧！

收到信后，窦建德也扮酷，不回应。

既然不回应，那就不理你，从此以后，李世民似乎把窦建德遗忘了。其实，他这是故意的，原因很简单，一个字，耗。

李世民的老把戏又隆重登场了，他开始跟窦建德耗，反正你人多，吃饭也多，只要跟你耗，迟早你要崩溃。

在耗的同时，李世民又开始了他的歼敌计划，而就在这时，一个令人痛心的消息突然传来，洛阳出事了。

出事，是因为王世充想出来，当时留在洛阳的部队，由李元吉统领，屈突通为副，他们将王世充紧紧围在洛阳，不让他出去。

可是王世充想出去与窦建德会合。想出去，那就打吧！

于是，王世充开始突围。

这一次，王世充派出的是自己手下的得力干将——骑兵将领单雄信和杨公卿，他们突然向唐军发动攻击。李元吉带兵迎战，虽然挡住了郑军的突围，但也损失惨重，当年斩杀宋金刚的行军总管卢君谔不幸战死。

见出不去，王世充只好继续坚守洛阳城，在城内苦苦等待窦建德的到来。

好险！

要是让王世充这只关在笼子里的老虎跑出来了，局势将不可收拾。

得知李元吉这小祖宗没惹出大事，李世民轻松了一些，开始部署自己的第二步计划，打击敌人的后勤补给线。

其实李世民打窦建德，说简单点就是三步走：第一步，耗；第二步，截粮道；第三步，打突袭。

他现在要做的，就是第二步。

为了断窦建德粮道，李世民又派出自己的得力干将——一向惯于打偷袭的王君廓。这一次，王君廓带着千余名骑兵对窦建德的运粮部队进行突袭，大破之，将窦建德手下大将军张青特一举俘获，还抓了一大堆俘虏。

从三月，到四月，再到五月，窦建德的部队，被阻在虎牢关已经整整两个多月了，打了两仗又全都失败。加之流寇思想突然爆发，因为新破孟海公，诸将都是腰包鼓鼓，在这里干受罪，还不如回家享清福。于是，他们都纷纷表示想回家看看，日夜思归。

夏军开始人心浮动，一时间“人情危骇”，面对这样的状况，窦建德也很烦。

有一个问题，很多人一直搞不懂，为什么窦建德十多万的大部队，在虎牢关外就停了下来？哪怕挤，也要挤破虎牢关呀！

很简单，后勤跟不上。

当时唐军为了打洛阳，早一两年前就在准备后勤补给的事宜，而窦建德呢，打完孟海公后就出兵了，根本没时间考虑后勤。你想想，十二万人，又不是机器人，每天都要吃饭，至少吃两顿(古人一般一天吃两顿)，一天要吃多少饭？

所以军粮问题，是个非常大的问题。

虽然窦建德有黄河运粮，但人实在太多，后勤还是跟不上，所以只能等后勤跟上了，才好继续进军，不然军队没饭吃，肯定就会不战自溃。

还有一点是很多人没有考虑到的，窦建德这次来救王世充，其实也并非完全是真心实意，他只想多拿好处，坐收渔翁之利。现在虎牢以东的大片领土都被自己占了，停下来先巩固一下，看看形势再说，而不是立即发起攻坚战，这对他来说，是最好的选择。并且等到你唐郑两军打得两败俱伤时，我再出来收拾局面，岂不更好？

所以窦建德在虎牢关外停了下来，静观其变。

可是事态的发展，让他不能再冷静下来，如今堵在这里，进也不是，退也不是，不知如何是好。就在他进退维谷，很烦的时候，一个人站了出来，告诉他，其实有更好的办法。

这个人，就是谋士凌敬。

“围魏救赵”之策

凌敬的办法，说起来其实很简单，那就是绕开虎牢关，直接攻占河东以威胁长安，具体做法是，大军渡过黄河后，攻取怀州、河阳，再越过太行山，迂回到太原、河东等地，攻取唐朝的关中地区。

为了让自己的计划更有说服力，凌敬还说了三个理由：一是避实就虚，直接甩开李世民主力，进入唐朝腹地；二是拓地收众，军势更为浩大；三是李渊必定震骇，肯定将洛阳主力调回驰援，王世充的洛阳之围也自动解套。

最后，凌敬信心十足地说：这才是上策啊！

见凌敬说的句句在理，窦建德动心了，准备听从这个建议，可就在这时，王世充又来捣乱了。

他不但连连派使者来告急，还让自己的“特使”使尽各种办法，阻止窦建德。

之前说过，王世充是派了使者来“贴身防守”，盯住窦建德的，目的就是尽快把他的部队拉到洛阳去，以解燃眉之急。可现在窦建德居然要走了，去搞什么大迂回，进攻太原，这也太扯了吧？

王琬和长孙安世根本就不知道凌敬的“围魏救赵”之策，只知道绝不能让窦建德跑了。为了拖住窦建德，他们使了两招：哭、贿赂。

他们像丢了棒棒糖的小孩一样，没日没夜地哭，一说话就哭，要求窦建德无论如何都要尽快援救洛阳，这一哭，哭得很多人都有了同情心。然后，他们又拿出了必杀技——给钱，为了收买窦建德手下将领，他们拿出大把的钱进行贿赂，要他们阻止凌敬的计划。

拿人钱财，替人消灾，这些拿了钱的将领，都纷纷站出来替王世充说话，痛批凌敬不过是一介书生，根本不会打仗，他的话岂能相信！

被大家搞烦了的窦建德，也懒得多想，只好抱歉地告诉凌敬，说：我已经接受了大伙的意见，你的意见就先不用了，现在士气正旺，这是天助我也，如果趁此机会决战，必能大获全胜。

见窦建德被手下人忽悠了，凌敬也无可奈何，他只是再三苦谏，反复争论，希望说服窦建德。

老窦被这“书呆子”搞烦了，很不爽。

不爽，就赶出去吧！

窦建德命人将他扶了出去，其实说扶，不如说是架出去的。

满以为把这“书呆子”架出去就没事了，哪想到自己的老婆有意见了。

窦建德的老婆，是个典型的贤妻良母，跟窦建德一样，始终发扬艰苦朴素的作风，即使做了王后，也依然过着平民的生活，连丝绸都舍不得穿。

这位神奇的女人，名字已经不知道了，只知道她叫曹氏。曹氏不但会为人，还很聪明，见窦建德拒绝了凌敬的建议，于是告诉他：凌敬的话是对的，你不能不听。

曹氏认真分析了凌敬这个计策的优势，并且还告诉窦建德一个秘密：只要你到了太原，就可以联合突厥一起攻打唐朝，只要唐军回师自救，洛阳之围也就解开了。如果再在这里干耗，磨灭士气，消耗钱粮，迟早完蛋。

很简单，一味死拼，不如求变。

可是他不想变，不想变，那就只有一死了。

见自己老婆这么说，窦建德很气愤，一下又冲动了，大男子主义思想开始爆发，他训斥曹氏，说：你一个女人懂什么？我来救郑，如今郑国危在旦夕，就要亡国了，我若弃之而去，这不是怕了他李世民吗？并且背信弃义，岂不为天下人所耻笑？

这是挽救窦建德的最后一次机会，可他没有抓住。

窦建德明确表示，他不能这么做，为了不被人瞧不起，为了不背信弃义，他决定，继续与李世民在虎牢关耗，耗到死都要耗。

最后，他真的死了，因为，李世民得到了一个绝密情报。

绝密情报

这个绝密情报，就是窦建德准备偷袭虎牢关。

据情报显示，窦建德已经探听到唐军草料用完，将在黄河北岸牧马，他打算伺机袭击虎牢。

这个情报非常重要，因为知彼知己，百战不殆，情报不明，只能两眼抓瞎，那么这个情报是怎么来的？

对于这个问题，一直模糊不清，因为史料记载十分含糊，只是说“谍者告曰”，这个谍者到底是谁，谁也不知道，只能靠猜，一般都解读为是李世民手下的间谍。

这个事，一直也很困扰我，直到有一天我在看《册府元龟》时，终于明白了，因为上面明确记载“有自贼中来者云：‘建德伺官军刍尽，必牧马于河北，因袭武牢’”。

谜团终于解开了，送来这个情报的，不是李世民手下的间谍，而是窦建德手下的叛徒，也不知道什么原因，这人在关键时刻投靠了李世民，并送来了关键的情报。

得知这个情报后，李世民非常兴奋，因为他知道，决战的时刻，就要到来了。

武德四年（公元621年）五月一日，李世民开始行动，他向北渡过黄河，从南面逼近窦建德驻扎的广武山，侦察敌情后，在黄河北岸留下一千多匹战马，在岸边放牧，而后于当晚返回虎牢关。

李世民做这个动作，就是为了引诱窦建德出战，然后再一举将其击破。

这其实是一个计策，是为“牧马计”。

窦建德上当了，因为之前已得知唐军的草料用完，如今真如情报所言，李世民牧马河北，可见唐军已经支撑不下去了，此时不战，更待何时？

果然就在第二天，窦建德的十二万大军，全部倾巢而出，打算与李世民决一死战。

决胜时刻，就在今日！

窦建德的军队十分彪悍，来势汹汹，从板渚出牛口布阵，北靠黄河，西临汜水，南连鹊山，摆了个长蛇阵，连绵二十里。为了震慑唐军，窦建德又把一向作战勇猛的王世充大将郭士衡拉出来，作为机动部队单独在南边列阵，如此一来，又是延绵数里，这些人很疯狂，擂鼓呐喊，狐假虎威。

窦建德的手下，也同样一边前进一边打着战鼓，还大喊大叫，一副“我是流氓我怕谁”的气势。

“咚咚咚”的战鼓声，就像索命鬼一样，敲得人心里面直发毛，看着这阵势，没点心理素质，吓都要吓死。

手下将领都十分恐慌，李世民却不以为意，带领骑兵登上高丘立马远望，仔细瞭望了一会儿敌阵后，对诸将说：敌人没有纪律，还轻视我军，先不要理他们，只要我们按兵不动，一过中午，就肯定能打败他们。

他的话语中，透出超然的自信和难得的决绝。

难道真的会如李世民所料？

果然，窦建德十分轻视唐军，派了三百个骑兵涉过汜水，在距离唐营一里的地方停下来，然后派人通报李世民，说有本事就叫几百个精兵来陪我们玩玩。

李世民也不多说什么，随即派出自己的大将王君廓，带了两百名长槊兵与敌军交战，双方打在一起，战斗十分激烈，不分胜负。

既然不分胜负，再打下去就是浪费时间了，于是，各自回营。

这时，一件奇异的事情让李世民看到了，在夏军中，突然跑出来一个人，这人骑着隋炀帝的青骢马，穿着崭新的铠甲，拿着崭新的兵器，一个人就这样跑了出来，远离阵前在那里狂摆 Pose。

这么折腾，一个目的：炫耀！这个人，就是之前哭鼻子要求窦建德尽快援救洛阳的王世充使者王琬。

可是不幸的是，他被李世民看到了。

夺马

如果他骑着一头驴，估计李世民看都不看，可惜的是，他骑的是马，而李世民，嗜马如命。

嗜马如命的李世民，不由得惊呆了，就差没掉口水，看到这么漂亮的马，他情不自禁地赞叹道：

"这小子骑的真是一匹好马啊！"

不幸的是，这句话，刚好被旁边的尉迟敬德听到了，尉迟敬德一点都不讲客气，请求冲出去夺马，李世民不许，拉着他说，怎么能为了一匹马而损失一员猛将呢？

话虽这么说，可尉迟敬德不听，他和高甑（音 zèng）生、梁建方三人跃马而出，好似三颗精确制导导弹，直冲敌阵。他们不是要打架，而是要夺马，最后不但把马夺了回来，还连马带人一起拖了回来，并且夏军中无一人敢阻挡。

就这样，狂摆 Pose 的王琬同学，当了唐军的俘虏，人马俱被获，算是安慰，只是不知道以后还能不能再骑着这匹宝马扮酷了。

事实证明，被抢的东西，就是别人的了，李世民得到这匹青骢马后，首先给它改了一个名字：黄骢骠。黄骢骠后来一直跟着李世民，只是不幸战死沙场，据说为了这事，李世民还哭了一场，并让人谱了一曲《黄骢叠曲》进行哀悼。

这是杨广的马，李世民丢在黄河北岸的一千多匹马呢，应该草也吃饱了吧？当然，李世民早就考虑好了，他把马赶到河边去吃草，其实不单单是为了麻痹窦建德，还有一个目的，让马吃饱了，就好作战了。

就在窦建德进行试探的时候，李世民已经召回了在河北放牧的战马，他准备对敌人发起最后的攻击。并且，他还有一个天大的计划正在酝酿，很快，他就要付诸实施，以实践来检验自己这个计划的正确性。

他在等待机会，等待窦建德犯错的机会。

要想打胜仗，有时候就需要等待敌人犯错，只要敌人犯错，就有机可乘了。

等了半天的李世民，终于等来了窦建德犯错的机会，他准备发起攻击了。

窦建德的大军，好像赶集一样，十多万人都来了，可是来了后，又不打。此时已经是五月初二，注意，这里说的是农历，也就是说，这正是一年中非常非常热的时期，就我们现在，在夏天到外面晒个太阳，你也会热。现在我们可以喝汽水、吃冰激凌，可那时候外出打仗，基本就只能喝水了。

如果你有过在夏天大半天没喝水的经历，你就知道那种痛苦。我有过，可以说那种感觉简直无法形容，心里就一门心思要弄点水喝，不管什么水都行，只要是水，因为实在受不了。

当时在夏军中，就出现了这种状况，从早上一大早就开始列阵，一直到中午时分，李世民还不打，将士们都渴得要死，还肚子饿，被太阳一晒，也非常疲惫，他们根本就没有斗志再打一仗了，都纷纷坐下来争着抢水喝，心里总想着赶紧回去，不要在这里受苦。

夏军管理不善、治军不严、纪律松弛的毛病，在这关键时刻开始暴露，并给窦建德带来致命的伤害。并且还有一点，窦建德的迟疑与犹豫，也害了他，他始终不敢主动出击，而只是一味等待，最后他等来的，是李世民的突袭。

窦建德处处陷入被动作战的局面，他将要为自己的失误，付出惨重的代价。

李世民密切注意夏军的动向，一直耗，一直耗，一直耗到现在，他知道，敌人基本上已经疲惫不堪了，没饭吃、没水喝，很多人都快要丧失斗志了。

见敌军开始混乱，李世民决定，发动总攻。

这将是唐军的生死一战，不是生就是死，李世民志在必得。

突袭指挥部

李世民首先命令宇文士及带三百骑兵进行试探，他告诉宇文士及：你从敌阵西面掠过，而后向南奔驰，如果敌人不动，你就返回，如果敌人动了，你就领兵东进。

宇文士及领命而去，带领骑兵按原计划掠过敌阵，夏军根本不知道李世民葫芦里卖的是什么药，见突然有一队敌人发动进攻，一下准备不足，很快便开始骚动了。

好了，什么都不用说了，打吧！

这时，只听到李世民大喊一声：可以打了！他正式下达军令，向窦建德的指挥部发起最猛烈的攻击！这是非常致命的一招，甭管你有多少人，只要打掉你的指挥部，你的部队也就不战自溃了。

突袭敌军指挥部，这是李世民的一记绝杀，后来毛泽东都对他佩服得五体投地，说“自古能军无出李世民之右者”，想必与此也有关系。

李世民亲自率领勇敢的玄甲军，突然渡过汜水，向敌人猛扑过去，大军紧随其后。他们敢以几千人打十多万人，虽然勇气可嘉，但风险很大。

如果行动失败，立马就会陷入敌军重围，这是一场赌博，生命的赌博。

李世民，将自己推入最危险的境地！

此时的窦建德，正在夏军的临时指挥部里面接受群臣的拜见，一起讨论作战方案，没想到，李世民的玄甲军，居然从天而降。

从天而降的玄甲军，向夏军指挥部发起最猛烈的攻击，窦建德一时间不知所措，所有人都不知所措。

他们根本想不到，胆大包天的李世民，居然会来这一招，正在朝谒的群臣遇到这种突发事件，还算有点职业道德，都纷纷跑向窦建德，想保护自己的领导。

危难时刻的窦建德，急急忙忙下令骑兵抵抗，可是此时正是人挤人、人踩人的混乱时刻，人都过不去，马还过得去吗？

骑兵被群臣阻遏，根本不能出战。

于是，窦建德只好又下令群臣退下，先让骑兵过去，可就在这一进一退之际，唐军已到眼前。

很快，窦建德的指挥部就被李世民连窝端掉，窘迫至极的窦建德，只好后撤到东面的小山坡下组织抵抗，但指挥系统已经混乱不堪，手下将士也都惊慌失措，不知如何应对。

窦抗率军围攻窦建德，但遭到夏军的超顽强抵抗，毕竟都是窦建德手下的亲卫，战斗力十分惊人，居然击败唐军，窦抗十分危险。

就在这危急关头，李世民又带领威武的玄甲军疾驰而来，援救窦抗。玄甲军所到之处，必定是所向披靡，这次自然也不例外，同样是所向披靡。

夏军节节败退，但他们人多，还是有人拼死抵抗，双方展开大战。

这时候，唐军一名小将冲杀出来，骑着英俊的战马开始冲锋陷阵，一直冲到敌阵后方，然后又返回冲入阵中，如此几进几出，三番五次地冲来冲去，完全把夏军当成了菜园门，只是不幸的是，他还是被射成了一个大刺猬。

幸好是穿了铠甲，即使被射成一个大刺猬，也不碍大事，大不了脱衣服不太方便。所以只见他勇气依然不减，继续放箭射杀敌人，敌人无不应弦而倒。

李世民见他如此勇敢，成了个刺猬都不下火线，十分感动，不但把自己的备用马让给他，还要他跟着自己，不要走丢了。

这名小将，就是淮阳王李道玄，一年后，他将战死沙场，而他的死，却是一个不可思议的变故。

李世民继续与夏军大战。战场上，尘土飞扬，遮天蔽日，再这么打下去，估计要陷入僵局，为了获取最后的胜利，李世民又拿出了他的杀手锏——前后夹击。

只见他率领史大奈、程咬金、秦叔宝、宇文歆等人，卷起战旗，带领玄甲军冲入敌阵，一直冲到敌阵背后，然后突然打开唐军战旗。

这一招十分有效，当夏军士兵回头看见唐军的战旗在阵后高高飘扬，他们的心理，顿时崩溃了，原来，自己已经被前后夹击，被包围了！为了逃命，他们开始放弃抵抗，纷纷溃散。

全军覆没

打仗的时候逃命，如果只是一两个，影响不大，如果是一大群，就会带来羊群效应，很多人都会加入到这个“光荣的队伍”，很快，军队就会陷入崩溃的境地，尤其在失去统一指挥的情况下。

此时的夏军，连指挥部都被打掉了，还谈什么指挥，能跑出去留得一条小命，就全靠自己了，自求多福吧！

乱成一团的夏军，像山崩一样彻底崩溃，李世民乘机展开追击，追出三十里，又杀了三千多人。

夏军遭遇惨败，窦建德却跑了。

跑了，那就抓回来！唐军车骑将军白士让、杨武威一路猛追，终于在牛口渚抓住窦建德。此时的窦建德，身负重伤，从马上坠落下来，白士让准备挺枪刺去，建德兄还算反应快，赶紧做了个拒绝的动作，而后哀求道：

“兄弟且慢，别杀我，别杀我！我是夏王，捉了去可保你富贵。”

见是窦建德，白士让和杨武威两人大喜过望，杨武威立即下马捉住窦建德，用备用马驮着，拎着他来见李世民。

兵败如山倒的窦建德，全军覆没。

终于见到李世民了。一个胜利者，一个失败者，两人开始了一场十分有趣的对话。

李世民问：我打王世充，与你何干？怎么跑来多管闲事？

莫名其妙就败了，而且还败得这么惨，好似做梦一样，窦建德还有点回不过神来，他两腿发抖，怯生生地回答：现在俺不自己送上门来，以后还不是要麻烦你老远来捉我？

最后的幽默，黑色的幽默。

每当我想到窦建德这个自嘲式的回答，我就觉得很有喜感，没错，“今不自来，恐烦远取”，这不是替你省事吗？我不知道李世民是如何回答的，史书再无记载，但我想，以他的性格，肯定是哈哈大笑，替窦建德倒上一杯酒，说：老哥真是爽快人，来，干一杯！

历史上闻名遐迩的虎牢之战，就这样戏剧性地结束了，唐军大败窦建德，光俘虏就有五万人。李世民当天将五万俘虏收缴武器后，全部遣散回家。

没想到，自己的这个决定，带来了极其严重的后果，这些人返回家乡后，被一个人挑动，又开始了新的变乱。

虽然把俘虏都放了，但李世民这人，一向爱憎分明，有仇报仇、有怨报怨，有一个人落到了他手上，他决定，杀掉他。

这人就是窦建德的中书侍郎孙德绍，孙德绍是什么人，问我我也不知道，因为史书记载极其简略，只知道他是越州山阴人，是李世民执政时期膳部郎中孙昌寓的老爸，其他的，就一无所知了。

孙德绍在做窦建德“秘书长”期间，写了篇檄文，痛骂李世民，这让年轻气盛的李世民十分生气。

既然生气，那就抓起来吧！

孙德绍被带来见李世民。在汜水楼[①]这个地方，两人相见了。一见面，李世民就咄咄逼人地质问道：

“你写檄文来毁谤我，该怎么办？”

---

① 汜水楼，应该是汜水旁建的一座高楼，具体在哪里，有多高，均无记载。

可怜兮兮的孙德绍，一介文人，自然害怕，但为了气节，他也不好直接求饶，只说了一个典故，五个字：犬吠非其主。

这个典故说的是蒯通在韩信死后为自己辩护的事，意思就是各为其主，我也是不得已，你就饶了我吧！最后刘邦饶了他。

孙德绍说起这个典故，无疑也是在为自己求饶，可是李世民根本不吃这套。

他依然怒不可遏，又大声责骂道：

“难道贼是你的主人吗？”

说完，李世民命壮士揪住他，从楼上扔了下去。

投降

孙德绍就这样被活活摔死了，呜呼哀哉！最有意思的是，他儿子，后来居然还成了李世民的膳部郎中。

其实，当时因为写檄文的缘故，被李世民干掉的，并非孙德绍一人，薛德音也是其中一个。薛德音是王世充的黄门侍郎，有“河东三凤”[1]之称，因为帮王世充写檄文痛骂李世民，被李世民逮住后，二话不说，就被干掉了。

只因为写了一份侮辱领导人的檄文，就被扔下楼、被干掉，这样的行为，与三国时陈琳骂曹操祖宗三代，曹操依然“爱其才而不咎”相去甚远，甚至与李世民自己后来对待魏征“器其直，无恨意”也有天壤之别。同一个人，为什么会做出截然不同的事情来？

其实很简单，我们很多时候对李世民的印象，大多是他打天下时的威武和做皇帝后的伟绩，而对他年轻时做的一些荒唐事，要么不知道，要么知道也不说。当时的李世民，不过二十三岁，从某种意义上说，他还很不成熟，年轻气盛，杀心很重，他处理问题，基本都是冲动型，所以杀孙德绍，杀薛德音，

① “河东三凤”，是指唐初薛收与堂兄薛德音以及堂侄薛元敬三人，这三人才学冠世，有不世出之才华，因均出自河东薛氏一门，所以被誉为“河东三凤”。

杀单雄信，一点都不奇怪，因为他们撞到的李世民，还只是个鲁莽冲动的少年。

日后的李世民，是在一点点进步的李世民，随着学识和阅历的增加，他对待“敌人”的看法，也慢慢改变了，变得宽容与冷静。

人性的复杂，命运的多舛，有时候交织在一起，让人无限感慨。

孙德绍是死了，而齐善行却逃了。

窦建德的左仆射齐善行，带着窦建德的妻子曹氏，还有数百骑逃回洺州。回去后，大伙都觉得这一仗打得太窝囊了，想继续抵抗，或者干脆跑去做海盗。齐善行不同意，他觉得，夏王如此英武之人都一败涂地，这是天意，非人力所能为，为了让百姓免于战火，还是投降的好。于是，他下令将国库里几十万段帛全部拉到街上，分发给手下将士，凡是拿到东西的，立即离开，不得停留，更不得骚扰百姓。

等手下士卒全部走光后，齐善行带着右仆射裴矩、行台曹旦、夏国百官和窦建德妻子曹氏，还有传国玉玺以及大败宇文化及得到的珍宝，举山东之地向唐朝正式投降。

另有史料说，齐善行的投降，主要是因为曹旦长史李公淹和魏征的劝说所致，据说齐善行这人还是窦建德的妹夫，这些就不扯了，只要知道齐善行后来过得很好，地位很高就行了。

齐善行投降，李渊很高兴，立即任命他为李世民的左二护军，并予以重赏。

而对于之前李世民取得如此伟大的胜利，李渊更高兴，他难以掩饰自己激动的心情，立即亲笔写了一份诏书给李世民。在诏书中，李渊高度赞赏李世民，说“闻获建德，竟如汝所料，画策者虽吾，平定者汝也”，而后又详细列举了李世民立下的四大功劳，对李世民可谓是宠爱有加。①

李世民，虽然打败了窦建德，但还有个王世充在洛阳等着他，下一步，就

---

① 《全唐文·赐秦王获窦建德手诏》：“闻获建德，竟如汝所料，画策者虽吾，平定者汝也。吾闻黄河千年一清，乃当今日，汝功一也；隋氏分离，崤函隔绝，两雄合势，一朝清荡，汝功二也；兵既克捷，更无死伤，无丑为臣，不忧其父，汝功三也；吾今开怀抱，养苍生，尽其天年，心无外虑，汝功四也。”

是怎么拿下王世充了。

此时的王世充，还在洛阳城内傻傻地等待，等待窦建德前来救援，可他等来的，却是几辆囚车。

带着巨大胜利喜悦的李世民，又带领玄甲军回到洛阳，他这次来，是来告诉王世充：你再拖下去，就是窦建德的下场。所以，他把窦建德、王琬、长孙安世和郭士衡装进囚车里，拉到洛阳城下，给王世充进行现场展示教育。

王世充看到囚车里的这些人，顿时崩溃了，他知道，完了！他流着泪与囚车里的窦建德对话，只是不知道两人此时的内心，是否都在骂娘？

辛辛苦苦跑来帮忙，没想到越帮越忙，居然还坐到了囚车里，想起来都丢人。

此时的窦建德，肯定万分悔恨；此时的王世充，肯定万分无奈。

为了让王世充尽快投降，李世民又派出长孙安世进城，向王世充诉说窦建德失败的详细情况，希望他不要再犹豫。

惊慌失措的王世充，并不甘心，召集诸将开会，商议如何突围。他提议逃到襄阳去，因为还有自己的侄子王弘烈在那里坚守阵地。

可是王世充的提议，在大家的眼里，如同放屁，他们都纷纷表示：咱们依靠的就只有夏王了，如今他还坐在那个笼子里，你说还有啥希望？就算突围出去，也注定无法成功。

见手下都不支持，王世充也无计可施，只好拿出了最后的杀手锏——投降。

戏弄

武德四年（公元 621 年）五月初九，王世充身着白衣，带领郑国的太子、百官共两千余人，前往唐军军营投降。

李世民很有风度，按礼节接受了他的投降，看着跪在地上、汗流浃背的王世充，他突然想起一件事情，好奇地问道：

“你总以为我是个童子，怎么今天见了童子还这般恭敬呢？”

其实，这是故意挖苦王世充。

听李世民这么说，王世充唯有顿首谢罪，使劲地叩头。之后，他与李世民达成了一项协议，协议的具体内容是什么，我不知道，但我知道，李世民很讲信誉，遵守了这份协议，只是最后，这份协议，被另外两个人撕毁了。

挖苦王世充，不过是一盘小菜。李世民这人，经常嘴上不饶人，一向霸气外露，加之读书又多，一般人在他面前，只有点头哈腰的份，甚至一些德高望重的“老干部”，也只能被他调侃和戏弄。

封德彝，当朝宰相，跟随李世民东征洛阳，参谋军事，在窦建德援救洛阳时，他与萧瑀等人阻止李世民奔赴虎牢，劝他退守新安，以免腹背受敌，现在打胜了，说明他当初的建议是错的。

可是封德彝这人，一向善于见风使舵，见李世民获得了胜利，赶忙过来表示祝贺，李世民正愁找不到机会，于是借机调侃了一下封德彝，笑着说：

“没听你的话，才有今日的胜利，真是智者千虑，必有一失啊！”

封德彝这人，平时脸皮比较厚，但在李世民面前，还是不敢造次的，只好道歉说：“我向来就不如秦王啊！”而后惭愧不已。

还有一位苏威，可谓是三朝元老，在隋文帝时就做宰相了，后来隋炀帝继位，他又是宰相，隋炀帝完蛋后，他又跟着宇文化及、李密、王世充这些巨头一起混，一直都身居高位，现在王世充败了，他又想起了李世民。

当时李世民正在阊阖门[①]办公，苏威求见。求见就求见，苏威还要摆架子，说什么他年老多病，老胳膊老腿的，不能行礼，言下之意就是：我可是老资格啊，你可要好生款待。

本来也是，苏威是隋朝的开国功臣，比李世民老爸李渊的资格还老，比李渊还大三十二岁，当年李渊都是他部下，你李世民，还不就是个小屁孩？

苏威倚老卖老，故意摆起了老资格。

---

① 阊阖（音 chāng hé）门是洛阳宫城正门，一般用于举行帝王登基或接见四方朝贡者，极少用于通行，现在已挖掘出阊阖门遗址，位于白马寺东两公里处，即洛阳市东十五公里处的汉魏故城。

可是李世民根本不吃这套，他非常看不惯，理都不理，还派人数落了苏威一顿，说：你是宰相，国家危难却不救，致使生灵涂炭，君弑国亡。你见李密、王世充都下跪行礼，怎么见我就不行了？现在既然年老多病，那就不必麻烦来见我了。

一句话，有多远滚多远！

一顿奚落，说得苏威无地自容，恨不得找个地缝钻进去。后来他又跟着李世民来到长安，到了长安后，又想去见李世民，可是李世民根本不给他机会，反正不知道是哪里得罪了李世民，两人终究没有见面。

在长安，苏威又待了两年才死，在他生命中的最后两年，可以说是生不如死。他没有官爵，加之他以前为官一直清廉，也没钱，并且在位时也得罪了不少人，所以无人理会，孤苦伶仃。

想当年，叱咤风云的三朝宰相，现如今苟且偷生——苏威被彻底抛弃了。就这样，贫困交加的苏威，在家中凄凉死去，终年八十二岁。

如今势去时衰也，零落如飘草，鸡声茅店里，月影草桥烟，似这般荒凉也，真个不如死。

真个不如死，那就死了吧！

在我的眼前，是一幅寒风、破屋、满目疮痍的凄凉景象。

枯藤老树昏鸦，小桥流水人家，古道西风瘦马，夕阳西下，断肠人在天涯。①

杀首犯

苏威是死了，有意思的是，后来李世民登基后，为太子李承乾找的太子

① 引元代马致远散曲小令《天净沙·秋思》。

妃，居然是苏威的曾孙女，这到底是为什么呢？

在我看来，这是李世民的补偿。

李世民这人，年轻气盛，十分任性，脾气也坏，但人不坏，估计当时也是看苏威摆谱，心里不爽，冲动了。并且隋朝覆亡，他也归罪于苏威，所以才导致如此严重的后果。

事情发生了，无可挽回，事后，李世民还是挺后悔的，为了弥补一下自己的过失，他不但特意提拔了苏威的孙子苏亶，后来还让苏亶当上了沁州刺史。最让人意外的是，李世民为自己儿子李承乾选的太子妃，居然就是苏亶的女儿。在诏书中，李世民对苏威的这个曾孙女大加赞赏，称她“门袭轩冕，家传义方”，其实也是在间接地称赞苏威。

毕竟，苏威是那个时代声望最高的老臣了，被李世民逼得那么惨，再怎么说都说不过去，他必须有所表示，好好补偿一下。

既然苏威本人已经死了，那就对他后代好点吧！

所以最后，李世民为了弥补对苏威的愧疚，就选了他的曾孙女为太子妃，也就是未来大唐帝国的皇后。

在当时，李承乾的地位还相当稳固，所以这是李世民有意给苏威家族的荣耀，或许这样，才能让他心里少点愧疚，毕竟，当初对待苏威，的确是太刻薄了。

人，都会有愧疚之心的。

王世充投降后，李世民立即下令，禁止入城抢掠，不得骚扰百姓。唐军一向纪律严明，无人敢违抗命令。

第二天，李世民才正式进入洛阳，他命房玄龄进入中书、门下省搜集隋朝的地图、户籍和制文诏书，可惜这些已被王世充销毁，一无所获。与此同时，李世民又命萧瑀和窦轨等人进入隋朝国库，没收其中的金钱布帛，全部依李渊的意思，分赐给手下将士。而对于王世充团伙的处置，李世民也表现出了宽严相济的优良作风，只是把段达、单雄信、薛德音、杨公卿、郭士衡、朱粲等十几名罪大恶极的首犯押赴洛水边斩首，其余人等，一概不究。

这伙死刑犯中间，有两个人的死，让人感慨，一个是单雄信，一个是朱粲。

单雄信，以前也出过场，是王世充手下大将，可实际上，他以前是瓦岗军的领导，与瓦岗军的最初创业元老翟让是好朋友，他功夫了得，尤其善于在马上使枪，军中号称“飞将”。后来，李密被王世充打败后，他投降了王世充，被任命为大将军。之后的事情，我们都知道了，李世民好几次都差点死在他的枪下，一次是被尉迟敬德救了，一次是被自己的大羽箭救了。而自救的这一次，有史料记载，事情并不那么简单，当时是有一个人喊了一声的，单雄信这才住手。

这个喊的人，就是李世勣。当时李世民的情况十分危急，身陷重围，单雄信带着几百骑围攻李世民，他的枪都要刺到李世民了，就在这时，在一旁的李世勣突然大喊一声：

“这是秦王啊！”

听到是秦王，单雄信乖乖地收兵不战，诚惶诚恐地退兵了。

这是真的吗？

当然是假的，因为单雄信不可能听李世勣喊一声秦王就撤军，他既没这么好的觉悟，也没这么好的心，毕竟他当时是王世充手下大将，李世民是他的死敌，抓他还来不及，哪舍得退下？

这则史料虽然不可信，但也透露了一个秘密——单雄信与李世勣很熟。

事实确实如此，单雄信与李世勣，都是瓦岗军老将，他们有着深厚的友谊，曾经誓同生死，可现在，李世勣是李世民手下大将，单雄信是阶下囚。

李世勣想救单雄信，他找到李世民，对他说，单雄信骁勇善战，武艺绝伦，不如留他一命，使其感恩为国效力，他愿意以自己所有的官爵来换他一条命。

李世民不许。

李世勣再三请求，李世民依然不许。

单雄信之死

“单雄信这人‘轻去就’，太不可靠，并且屡次要杀我，岂能饶他？不杀单雄信，又岂能解我心头之恨?”这恐怕是李世民的真实想法。

没办法了，是真没办法了，李世勣只好无奈地退下，他痛哭流涕，十分舍不得这个生死兄弟。

他来到牢房，与单雄信见了最后一面，说明来意后，单雄信十分失望，快快地说道：

“我早知道你办不成此事。”

听单雄信这么说，李世勣更是悲痛，他放声痛哭，心里十分内疚。他说：我不惜余生，也想与兄弟一同去死，可是既然许身为国，就难以两全了，况且我死之后，谁来照料嫂嫂和侄儿呢?

说完，李世勣拿出了刀子。

他不是要自杀，而是用刀子割下自己大腿上的一块肉，递给单雄信，悲痛欲绝地说道：生死永诀，就让这块肉与大哥一道化为尘土，也算不负你我当年的誓言啊!

其后，李世勣收养了单雄信的儿子，至于单雄信有没有吃下这块肉，不知道，但他们两人的友谊，还是被记载了下来，千年之后，依然让人感慨。

还有让人更感慨的，那就是朱粲。朱粲这个人，我以前没说过，因为不重要，并且这人简直不是人，也就没提他了。现在提，是因为我发现，报应这东西，原来还真是有的。

朱粲以前是个县吏，后来就成了强盗，号“可达寒贼”，自称“迦楼罗王”，众十余万，到处攻城略地，杀人无数。他不但是个杀人魔王，还是个吃人魔王，被他吃掉的人，不计其数，他行军打仗从不管粮草的，因为有人，抓到的人，都被他吃了，有时甚至全家都被他吃了。

就是这么个人渣，先投唐，后投郑，这次终于被李世民逮到了，对于这样的垃圾，李世民一向是不讲客气的，丢出去就砍了。

砍了后，他又将朱粲的尸体扔到大街上，让老百姓发泄心中的愤怒，老百姓一向对朱粲这魔王恨之入骨，争相用砖块、瓦砾猛砸他的尸体，顷刻间，就堆成一座小山。

杀了这些人后，李世民又将无缘无故被王世充抓住的老百姓释放，被杀的，也全部做祭文悼念。而洛阳城内的和尚尼姑，李世民也全部遣散，只留下三十名有德之人继续为大家服务。对于洛阳的豪华宫殿，李世民也发表了意见，他感叹道：

“穷奢极欲，岂能不亡？”

感叹完了，就开始烧。李世民将乾阳殿一把火烧了，又拆毁则天门及阙楼，其余的，也就不管了，毕竟这些“文物古迹”留着还有用，意思一下就可以了。

窦建德、王世充双双败亡的消息，犹似一记重磅炸弹，在中原大地炸响，王窦二人的“先进事迹”，给每个人都上了一堂极为生动的课，很多人都知道了，只有跟着唐朝混，才有一条活路，于是纷纷投降。到七月初，原王世充、窦建德的地盘，基本都并入大唐的版图了，只是谁能想到，没过多久，窦建德的部下又开始造反了。

河北地区，仅仅平静两个月后，又要烽烟四起。李世民，更为艰巨的任务，还在等着他。

先不说这个，单看李世民一箭双雕，历时十月，彻底平定王世充与窦建德这件事，我们可以看到，这是一个奇迹，也是一个巨大的成就，为唐朝统一天下，做出了最伟大的贡献。这是唐朝统一战争的一次决定性胜利，从此以后，唐朝开始进入了全面统一的快车道，虽然还有波折，还有战乱，但其影响已经不再如此深远了。

平心而论，在这十个月当中，李世民付出的，不单单是他的时间和精力，还有他的勇敢和坚持。他的内心，我们看不到，但他最后所取得的成就，我们看到了，不容易，真不容易。

毕其功于一役，虽然看似轻松，实则极其艰难，一般人，肯定早就垮了，但李世民用他的智慧与坚忍，最终赢取了最大的胜利。

台上十分钟，台下十年功。

没有付出，哪有回报？很多时候，我们总是看到别人台上十分钟的耀眼，却看不到他台下十年的勤奋苦练。

结局

李世民，以足以光耀古今的成就，向世人展现自己的才干和激情。

王世充，败就败在政治上腐败无能，治国无方，依靠欺骗和暴力，迟早完蛋；窦建德，败就败在他胸无大志以及执行力太差。

当然，如果认真剖析窦建德失败的原因，估计可以写一本书，比如他驭下不严，比如他刚愎自用，比如他爱听谗言，总之缺点很多，问题不少。

可能很多人会说，窦建德只是个农民，战略决策是他失败的主要原因，其实不然，他的主要问题之一，是缺乏大兵团作战的经验，他的指挥、决策和执行，都有很大问题，最关键的问题，就是他的执行力太差劲。

再好的战略没人执行，也是白搭，所以说执行力就是战斗力。

没有执行力，什么都是一纸空文。任何战略决策，如果不能具体落实到战术行动上来，惨败，也就是必然结果了。

李世民的精心部署与窦建德的粗枝大叶，形成了鲜明的对比。

窦建德虽然失败了，但他的不朽功绩和一心为民的崇高品格，尤其是他的治国之才，令人永世难忘。为了缅怀这位人民心中的英雄，人们以各种方式纪念他，纪念他们心目中的夏王。直到今天，河北一带还有人祭奠窦建德，甚至在河北大名县建有"窦王庙"，怀念当年"境内无盗，商旅野宿"的美好生活。

念念不忘，津津乐道。

谁让老百姓过上好日子，谁才是真正的英雄。

"唯夏氏为国，只义而尚仁，贵忠而爱贤，无暴虐及民，无淫凶于己，故兵所加而胜，令所到而服，与夫世充、铣、密等甚不同矣"，"自建德亡，距今已久远，山东、河北之人，或尚谈其事，且为之祀。知其名不可灭，而及人者存也。"

两百多年后，唐文宗时期的魏州书佐殷侔（音 móu）路过窦建德庙，见百姓人山人海，群祭窦建德，大为感动，写下了这些话，在他的心中，窦建德可以与李世民相媲美。其实终唐一代乃至后世，窦建德都享有崇高声誉，因为他的忠厚，因为他的勤俭，因为他的仁慈。

窦建德的性格优点，令他成事；他的性格缺陷，令他覆亡——成也萧何，败也萧何，性格决定命运，信矣。

他是一个厚道人，也是一个老好人，只可惜这样的人在乱世之中难以笑到最后。笑到最后的，要么是狠人，要么是猛人，而且必须发挥到极致，窦建德疏财仗义、心慈手软，就只有落败的份了。

不知道这是历史的悲哀还是人性的悲哀？

武德四年（公元621年）七月初九，在王世充投降两个月后，李世民率领东征的大军浩浩荡荡回到了长安，这一刻，所有的人都是荣耀无比。李世民，身披黄金甲，手下二十五位大将紧随其后，个个威风凛凛，器宇轩昂。

入长安时，李世民的身后，是"铁骑万匹，甲士三万人"，前后还奏响军乐。到太庙举行了献俘仪式后，又在李渊的大笑声中，举行了清点战利品的"饮至礼"仪式，以祭祀祖先。

这些完了后，王世充和窦建德都见到了李渊，两人的表现天壤之别，据说王世充一个劲地求饶，还说：我固然该死，但秦王已许我不死，所以就饶了我这条狗命吧！而窦建德呢，依然极具王者风范，十分霸气。

最后结果，王世充不死，窦建德斩首。

后世对李渊的这个决定十分不满，说李渊这样做，简直是非不分。其实，以李渊的性格来说，对待敌人，一向是心狠手辣，毫不留情，王世充这种人落到他手上，绝对是砍个十万回都不过分，之所以没杀，主要还是顾及李世民的面子，毕竟自己儿子跟他达成过协议，也就不好公开把协议撕了。

不能公开撕，可不可以暗地里撕了呢？

当然可以，李渊的确是这么做的。

没过多久，被赦免的王世充，获准前往蜀地，因为保安还没到齐，王世充就在雍州的廨舍（公务员宿舍）等待，终于等来了圣旨。

听到有传唤自己的圣旨到，王世充和大哥王世恽连忙跑了出去。

跑出去送死。

刺杀王世充

前来传达圣旨的，不是太监，而是几个陌生人，他们见到王世充后，二话不说，拿起刀就砍，两下就把王世充砍死了。

这，这算咋回事？

原来，在两年前，马军总管独孤武都，拉着堂弟独孤机和其他几位将领一起谋叛唐朝，被王世充发现，全部被杀。而这次赶来刺杀王世充的，就是独孤机的儿子定州刺史独孤修德和他几个兄弟，他们不过是来报杀父之仇的，这才假借圣旨，把王世充诱骗出来，然后当场斩杀。

只是可惜的是，一生阴险狡诈的王世充，最后也被人骗了，并且直接被骗去见阎王。

这事发生后，李渊表现得很生气，还免了独孤修德的官爵，以示惩罚。

这看似完全是一起孤立事件，王世充是被仇人所杀，怪不得谁，可是如果你把很多事情综合起来看，就会发现，这事绝不简单。

因为，被免了官的独孤修德，过了一段时间，又官复原职了。更蹊跷的是，王世充的兄弟王世伟、儿子王玄应等，在流放蜀地的途中，全部被杀，他们的罪名是谋反。可是已经算是犯人了，还能谋什么反？

等等这一切，我们只有一个解释——都是李渊故意的，故意纵容手下干掉王世充，斩草除根，当然打的幌子是仇杀，是谋反。

连突厥的处罗可汗都可以干掉，你王世充算什么东西？去死吧！

王世充就这样被干掉了，窦建德也被斩于闹市，可是这两个人的被杀带来的影响，却极为不同。王世充被杀，如同死了一条狗那么简单；窦建德则大不相同了，他的死，给唐朝带来了极其可怕的麻烦。因为，仇恨和不信任，在河北地区不断蔓延，最后点燃了人们心中的怒火，当这股怒火爆发的时候，就是拿刀砍向唐朝官府的时候。

河北地区，将再次陷入动荡。这里，将掀起一场巨大的风暴，很多人都被卷了进去，很多人将为此送掉性命，很多事情，将由此改变。李世民与李建成的矛盾，也愈演愈烈，两人开始进行全面争夺，以致最后两人的关系不可挽回。

刘黑闼，之前窦建德的部下，如今漳南县的一个农民，从一个无名小卒，突然成为一个令所有人闻风丧胆的名字。他的到来，将给李世民带来巨大的麻烦。

一个比窦建德更可怕的敌人，出现了。而此人的出现，说起来还是一个意外。

这个意外，是李渊造成的，简单来说，是不小心给逼出来的。

为了控制河北，李渊下了不少功夫，不但派兵、派刺史，还委派慰抚大使奔赴当地，选拔、任命各州县官员，甚至还下发了大赦令，“自武德四年五月八日以前，皆赦其罪”①。

想法是很好，可是李渊的政策出现了很多失误，他为了彻底清除窦建德的势力，命令河北各州县的官吏大肆搜捕窦建德余党。任务下发后，这些官吏却借此横行霸道，不但罗织各种罪名随意抓人，而且凡是原夏军将领，一律逮捕。

开始说了，李世民是将虎牢之战的俘虏全部放回去了的，这些大老粗回到家乡，一时难以适应新生活，经常胡作非为，横行乡里。这更给唐朝官吏以口实，他们以此为借口，到处抓人，到处搜刮钱财。

烽火又起

你要知道，当初齐善行遣散夏军将士的时候，是分发了许多财物的，并且这些人平时跟着窦建德一起混，也抢了不少东西，如今都拿回来了，肯定让工资不高的政府官员红眼病发作，他们对夏军将士严刑拷打，逼着这些人

① 参见《全唐文·平窦建德大赦诏》。

拿出藏匿的财物。这样一搞，就把很多人逼入绝境，他们人人自危，十分恐慌。

为了不恐慌，他们想到了造反，准确地说，是起义，毕竟这个事是被政府给逼出来的，官逼民反，就是起义。

李渊的高压政策，终于“成效显著”，像高压锅一样，把河北地区硬生生地压成了一个烽火连天的战场。很多人，将为此付出惨重的代价，其中，也包括李渊自己。

窦建德的部下高雅贤、王小胡，也被官府通缉，他们从洺州逃到贝州，没过多久，他们就接到一份征召令。

原来，李渊不知出于什么目的，征召窦建德的旧将范愿、董康买、曹湛及高雅贤等人前往长安。这伙人聚在一起一合计，觉得这事不靠谱，毕竟被李渊干掉的人，实在太多了，此去长安，肯定凶多吉少。他们认为，与其苟且死去，不如奋起反抗，说不定还有一条活路，并且一直受夏王厚待，不替他报仇，何以见天下人？

商量来商量去，他们最后决定，起义。为了起义成功，他们还打了个卦，打卦的结果，是四个字：刘氏主吉，也就是说，要找个姓刘的来当头。

可他们中间，也没人姓刘，于是，他们一同来到漳南县，找到一个姓刘的人，这人也是窦建德的旧将，名叫刘雅。

他们告诉刘雅：你来做老大，领导咱们一起推翻政府。没想到刘雅不愿干，他说：天下刚刚太平，我想在乡下养老，不想起什么兵了。

这伙人见刘雅没有商量余地，很气愤，加之又怕计划泄露，干脆下狠手，把刘雅杀了，然后又继续寻找姓刘的人。

他们找到了，就在漳南县。这人一个人在这里隐居，以前是窦建德手下的猛将，这人就是刘黑闼。

得知众人的来意后，刘黑闼的反应与刘雅截然相反，他欣然答应。当时，刘黑闼正在种菜，见众人来了，他菜也不种了，当即杀掉自己的耕牛，与大伙一起吃牛肉火锅，而后一边吃一边商量起兵大计。最后，他们集合了一百多人，就是靠着这一百多人，他们打响了武装起义的“第一枪”。

武德四年（公元621年）七月十九日，刘黑闼带领手下百余号人，袭占了漳南县城，正式举起反叛的大旗。

从此，河北再无宁日。

接下来的日子，就是刘黑闼接连获胜的消息了：

八月十二日，陷鄃县，杀魏州刺史权威、贝州刺史戴元祥。

八月二十二日，陷历亭，杀屯卫将军王行敏。

十月六日，陷瀛州，杀瀛州刺史卢士睿。

十一月十九日，陷定州，杀定州总管李玄通。

十二月三日，陷冀州，杀冀州刺史麹稜。

十二月二十四日，陷相州，杀相州刺史房晃。

……

不到半年时间，刘黑闼就攻陷洺州，尽复窦建德旧地，并联合突厥，突厥派骑兵协同刘黑闼作战。

河北的局势，可以说坏得不能再坏了，因为河北全都丢了，唐军死伤无数，而这一切，都是因为一个人——刘黑闼。

刘黑闼，一个让很多人望而生畏的名字，他的出现，是对李渊大棒政策的一个巨大讽刺和反击。

李世民，更大的挑战又在等待着他。

第二章　大战刘黑闼

李世民，碰到一个最难啃的敌人，一个远胜窦建德十倍的敌人。

最惨烈的时刻，就要登场。

刘黑闼

刘黑闼，贝州漳南人，换句话说，他是窦建德老乡。他从小就是个混混，好赌博、爱喝酒、不治产业，家里人都很烦他，但没办法，也只好听之任之了。

他和窦建德是从小的朋友，因为家里穷，窦建德经常资助他。后来，窦建德发动起义，他却没一块去，而是跟着另一个义军首领郝孝德一起混，后来又到了瓦岗寨，做了李密手下的一名裨将。李密败后，他投奔王世充，王世充知道他是名猛将，任命他为马军总管，镇守新乡。再后来，记载就不一了。

据《新唐书》和《资治通鉴》记载，刘黑闼对王世充的所作所为十分不屑，“窃笑之”，可是王世充不幸被李世勣打败，刘黑闼被俘，被献与窦建德。而据《旧唐书》的记载，刘黑闼对王世充的所作所为十分不屑，“窃笑之”，就直接逃到窦建德那儿去了，算是“亡归建德”。

那么，到底哪个是正确的？根据分析，我认为，《旧唐书》的记载更为可信，原因就不多说了。

刘黑闼终于到了老朋友的手下。窦建德很高兴，任命他为将军，并封汉东郡公。刘黑闼十分勇敢，还很会玩阴耍诈，所以打起仗来得心应手，窦建德经常命他做侦察兵，暗中观察敌军虚实，然后出其不意，进行突袭，故此刘黑闼经常所向披靡，在军中号称“神勇”。

可是光神勇也没用，在虎牢之战时，他也无力挽救窦建德，等到窦建德兵败被俘后，他回到家乡，杜门不出，开始隐居。

虽然隐居，但刘黑闼的内心并不安分，他在等待时机。终于，他等来了范愿、董康买、曹湛、高雅贤等一行人。

刘黑闼这人不但神勇，还有个特点：敢赌。正因为一直喜爱赌博，所以他无论做什么事，都敢赌。也正是源于这个性格，让他带一百多号人，他就敢造反。

攻破漳南和鄃县之后，贝州刺史戴元祥与魏州刺史权威一起联合攻击刘黑闼，哪想到根本不是对手，两人惨败，死于阵前。

刘黑闼收集了他们的兵器和残兵后，又拉了一些人。很快，他手下就有了两千人的部队。

武德四年（公元621年）七月，刘黑闼在漳南设祭坛，祭祀窦建德，并告知起兵之意，自称大将军。与此同时，他还策动盘踞山东、已投降唐朝的军阀徐圆朗一起反叛。徐圆朗宣布反唐后，各地豪强纷纷响应，一时间，局面更是难以收拾，整个黄河中下游地区全都乱起来了。

为了对付刘黑闼，李渊不但在洺州重新设立山东道行台，还在魏州、冀州、定州和沧州等地同时设立总管府，准备武装镇压刘黑闼。

一开始，李渊对刘黑闼估计严重不足，他虽然撤销了处置不力的河北道招慰大使郑善果的职务，另派了一个人来统领山东事务，但这个人，却非合适人选，你猜他派了谁来？

李神通叔叔。没错，就是那个屡战屡败、屡败屡战的李神通叔叔。

李渊正式任命淮安王李神通为山东道行台右仆射，并调发关中三千步骑，由将军秦武通、定州总管李玄通率领攻打刘黑闼。与此同时，又命幽州总管李艺领兵一起攻击刘黑闼。

怎么打的，就不细说了，只要知道结果就行了——全部惨败，其中最惨的，还是“神奇”的李神通叔叔。

当时，李神通带领关中部队到达冀州后，与李艺合兵，又征调邢、洺、相、魏、恒、赵等州兵力，共计五万余人，在饶阳城南与刘黑闼会战。

唐军声势浩大，人也多，光列的阵就有十多里，怎么看都不应该失败，可是，问题就出在李神通身上——他不会看天象。

李神通惨败

刘黑闼人少，只能沿着河堤排成单行列阵，这样列阵，只为了一个目的：置之死地而后生。因为你的后面就是河，只有前进，没法后退。

刘黑闼用实际行动把自己的勇敢和决绝传递给了每一位将士：要想活，就拼命！否则，只有死路一条。

想当年，项羽的破釜沉舟和韩信的背水一战，与之何其相似？

没有不畏生死的勇气，就不要想战胜敌人。

就要开战了，天上，刮起了风，下起了雪。

就在这风雪交加的时刻，李神通发起了进攻。此时，正是顺风，李神通乘机发动攻击，试图一举击败刘黑闼。

刘黑闼在等待，他知道，今日，必定是一场血战，他豁出去了。

就在这时，风向突然改变，唐军从顺风突然变成逆风，刘黑闼死死抓住这个机会，顺风发起最猛烈的攻击，痛击唐军。

唐军惨败，士马军资损失达三分之二，差一点就要全军覆没。

从此，刘黑闼军势大振，打到哪，就胜到哪，击败李神通五万大军的威名，也让他在河北地区声名远播，他不用打，只写封信，窦建德的旧部就纷纷斩杀唐朝官吏响应他。

其后，刘黑闼大败李世勣，斩杀五千唐军，李世勣只身逃脱。终于在武德四年(公元621年)十二月十四日，这个寒冷的冬天，刘黑闼又重新走进洺州城。随后他又接连攻克相州、黎州、卫州等地，短短五个月时间，就打下了窦建德的所有地盘。

为了继续壮大力量，刘黑闼又派使节前往突厥，希望与颉利可汗一起联合攻打唐朝。颉利可汗很够意思，不但答应了刘黑闼的请求，还派人带着一些突厥兵一起参战，甘愿听从刘黑闼的指挥。

刘黑闼，走向人生的顶峰，再往前一步，就是深渊。

因为，李世民来了。

面对河北坏得不能再坏的形势，李世民很着急，可他没办法。这次又如同上次一样，李渊“舍不得”派他出战，甚至打突厥这些事，都是派太子亲自出征，而不是李世民。

当然，原因依然是以前的原因，害怕李世民势力过大，对太子和皇权形成威胁。

这段时间李世民都在京城干什么，史书并无记载，但从后来出土的碑文来看，他在忙一些琐碎的行政事务。

昔日威震四方的秦王李世民，如今每天就只坐在办公室里批改文件，不知这是他的福气还是不幸?

不过，以前的卓越功勋，还是不能抹杀的，该给的封赏，李渊一点都不少，虽然时间有点晚，但好歹是给了。

武德四年(公元621年)十月，李渊正式下令，盛赞李世民“鸿勋盛绩，朝野具瞻”，任命他为天策上将，位列王公上，并领司徒、陕东道大行台尚书令，同时增邑至三万户，另赐金辂一乘，玉璧一双，黄金六千斤，外加衮冕之服，前后部鼓吹及九部之乐，班剑四十人，这已经是帝王级待遇了。

一般史书上都这样记载：因为李世民功劳太大，以前的官爵都不能与之相称，所以李渊特别置天策上将，算是对李世民的特别恩宠。后来，我在《册府元龟》上面看到一条史料，说这件事，并非李渊的主意，而是下面群臣怂恿的，即所谓“群臣以帝功绝常伦，请加殊号，高祖以帝为天策上将”，我觉得这是可信的，也是真正的原因。

是李世民威望太大，李渊不得已才这么做的，而非李渊对李世民有多喜爱。其实李渊与李世民，并没有很多书上写的那样亲密无间，他们是父子，但也是君臣，尤其是当李世民觊觎太子之位时，李渊一直是十分警觉的，也经常采取行动裁抑李世民的势力，当然，该给的，还是要给，不然何以服众？

给官、给钱、给荣誉，最后，李渊还给了他一样东西——开府。

开府，意思就是建立府署并自置属僚。简单来说，就是允许你公开建立一个小集团，可以公开招募官员，公开办公。

本意是想让李世民行事方便，但实际上，这是一个非常错误的决定，因为，这等于助长了秦王集团的势力，并且是合法、公开化。

矛盾正在进一步激化，直到彻底爆发的那一天。

出兵河北

李世民的这个府，就是天策府。他不但开了天策府，还在宫殿西侧设立文学馆，以接待四方博学之士。

文学馆里面，都是一等一的人才，有房玄龄、杜如晦、虞世南、薛收、苏世长、陆德明、姚思廉、孔颖达等人，号称“秦府十八学士”，这些人均以本官兼任文学馆学士，每天分三班轮值。对于“十八学士”的选取，李世民也是煞费苦心，因为如果你去查查这十八个人的地域，你就会发现，他们主要来自三个地方：关陇、关东和江南。这是当时世族的三大聚居地，这说明，李世民的眼光，已不再局限于某一个地方，他看到的，是整个天下。

对于文学馆，李世民异常重视，不但供给美味佳肴，好吃好喝地热情款待，其他礼遇恩宠，更是格外优厚。每每上朝办公之余，他总要来文学馆转转，找各位学士聊聊天，探讨一些文章典籍，有时聊得开心了，到深更半夜才睡觉。

文学馆这么好的待遇，吸引了很多人才。很多读书人，以成为文学馆学士为莫大荣幸，称之为“登瀛洲”，也就是一步登天，做了神仙。

“秦府十八学士”，个个都是奇才，为了进一步团结这些人，李世民又让大画家阎立本给他们每个人画了像，然后让褚亮，也就是褚遂良他老爸写了赞文，以示尊荣——“秦府十八学士”即由此而来。

天策府人才济济，文学馆也是人才济济，它们各有分工，又自成一体，一个成为李世民的军事顾问机构，一个成为李世民的政治顾问机构，让李世民如虎添翼。

天策府与文学馆的成立，标志着秦王集团的正式确立，从此以后，秦王集团与太子集团，开始了或明或暗的政治斗争。最后，他们鱼死网破，喋血宫门。

刘黑闼事件，就是两个集团公开较量的一次标志性事件，这起事件之后，李世民被彻底“冷藏”了。

自从秦王集团日益坐大之后，李渊就一直提防着李世民，每次国家有难，一般都不先派他出战，不是不想，而是不能，不能让李世民又攫取军功，进一步壮大势力。

可是朝廷真正能打仗、真正能做统帅的，就那么一两个，而李世民，是当之无愧的领袖。所以每次李渊临时派出去的人，不是惨败，就是阵亡，搞得相当狼狈，直到局势已经无法收拾了，这才又来请李世民出山，因为没有他，摆不平这些事。

这一次，也不例外，李渊又摆不平了，唐军在河北地区，死的死，逃的逃，死伤殆尽，再这么下去，整个国家都危险了。

所以，李渊又拿出了他的王牌，在洺州陷落后的第二天，正式下诏，命秦王李世民、齐王李元吉一起率军讨伐刘黑闼。

在李世民整顿军备，准备开赴河北之时，刘黑闼获胜的消息接踵而至：十七日，陷邢、赵两州；十八日，陷魏州，杀总管潘道毅；十九日，陷莘州。

更夸张的是，在新年刚刚到来的正月，刘黑闼就自称汉东王，改元天造，并定都洺州。

刘黑闼也如同老前辈窦建德一样，像模像样地建立了政权，以范愿为左仆射，高雅贤为右领军，王琮为中书令，刘斌为中书侍郎，董康买为兵部尚书。刘黑闼的行政法令，全部效法窦建德。

虽然看着只是窦建德的山寨版，但刘黑闼比窦建德更猛、更果敢、更敢赌。当然，刘黑闼能掀起这么大的波澜，固然与他本人的超凡能力有关，但更重要的是当时在虎牢之战时，被消灭的并非窦建德的根本势力，而只是他的一个野战军团，他的根基，还是在的。

有了民众基础，才能办成事，刘黑闼也不例外。

刘黑闼做了汉东王还不到半个月，李世民就来了。李世民率领大军到达获嘉，刘黑闼放弃相州，退保洺州。

李世民趁机攻取相州，并进军肥乡，在洺水边与刘黑闼对峙。

一场大战，就要开始了。李世民，将采取自杀性的惨烈方式，与刘黑闼决一死战。这一仗，打得极其残酷，也极其艰难。在这场战役中，李世民损失极大，他手下的两名大将战死，一名大将莫名其妙地死去，他自己，也差点赔了进去。

李世民，碰到一个最难啃的敌人，一个远胜窦建德十倍的敌人。

最惨烈的时刻，就要来临！

激战

得知李世民来了，幽州总管李艺十分高兴，马上带了他的几万部队来与李世民会师，准备南下一同夹击刘黑闼。

可他们还没见面，刘黑闼就先出兵了。

刘黑闼知道，必须在两军会师之前打掉一个，他选择了相对较弱的李艺。

一场令人意外的战役，即将拉开序幕，而在此之前，李世民在肥乡，又摆了两次Pose，秀了一把自己的射击绝技。

有一次，李世民上阵突杀，遇到一名突厥的武将，此人“勇壮绝人”，极其凶悍，提着枪就直奔李世民而来，眼看两人就要碰上了，李世民不慌不忙，拿出自己的大羽箭，一箭射去。这一箭非常犀利，不但射中敌人的胸口，而且直插入背，洞穿其人，武将“应弦而毙”，还没弄清怎么回事，就去见了上帝。

突厥人也够意思，把射死的武将拉回去后，又取下李世民的大羽箭，到处传看，见者无不大为惊叹，认为这玩意太神奇了，在他们的眼中，李世民简直就是神一般的人物。

还有一次，李世民带着轻骑兵外出，在山脚下碰到三个敌人，这三人都是敌军中“骁勇有名者”，一句话，都是猛人。三个猛人见到李世民，提着枪就直奔李世民而来，左右见来者不善，都提醒李世民，要他赶紧避开。李世民不避，而是在那里等着，等到敌人越来越近，就要到跟前时，连发三箭，箭箭击中敌人，这三个猛人，一个接着一个摔下马来，倒地身亡。据说就是这三箭，吓得敌人大气不敢出，顿时丧气焉。①

为了尽快干掉李艺，刘黑闼留下一万军队守卫洺州，自己则率军北上，迎击李艺。可就在沙河过夜时，洺州发生了一起突发事件。

这起突发事件，说起来有点可笑——有人打鼓。

当时，见刘黑闼北上，李世民手下程名振带了六十面大鼓，在洺州城外的河堤上拼命地敲了起来，敲得天昏地暗，地动山摇，据说连洺州城内都震动了。

这么个敲法，只要不傻，肯定以为是敌人要攻城了，守城的范愿十分恐慌，火速派飞骑通报刘黑闼。得知消息后的刘黑闼迅速回军，留下他弟弟刘十善和行台张君立带领一万兵马攻打李艺，而自己，则返回洺州。

其实，这是个骗局，是故意忽悠范愿和刘黑闼的，李世民根本没打算攻城，不过是玩玩心理战，打乱敌人的部署。

刘黑闼是回来了，但他留下的一万兵马，也就完了。在徐河，这一万人与李艺激战，大败，转眼间八千人就没了，算是全军覆没。

折回洺州的刘黑闼，什么都没捞着，相反，连洺水城都落入了李世民的手中。

---

① 此处除采用常见史料外，亦兼采《册府元龟》等书之史料，如“闼尝于肥乡列阵，帝亲率左右击之，有一突厥，勇壮绝人，直冲帝，刃将接，帝以天策上将大箭射之，中心洞背，应弦而毙，遂传此箭于北蕃，突厥见而惊叹。又尝轻骑近山，遇三骑，皆贼中之骁勇有名者，举枪而进，左右请避之，帝不从，待其将至，连发三矢，相次皆毙，敌人慑气焉”。

洺水城并不是李世民打下来的，而是有人主动送来的。当时，刘黑闼部将李去惑、李潘买、李开弼等人，从刘黑闼那儿逃离后，悄悄潜回洺水城，忽悠城内的人，说刘黑闼惨败，他们是逃回来的。

城内的人信了，李去惑于是召集了一些人马守城，然后派人向李世民投降。

得知洺水城投降了，李世民十分高兴，迅速派大将王君廓带了一千五百名骑兵进城，与李去惑一同守城。

洺水城，在洺州以东五十里处，只要过了河，洺州近在眼前，并且这里还是刘黑闼与东部各州的联系通道，所以刘黑闼必须夺回来。

于是，围绕洺水城的争夺，唐军与刘黑闼军展开了激烈的拉锯战。

鏖战洺水城

刘黑闼带兵攻击洺水城，走到列人县时，却不幸遭遇埋伏，伏击他的人，是秦琼。秦琼奉秦王命，带了五千骑兵在这里打了个伏击战，虽然打胜了，但刘黑闼太过彪悍，最终还是冲破包围圈，往洺水方向直冲而来。

来了，那就打吧！但李世民不这么想，他的想法是，把洺水城当作一个诱饵，一个吊住刘黑闼主力的诱饵，然后寻机聚歼刘黑闼。

李世民在自己主力不动的情况下，又开始了外围战。

其实李世民打刘黑闼，依然采取的是步步为营、稳扎稳打的打法，就是为了像王世充一样，一举拿下刘黑闼。

纵观整个战役的全过程，我们可以发现，洺州之战，大致可分为三个阶段：

拉锯战——外围战——决战。

这三个阶段，并没有明显的时间界限，尤其是前面两个阶段，你中有我，我中有你，难以区分，但它们都打得十分惨烈。李世民，将遇到一个十分难啃的骨头，不久，他将失去自己手下的一员大将。

外围战，主要是李艺和李世民的偏师发动的，打败刘黑闼的阻截部队后，李艺可谓势如破竹，很快就夺取刘黑闼的定、栾、廉、赵四州，而后带兵与李世民在洺州会师。

李艺在动，李世民也没闲着，他使了更绝的一招，打下邢州。

邢州很重要吗？很重要，因为它就在洺州的后面，拿下邢州后，李世民就可以对洺州南北夹击了。

面对李世民的一步步挤压，刘黑闼并没有恐慌，他依然是以不变应万变，依然在一门心思地攻打洺水城。

刘黑闼大有不拿下洺水誓不罢休的气势，当时洺水城处在洺水与漳水的交界地，这里有一个特点，水多。

也不知道是谁想到的鬼主意，他们把洺水城四周全挖成了护城河，水深三四尺，宽五十余步，可以说，洺水城是一座水城，易守难攻。

为了打破这个水城，刘黑闼也想了很多办法，他没有水军，于是开始像土行孙一样，挖地道。

只要挖通通往洺水城的地道，就能打破水城。

为了保险，刘黑闼还同时挖了两条地道，并用撞车攻城。此外，他还在城外挖壕沟、竖栅栏，防止王君廓逃走。在挖地道、挖壕沟的同时，他还派兵拦截李世民，不让他靠近，摆明了就是要告诉李世民：俺吃定这里了，你少管闲事。

眼看洺水城就要被攻破，局势岌岌可危。

李世民三次带兵救援，都无功而返，而此时待在洺水城内守城的王君廓，已经筋疲力尽，李世民也不想失去这样一位屡立大功的大将，他必须想办法挽救局面。

李世民又下令开会。

会上，李世勣很激动，他说，地道挖通之时，必是洺水城破城之日。

李世民决定换下王君廓，他看着诸将，问道：

“谁能前去守城？”

“我愿意！”这时，一个清脆的声音响起，他就是罗士信，年仅二十三岁的罗士信。

罗士信，绛州总管，李世民手下大将，他自告奋勇，要求代替王君廓守卫洺水城，并表示愿意死守。

李世民同意了，可这不是踢足球，吹个口哨就可以换人，为了这次换人的“游戏”，李世民颇费脑筋。

他亲自登上洺水城城南的高地，向城内打起旗语，告诉王君廓，赶紧从南门突围。

王君廓开始突围，罗士信开始进城。

接到命令的王君廓，率军开始往外面冲，可是刘黑闼围得实在太紧，双方厮杀了很久，王君廓总算从北门冲了出来。而趁此机会，罗士信带了两百勇士冲了进去，代替王君廓继续守城。

进去了，就没再出来。

烈士罗士信

刘黑闼继续猛攻洺水城，为了尽快完成任务，他还打起了车轮战，“昼夜急攻”，一天二十四小时没其他事，就是不停地攻城，不打死你，也要烦死你。

可是城内的罗士信不烦，他始终咬紧牙关，坚守城池。在他的心里，只有一个信念：人在，阵地在。

面对刘黑闼疯狂的进攻，罗士信始终不曾放弃，即使打到“木石俱尽”的地步，他也不曾放弃，他日以继夜、夜以继日地拼死抵抗。

陷入绝境，依然浴血奋战，绝不放弃，他就是罗士信。

天上，下起了大雪，雪花飘落在广袤的河北大地，四周，都是白茫茫一片。

而洺水城之战，依然打得难解难分，李世民很想增援，可是大雪封路，加之敌军阻截，根本没法靠近，只能眼睁睁地看着城池陷落，看着罗士信身陷重围。

武德五年（公元 622 年）二月二十五日，苦苦坚持了八天的洺水城，终于走到了极限，城破。

罗士信没死，被俘。

说起来，刘黑闼和罗士信还是同事，当年在瓦岗军的时候，还一起并肩打过仗，可能认识，并且罗士信的勇猛，也正是刘黑闼所欣赏的。

所以，他想招降罗士信，想与罗士信一起打天下，他开出了什么条件，史书没记载，但我想，肯定很高，不是大将军，就是一方诸侯。

罗士信不肯。

不但不肯，还严词拒绝，宁死不屈。

刘黑闼可没窦建德那么好心肠，既然给脸不要脸，那就去死吧！

刘黑闼杀了罗士信。罗士信死时，年仅二十三岁。[①]

一代名将，就这样消逝了，而以他为原型的小将罗成，却成了一个文学经典人物。

罗士信为人非常凶悍，做事很绝，是个杀人魔王，但他已经从良，现在为国捐躯，自然让人感慨不已。听到这个消息后，李世民十分悲痛，特意派人去刘黑闼那儿将罗士信的尸体买回来，谥曰“勇”，并将他葬在北邙山裴仁基的墓旁。

裴仁基，隋末大将，后投降瓦岗军。瓦岗军败之后，被王世充俘虏，假意投降，却因暗中策划刺杀王世充被杀。

就是在瓦岗军时期，罗士信与裴仁基认识了，两人情同父子，后来裴仁基被杀，夷三族，罗士信为了报答他的知遇之恩，在平定洛阳后，耗尽家财，将裴仁基收殓，葬在北邙山。

“生在苏杭，死在北邙”，这是很多人的梦想，罗士信帮他完成了这个梦想。安葬好裴仁基后，罗士信留下一句话，他说：我死后，要葬在裴仁基的墓旁。没想到他这句话，居然成了遗言，李世民正是遵其遗言，将他葬在北邙山。

---

① 关于罗士信死时的年龄，史书记载不一，《旧唐书》与《资治通鉴》为二十岁，《新唐书》为二十八岁，我认为，这两种说法都是错的，因为如果按照三本史书公认的罗士信在大业九年击王薄时刚好十四岁的说法，那么牺牲时，他正好二十三岁。

另外，裴仁基仅存的一条血脉——遗腹子裴行俭，我猜想也是一直由罗士信抱养，可见他们之间的关系是何等亲密。后来，裴行俭在李世民的关照下，茁壮成长，并成为唐高宗时期威震天下的超级名将。

只是罗士信，已经死去几十年了。

在罗士信牺牲后的第四天，李世民带兵打下了洺水城，这次不是李世民有多强，而是刘黑闼主动撤兵。

刘黑闼知道在洺水城打拉锯战伤亡太大，不如以退为进，退守洺州，等休整好后，再与李世民决战。

李世民趁机率大军继续推进，与李艺的大军在洺水南岸扎营，河对岸，就是洺州，刘黑闼就在城里。

据史料记载，李世民驻扎的这个地方，名叫狗山①，这里依山傍水，居高临下，山下不远处就是洺水，抢占这个制高点，可见李世民深得兵法之要。

为了包围洺州，李世民开始进一步挤压刘黑闼的生存空间，命令李世勣渡过洺水，在北岸扎营，李世勣的前面，就是刘黑闼的洺州城。

刘黑闼见唐军都过了河，知道再不出战，也会被围死，所以，他主动出击，多次前来挑战。

偷袭

可是面对敌军的挑战，李世民早已下令，坚壁不战，拖死他。

这一次，他又拿起了屡试不爽的绝招——不打。

当然，说不打，只是在敌人挑战时不打，如果敌人没防备了，那还是可以打一打的。比如刘黑闼刚刚任命高雅贤为左仆射，要搞庆祝大会，这就是最好的机会。

李世民决定，打一次突袭。

---

①　狗山，又名娄山、驻跸山、太宗山，不知何故叫这名，位于今天河北省永年县西部。《新唐书》："狗山有太宗故垒，讨刘黑闼于此。"《永年县志》："唐太宗讨刘黑闼，驻军于此。"

奉命打突袭的，是李世勣。李世勣带兵逼近刘黑闼军营，没想到被发现了。

敌军出战，领头的，正是新任“宰相”高雅贤，高雅贤十分勇敢，单枪匹马就敢前来挑战李世勣。

大伙一看，这人好像不正常，再仔细一看，原来是个醉鬼。

喝醉了的高雅贤，趁着酒醉糊涂之机，毅然出战，一个人很勇敢地来攻打唐军。

看着这个如堂吉诃德一样的活宝，李世勣懒得跟他啰嗦，派出部将潘毛，想一枪就把他刺下马来。

就在潘毛要一枪干掉他的时候，高雅贤的部下赶来，硬生生地把他们的领导给抢了回去。

回去后，还没到营地，高雅贤就升天了，估计到死都还没弄明白，自己是不是喝酒喝死的。

两天后，尝到甜头的李世勣，又再次突袭刘黑闼营地，可这一次，就再没“堂吉诃德”冲出来了。刘黑闼早有防备，不但没让唐军得手，反而将前两天的战斗英雄潘毛给活捉了。

既然突袭军营没用，那就突袭你的粮草吧！

李世民又掉转枪口，派之前的“打鼓能手”程名振带了一千多人，截击刘黑闼的后勤补给线。没想到程名振这人还真是能干，不但会打鼓、会跑（以前兵败逃跑），截粮道也是好手，他不但烧了刘黑闼的运粮车，还把他的运粮船也弄沉了，可谓极具海军陆战队的独特气质。

好了，现在应该明白李世民的目的了吧？还是打薛仁果、打宋金刚、打王世充时的老套路，先跟你耗，再打你的粮道，饿死你！等你饿得差不多了，就要来收拾你了。而在收拾你的时候，基本采取的战术就是把自己的部队分为两部，一部跟你死磕，一部在一旁等着，等打得差不多了，他的精锐骑兵就出现了，或打你的侧翼，或打你的后方，总之不会要你好过。

所以李世民经常打胜仗的秘诀，说起来也简单，但即使这么简单，还是有很多人不学，我不知道是悲哀还是什么，总之有点无语。

李世民跟刘黑闼耗了六十多天，李世民依然谈笑风生，肚子不饿，刘黑闼就不行了，估计连说话都没力气了。

撑不下去的刘黑闼，决定发动袭击。为了保证这次袭击的突然性，他也搞了一个花样：潜师偷袭，也就是偷偷摸摸地来，打枪的不要。

刘黑闼突然袭击李世勣军营，得知消息后的李世民，迅速带兵支援，找准一个切入点，打刘黑闼的背后。

可是刘黑闼这次是来拼命的，也就注定不好对付。面对这样的狠角色，面对如此凶狠的敌人，一向猛打猛冲的李世民，居然陷入重围。

在包围圈内的李世民，依然拼死作战，只是不知道这次能否跑出去了。

就在这千钧一发之际，大救星尉迟敬德带兵冲了进来。冲进包围圈后，尉迟敬德一顿好杀，硬是把李世民和他堂弟李道宗救了出来。

打了这一仗之后，李世民敏锐地意识到，刘黑闼肯定撑不下去了，不然他不会主动来战。

那好，利用他求战的心理，想办法一举将其击破。

李世民想的这个办法，就是水攻，当然他采取的措施，并非关云长水淹七军时的办法，而是同归于尽。

决战时刻

怎么个同归于尽法，你等会就会看到。我一直不明白李世民为何要采取如此惨烈的方式来对付刘黑闼，后来，我看到了更多的史料，反反复复琢磨，终于明白了。

先让我们来看决战的整个过程：

在战前，李世民就提前做好准备，命人在洺水上游筑坝截断河水，而后对“守堤吏”（也就是守坝的官吏）说：等我与敌人交战时，你就掘坝放水。

李世民安排好这些后，刘黑闼就带着两万精锐步骑渡过洺水，向唐军发起了猛烈进攻，这一次，刘黑闼又拿出上次打李神通的办法，背对洺水列阵。很明显，他是想故伎重演，以此告诉所有将士，要想活，就拼命！否则，死路一条。

置之死地而后生，因为你的后面就是河，只有前进，没有后退。

破釜沉舟，背水一战。

这一次，刘黑闼还能创造奇迹吗？

见刘黑闼这次是来拼命的，李世民也不含糊，亲自统帅精锐骑兵首先攻打刘黑闼的骑兵，将其击破后，再攻击刘黑闼的步兵。

步兵根本不是骑兵的对手，刘黑闼的步兵被李世民的骑兵蹂躏踩踏，惨不忍睹，虽然如此，但刘黑闼依然拼死反抗，指挥一群不要命的部队，与李世民展开了近距离的肉搏战。他殊死战斗，从中午一直打到黄昏。

很可惜，李世民的部队，都是精锐，并且有备而来，刘黑闼慢慢撑不下去了。

双方打得异常惨烈，就在背刀互砍的时候，上游的“守堤吏”终于偷偷地掘开了堤坝，顿时洺水上游的洪水，像瀑布一样，向下游倾泻而来，洪水涌到战场上，水深一丈有余。本来就在不利的情况下，又遭遇如此劫难，刘黑闼军大败，一万多人被杀，数千人被淹死。

刘黑闼可以说是全军覆没，他本人哪儿去了？

原来，刘黑闼的部将王小胡见战场形势突变，知道支撑不住了，他悄悄地对刘黑闼说，咱们无路可走了，快逃吧！

刘黑闼虽然平时爱护士卒，但关键时刻，他退缩了，于是与王小胡带着一些人提前脱离战场。只能说，刘黑闼勇则勇矣，但他终归只是一员猛将，而非统帅。

领导跑了，小兵还在继续奋斗，他们与唐军继续死磕，直到洪水滚滚而来。

刘黑闼与范愿等人带着二百骑逃往突厥，在那里，他将东山再起。

这就是决战的大致过程，也是我们平常见到的版本，其实，真实的情况，并非如此。

我所说的真实情况，并非故事情节全然不同，而是某些细节，有很大区别，集中点就在于，李世民的决策和想法，以及他说过的话。

按照《资治通鉴》的记载，李世民对“守堤吏”说的话是“等我与敌人交战时，你就掘坝放水。”听到这句话，你可能马上就会联想到，这纯属自杀式袭击，典型的同归于尽。但在《新唐书》和《旧唐书》里面，李世民说的话，就有区别了。《新唐书》里，李世民对“守堤吏”说“等敌人渡河时，你就立即掘坝放水。”《旧唐书》里，李世民对“守堤吏”说“我们攻打敌人那天，等他们渡河到河中间的时候，就掘坝放水。”这里面，透露出一个重要的信息：掘坝放水的时机，必须是敌人渡河时，而非厮杀之时。

那么，李世民如此安排，出于一个什么目的？

灭顶之灾

在《旧唐书》里面，我们又看到这样一条史料：“先是，太宗遣堰洺水上流使浅，令黑闼得渡。及战，乃令决堰。”这里的意思就说得很明白了，李世民派人筑坝拦水，不单单是为了掘坝放水，还有一个目的：故意降低洺水的水位，诱使刘黑闼决战。有人可能会说，这洺水的水位，与刘黑闼来决战，有关系吗？

当然有关系，而且关系很大。你要知道，当时刘黑闼已经是“城中粮尽”“窘急求战”，他无法再与李世民继续耗下去了，所以只要看到洺水水浅了，可以涉水过河，肯定就会从洺州城内跑出来，从北岸渡河，到南岸与李世民决战。

为什么李世民要把战场选在南岸而非北岸？其实这就是李世民故意的，他就是要坚阵待敌，然后伺机破敌。

李世民这人，有个最大的优势，那就是喜欢做套，不管敌人有三头六臂或者是变形金刚，只要跟他斗，他肯定会做个套把你套进去，然后你就乖乖地被他牵着鼻子走，任他彻底摆布了。

很多时候，当你看到死神时，你可能还在套子里面没出来。

用我们平常的话说，就是李世民善于把握主动权，让你的思维和行动，都落入他预设的圈套之中。

这一次，刘黑闼也同样没有逃脱这个魔咒，他走进了李世民的套子，虽然自己跑了，但他的部队，全部毁灭在套子之中。

等李世民用骑兵击溃刘黑闼的骑兵，再踩踏他的步兵时，大水就来了，因为水势大涨，他们再也无法渡河，只能落水淹死，或者被唐军砍死，而李世民也利用这个机会，把敌人拼命往河里赶。

也许很多人会问，洪水可不长眼睛，难道他们会自动识别，只冲敌军而不冲唐军？

没错，洺水开始很浅，等水深了，洪水肯定漫过河堤，对唐军也同样危险，但你不能忽视的一点是，李世民投入作战的部队，主要是骑兵，骑兵速度快，即使洪水来了，也早就跑了，所以不用担心。当然，少数也可能被冲走，那只是意外，打仗零伤亡，那也是不可能的。

唐军最后伤亡多少人，史书没记载，但从最后结果来看，肯定伤亡很小，而刘黑闼，就遭遇灭顶之灾，落了个全军覆没的下场。

所以这一次掘坝放水、水淹三军的大决战，李世民获得了最后的胜利，而且他对战争节奏和时机的把握都恰到好处，可以说，这又是他一次高超指挥艺术的大表演。

有人说，李世民与刘黑闼的这一次决战，采用水攻，以牺牲自己的方式来获取胜利，是一次“残酷的集体谋杀”。其实，这有点胡扯，因为得出这个结论的人，根本没有看全史料就妄下结论。

当然，在战斗中有少量牺牲是肯定的，只要是打仗，难免有牺牲，但故意把自己手下将士与敌人一起毁灭，则太阴谋论了。

李世民，没这么坏，更没这么无能，打败刘黑闼，他是有的放矢，绝不是胡来。

刘黑闼全军覆没，但他自己跑了，三个月后，他将再次震惊所有的人，并将大唐的一位年轻王爷置于死地。

而李世民，却无能为力。

杜伏威入朝

打败刘黑闼后，李世民又将枪口对准了徐圆朗，带领大军开始围攻这个反贼，而就在这时，李渊突然下诏，命令李世民火速入朝，并且事情似乎还十分紧急，因为李渊要求李世民必须乘坐驿站的车马赶往长安。

为什么要乘坐驿站的车马？很简单，这样快，每个驿站都有好马好车随时预备，跑了这一站，车马休息，下一站接着跑，既不耽误时间，也能保持体力，这就是所谓的“奉诏驰传入朝”。

既然父亲突然下令回朝，李世民也没办法，只好放弃即将到手的胜利，将军队交予李元吉打理，自己急匆匆地赶赴长安。

得知李世民又打胜仗回来了，李渊特意跑到长乐宫前来迎接，可见对于这个儿子，他还是十分上心的。

这么急着要去长安干什么？史书记载十分含糊，只说是谈论摆平徐圆朗的事宜，但我想，应该没这么简单，因为当时李世民与太子李建成之间的矛盾，已经是十分尖锐了。我认为，这是李建成借助李渊的圣旨，故意试探李世民的一次行动，搞得如此紧急，到了长安，却又没什么紧急大事，这明显是故意的，想看看李世民的反应和应对措施。

李世民十分冷静，也非常理性地对待此事，他向李渊详细汇报了攻打徐圆朗的最新形势后，李渊又再次派他驰赴黎阳，会同大军急趋济阴，开始继续围攻徐圆朗。

徐圆朗，不过一个小毛贼，在其他人面前，还能耀武扬威跳几下，在李世民面前，就只能算跳梁小丑了。很快，他就丢掉十几座城池，李世民带兵趁机炫耀武力，声势震动淮、泗地区。

这一震不要紧，要紧的是，把江淮地区的义军首领杜伏威给吓着了。

杜伏威，齐州章丘人，是一个与李密、窦建德齐名的义军首领，盘踞江淮地区，势力庞大，是很多人的争取对象。

杜伏威这人不但打仗极其勇猛，“嗅觉”也是极其敏锐，他先前是投降王世充的，后来见唐朝攻打王世充，他马上又投降唐朝，不但被封为吴王、东南道行台尚书令、江淮安抚大使、上柱国等，还拿了大红包。为了表忠心，他又派了将军陈正通和徐绍宗带了两千精兵前来支援李世民，一起攻打王世充，后来，他又接连击破李子通和汪华两位反王，尽有江淮之地。

这时候的杜伏威，可以说是称霸一方的土霸王，因为他虽然投降唐朝，但军队在手，自己又坐镇江淮，谁也奈何不了他，可现在情势不同了，因为李世民打过来了。

虽然不能判断李世民的下一个目标肯定就是自己，但万　呢？

杜伏威十分恐惧，为了不死，他做出了一个聪明的决定：入朝。

只有本人在朝廷，才不会遭到朝廷的嫉恨，杜伏威这个决定虽然看似消极，但至少能保全性命，也不失为明智之举。

杜伏威入朝了，李世民还在打。等到把徐圆朗彻底打残了，李世民知道，这家伙再也不能扑腾了，于是，他又再次回到长安。

这一次，是主动的，李世民将军队交给淮安王李神通、行军总管任瑰与李世勣三人，自己返回长安，他不得不面对与太子之间的斗争问题。这一场战争，虽然看似波澜不惊，实则险象环生，稍有不测，就会死无葬身之地。

李世民必须高度重视这个问题，他开始积极准备，谋划与李建成争夺皇位。

一场更尖锐、更残酷的斗争，就要打响，这一次，李世民不单单要背负胜利的责任，还要面对道义的责难与不舍的亲情。

再起战火

李世民走了，刘黑闼又来了。

虽然李世民用武力镇压的方式暂时摆平了刘黑闼，但并没有从根本上解决河北问题，因为他采取的措施，依然是残酷镇压，这导致很多人宁愿铤而走险，反正不起兵也是死，何不拼死一争，说不定还有变天的机会。

而刘黑闼，就恰好利用了民众的这个心理，开始兴风作浪。

其实跑去突厥的刘黑闼，一直就很不安分，他继续勾结突厥，接连不断地给唐朝制造麻烦。跑到那里还不到一个月，他就唆使几万突厥兵围攻镇守边境的定襄王、代州总管李大恩，并将其杀死。

其后，刘黑闼又四处出击，唐军连连失利，一年前的景象又再次重演。唐军在河北地区死的死、逃的逃，几乎死伤殆尽，很多刘黑闼的旧部，又纷纷揭竿而起，到处攻杀官府，仅仅四个月时间，刘黑闼又尽复窦建德故地，在河北一带称王称霸。

而在此期间，一个人的阵亡，令李世民悲痛欲绝。

他的名字，叫李道玄。

李道玄，以前也出过场，但这一次，将是他人生的最后一次出场，虽然他的一生，只有十九年。

李道玄是李世民的小堂弟，不过他和这个堂弟不是共爷爷，而是共祖爷爷，也就是说，李世民和李道玄的祖爷爷，是同一个人。李道玄从小就是个苦命的孩子，因为父亲死得早，幸好出身好，唐朝建立后，被封为淮阳王。

李道玄这人性格宽厚，喜爱军事，小小年纪就能上阵打仗，并且打起仗来，也是拼死向前，出了名的不要命。就是这么个人，却“进止都雅”，也就是说，举止文雅，待人接物都是彬彬有礼，或许，成为一名儒将的理想，一直在激励着他。

除了打仗，他还追星，追的这个偶像，就是李世民。他一直羡慕李世民亲自冲阵，经常跟着学，每次一交战，必定是第一个发起冲锋，只是很可惜，最后他没有李世民运气好，他的最后一战，冲了进去，就没再冲出来。

应该说，战死前的李道玄，是幸福的，因为他一直都在自己偶像的身边。打宋金刚时，他一马当先，冲锋陷阵，最后与李世民一同击败敌军，李世民对此十分赞赏，赏物千段。

后来，他又跟随李世民攻打王世充、窦建德，都是屡战皆捷，尤其是在击破窦建德战役中，他不但与李世民一同伏击敌军，还与李世民一同冲阵，在冲阵的过程中，他像个超人一样，冲进去，又冲出来，自己被射得像一只刺猾，依然奋勇向前，毫不退缩。

李世民看他这么勇敢，很高兴，也很担心，他不但将自己的备用马送给李道玄，还叮嘱他，要他一直跟着自己，不要走丢了。

等到洛阳平定后，李道玄被任命为洛州总管，后又为洛州刺史。武德五年（公元 622 年）七月十五日，因为刘黑闼再次作乱，他被任命为河北道行军总管，率军讨伐刘黑闼。仅仅三个月后，他就战死了，死于惨烈的战场，死于自己的冒进，而他的死亡，源于一个人的轻敌。

十月十七日，初冬时节，作为唐军统帅的李道玄，率领三万唐军在下博与刘黑闼决战。决战前，李道玄又开始率先冲阵，为了保证战斗的胜利，他特意告诉自己的副将史万宝，说：我先冲，你随后跟进。

史万宝答应了，李道玄似离弦之箭，冲了出去，可他哪里知道，这一次，不是冲向胜利，而是冲进地狱，死神，已经向他张开了血盆大嘴。

李道玄带领轻骑冲向敌人，可就在冲阵的时候，他遇到了一大片烂泥，马过烂泥，肯定施展不开，对于唐军而言，这是个比较痛苦的事情，可对于刘黑闼而言，这就是战机。

趁着唐军还在蹚烂泥时，刘黑闼指挥大军掩杀过来，与李道玄打在了一起。

淮阳王之死

前面在打，后面在看戏，一直在后面整装待发的史万宝，根本就没有此时出战的打算。史万宝一向与李道玄不和，向来轻视这位前“长安大侠”，这时候，他耍起了小聪明，决定按兵不动。

按兵不动，不是单纯地看热闹，而是另有目的，看看他对自己亲信说的话，你就明白了他是如何打算把李道玄当诱饵准备钓鱼的。

他说：我奉皇帝手诏，淮阳王不过是个小屁孩，名义上是大将，实际上军队由老夫指挥。如今淮阳王贸然冲阵，越过烂泥滩与敌军交战，如果大军贸然出击，必定陷入泥沼，全军覆没。不如用淮阳王做诱饵，引诱敌军来，只要淮阳王战败，敌军必定争相前来，到那时，老夫坚阵以待，以逸待劳，肯定能够一举击败敌军，这样虽然对淮阳王不利，但对国家有利啊！

史万宝的想法是好，但风险太大，并且只是一厢情愿，事态的发展，完全超出他的想象。

李道玄完了，彻底完了——孤军深入，无人接应。

刘黑闼以多打少，又利用了烂泥滩的优势，轻松干掉了李道玄的护军柳浚，很快又干掉了李道玄，他的枪口，对准了一直在后面傻乎乎看热闹的史万宝。

刘黑闼乘胜发动猛攻，在后面观战的唐军，虽然阵型列得很好，但遇到如此凶悍的刘黑闼，依然不是对手。史万宝准备带兵与敌军决战，可是手下人见主帅都没了，早已无心恋战，顿时军心涣散，斗志全无。

刘黑闼趁机掩杀过来，三万唐军就像得了传染病一样，丢盔弃甲，不战自溃。

唐军开始溃败，毫无还手之力。此战，三万唐军几乎全军覆没，一直在一旁冷眼旁观的史万宝史大侠，也无力收拾残局，只好骑着一匹快马只身逃脱。

回到长安后的史万宝，从此就消失了，史书再无记载，我想，肯定是被李渊砍掉了，对于这种连皇室都不放在眼里的大老粗，李渊一向是很不感冒的，杀了他，一了百了，免得再来害人。

而李道玄的不幸阵亡，让李世民格外痛心，为此他痛心了很久，每每一说起这事，就痛哭流涕，甚至还发表了一大段感想，说：自从起兵以来，道玄就经常跟着我上阵杀敌，每次见我深入敌阵屡屡获胜就心生羡慕，他是想要模仿，才致如此啊！很可惜这么年轻，还没实现远大抱负，就去了，悲哀啊！

说完，李世民继续痛哭流涕，其实说来说去，意思无非就是我很痛心，我很难过。但是，从李世民的话语中，我隐约听到这样的心声：道玄是个好孩子啊，是我害了他，要不是他老来学我，也不会这样啊！

是的，纯情的追星少年，就这样没了，的确令人痛心不已，真是盲目追星害死人，谁叫他没有李世民的运气和身边超强的保护力？可是一切都已逝去，再也无法复原，李世民流再多的眼泪，也不能挽回这位“刺猬小英雄”的生命了。他唯一要做的，就是战胜敌人，将刘黑闼斩草除根，为弟弟报仇。

看到河北地区兵败如山倒，糟得不能再糟的形势，李世民很想再次出征，可是李渊不许。

不许是有原因的，原因就是，李渊对李世民不满了，太子也很有意见。

有意见，就要提，可太子不提，他要做的，就是与李世民抢功。

就目前而言，击灭刘黑闼，是最大的功劳，所以，李建成盯上了这件事。

当然，这事不是李建成先想到的，而是他的谋士。

太子的谋士，有两个，一个是魏征，一个是王珪。

太子出征

当时魏征是太子洗马，王珪是太子中允，都是李建成身边的高级参谋，他们不无忧虑地告诉李建成：秦王功盖天下，内外归心，而殿下不过因为年长才被立为太子，没有大功可以镇服海内。现如今刘黑闼苟延残喘，兵力不足万人，又缺钱少粮，如果大军前往，势必摧枯拉朽，大获全胜。殿下应当亲自出征攻打刘黑闼，以获取名望。如此一来，一可以趁机结交山东豪杰，培植自己的亲信；二可以保住自己的地位，与李世民相抗衡，可谓一举两得。

说得够详细，李建成并不蠢，马上就答应了，并马上禀报皇上，李渊也不蠢，马上就答应了，并下诏正式任命太子李建成为陕东道大行台及山东道行军元帅，统领诸军讨伐刘黑闼。不单单山东，河南、河北等地也都要接受太子领导，“并受建成处分”，无论大小事，皆可便宜行事。

很明显，李渊换下了李世民，换上了李建成，从此以后，李世民将被彻底剥夺一军统帅的职责，他不再是统帅，只是一名大将，他只能去干一些无关紧要的事情，打打配合，当当下手。甚至有时候，他就只能待在家里干干喝茶遛鸟、打太极拳这些无聊的“工作”，百无聊赖，无所事事，总之被李渊给慢慢雪藏了。

雪藏李世民，不是李渊多狠，而是他不得已。怎么个不得已，我们以后再说，现在，让我们还是把目光先转向河北硝烟四起的战场。

刘黑闼虽然在河北称王称霸，但他毕竟有些力不从心了。一来前来镇压的唐军对他比较了解，比以往更有经验；二来自己的手下，有些人激情不再，甚至还有逃离的倾向。

上次自己临阵脱逃，看来还是颇有影响，但不管怎么样，都要撑下去，刘黑闼开始撑，终于撑到了李建成的到来。

李建成的大军运动速度很快，才短短一个月时间，就到达了昌乐，刘黑闼带兵抵挡，两次列阵都没打起来。

不是不想打，而是李建成要玩诡计。

魏征告诉他，以前李世民打刘黑闼，凡是造反的都杀掉，连妻儿也跟着受罪，敌人即使想投靠都无门，正因为如此，所以无论诏书如何发布赦免令，都没人信。当今之计，就是尽快把关起来的人释放，告诉他们既往不咎，以此争取民心，这样一来，就可以坐等刘黑闼完蛋了。

李建成接受了这个建议。

魏征的办法其实很简单，一改过往残酷镇压的办法，实行宽宏大量的安抚政策，切断民众对刘黑闼的支持。可以说，这是一个十分高明的政策，老百姓肯定都希望过上安稳的生活，只要当官的不来骚扰，基本上就没人来找政府麻烦，更不会去支持刘黑闼这样的暴力分子了，毕竟，这是个要命的事，刀口上舔血的日子也没几个人愿意过。

官逼民反，只要官不逼，民也就不反了。李世民虽然用武力镇压了刘黑闼的第一次起兵，但在政治上，并没有解决河北地区的社会问题，这也是为什么刘黑闼第二次起兵能够如此迅速蔓延的主要原因。

来硬的，不如来软的，李建成的这个政策，能否奏效呢？

决胜刘黑闼

奏效了，而且彻底解决了问题。

李建成继续与刘黑闼对峙，在对峙的同时，又把他的安抚政策扔出来，很快，这个看似平淡、实则无敌的手段，发挥了巨大的作用，很多被释放出来的囚犯，都为唐军大做广告，相互转告说：放下武器回家乡吧，你们的亲人，都已经释放回家了。

这样的鼓动，宛如一颗颗震撼弹，刘黑闼，越来越撑不下去了。

刘黑闼失去了民众最基本的支持，他的军心在逐渐瓦解，很多人都不愿意继续打下去了，都想回家。等到军中的粮食吃完，局势更不可收拾，很多人都跑了，有的甚至还抓了自己的领导来投降唐军。

李建成抓住这个机会，在魏州城下与刘黑闼大战，大破之。刘黑闼见这样下去必死无疑，他也想到了跑，在一个漆黑的夜晚，带着余下的部队，开始逃跑，一路跑到馆陶县。

刘黑闼想继续跑，可是拦在面前的，是一条河——永济渠。

河上面没有桥，过不了河，刘黑闼只好停下来架桥，就在架桥的时候，唐军来了。

李建成带着弟弟李元吉，率领大军追到馆陶县，准备与刘黑闼决战。可是此时的刘黑闼，已无心再战，他命令王小胡背靠永济渠列阵，做出拼死一战的态势。而他自己，看着桥刚刚架好，连庆典仪式都没搞，就像野猫一样，“唰”的一下过了河。

上一次跑得快就算了，那是被骗，这一次，再跑这么快，我们就不客气了，既然你不把老子当人，那咱也不鸟你了！刘黑闼的手下将士见他又玩了一次抛弃部下、自己逃命的把戏，都纷纷扔下兵器，投降唐军。

刘黑闼的军队彻底崩溃，已毫无还手之力。

李建成立即下令进行追击，可是才刚刚过去一千多骑兵，“啪啦”一声，桥就断了，原来这是个豆腐渣工程，没办法，李建成只好眼睁睁地看着刘黑闼又带着几百名骑兵灰溜溜地逃走。

难道又跑去突厥了？

不是，即使有这个心，突厥也不收，这毕竟不是什么好事，去了也丢面子，根据综合情报分析，跑去饶阳了。

刘黑闼在前面跑，唐军在后面追，刘弘基的骑兵，更是像索命鬼一样，在后面死死追赶。

刘黑闼无路可逃。

无路可逃的刘黑闼，饥寒交迫，像个叫花子一样，带着身边仅剩下的一百多号人，来到了饶阳城下。

被唐军追得像老鼠一样逃窜的刘黑闼，没日没夜地逃跑，一直没有休息，肚子也饿得呱呱叫，这时候，他希望有人来帮他一把，最好是给碗饭吃。

之所以来饶阳，是因为驻守饶阳的饶州刺史诸葛德威，曾经是他的手下。注意，只是曾经，现在，就不是了。

诸葛德威笑眯眯地打开城门，迎接刘黑闼进城。

这时候的刘黑闼，虽然很狼狈，但警惕性还是有的，他不肯进城。见老首长如此多心，诸葛德威又发挥出一个超级演员的良好演技，十分诚恳，十分尊敬，十分卖力，反复请求刘黑闼进城。为了提高表演的真实性，他还一个劲地哭，直哭得天昏地暗，日月无光，终于把刘黑闼哭动心了。

刘黑闼十分感动，没想到如此落魄的时候，居然还有这么好的手下对自己如此忠心耿耿，他答应逗留，但仍然不进城。

诸葛德威也没办法，只好让老领导在城旁的市场中休息，并送来好吃好喝的食物，让刘黑闼一行人尽情享用。

刘黑闼还以为碰到了好心人，他哪里知道，自己，已成瓮中之鳖。

正在吃饭的刘黑闼，被带兵突然闯进来的诸葛德威逮了个正着，他弟弟刘十善等人也被当场逮捕。

饭还没吃完的刘黑闼马上反应过来，但已经迟了，他只能用痛骂来表达自己的愤怒：

“狗辈负我！”

可是在诸葛德威的眼里，利益比朋友更重要，你骂吧，反正跑不了。

或许到了这时候，刘黑闼最耿耿于怀的事就是：要抓就抓，也得等吃完饭再抓嘛！

刘黑闼等人被押解到李建成军营，李建成也没什么好讲的，直接砍了了事。

走向末路

刘黑闼就这样死了，临死前，他感叹道：

“我在家种菜多好，都是被高雅贤一伙害成这样啊！”

到死都要怨别人，我只能说，这哥们儿太有内涵了。

而关于刘黑闼如何被擒一事，另有史料记载，与我们常见的略有不同，并且细节更为丰富，孰是孰非，也就不得而知了。[①] 另一版本的记载如下：

话说刘黑闼逃至饶阳，饥寒交迫，狼狈不堪。这时，深州总管崔元逊据守饶阳城，城内驻兵三千余人，见老领导来了，崔元逊赶紧出城迎接，请求刘黑闼进城，继续联合突厥，带兵据守。刘黑闼怕有诈，不肯进城，崔元逊固请，也是一个劲地哭，终于把老领导哭动了心。

刘黑闼仍然不进城，但答应在城下的市场内逗留，在那里吃饭休息。

当时崔元逊虽然是深州总管，但饶阳城内的兵，全都由车骑将军诸葛德威统领。本来诸葛先生没什么坏心眼，可偏偏出了个叫张善护的人，这人以前是个乡长，后来参军，就在诸葛德威手下。张善护见刘黑闼来了，知道发财的机会到了，他纠集三五个少年，告诉他们，只要捉住刘黑闼，就可以发财，今天要是不捉，以后就没机会了。并且这人以后还要坏事，搅了你我的好生活。少年都纷纷表示，要捉刘黑闼，非诸葛德威不可。

张善护知道诸葛德威这人有个嗜好，要他出兵，必须备好酒肉，好生款待。于是，他跑回家，宰了一头大肥猪，提出一石好酒，送给诸葛德威，并将

---

① 《通鉴考异》：“革命记：‘刘黑闼走至深州，崔元逊为伪深州总管，黑闼欲至，城中陈列三千余兵，拟纳黑闼，据城拒守，北勾突厥。城人诸葛德威为车骑，领当城之兵。有张善护者，先任乡长，来就军中，语三五少年曰：“可捉黑闼取富贵，今若不捉，在后终是扰乱山东，废我等作生活。”诸少年咸云：“非诸葛车骑不可。”善护知德威非得酒食不肯出师，乃于家宰一肥猪，出酒一石，延德威而语之，德威许诺。黑闼至，元逊乃请之入城而不许，唯就市中遣铺设而坐食。元逊请以城中兵呈阅，言并精锐，必堪拒守，黑闼食而许之。元逊乃召兵以呈之，德威以前领健卒出，即就市中擒黑闼，送于洺州皇太子所，元逊与男野久奔突厥。斩黑闼于洺州城西，临刑乃叹。’”

此事告知。见有好酒好肉吃，还能发财，诸葛德威答应了，答应捉拿刘黑闼。

正在城下市场中吃饭的刘黑闼，怎么也没想到，居然还有人要他的命，他继续吃饭。

这时，崔元逊又告诉刘黑闼，说请他前去阅兵，还说城内的士兵很强大，足以守城。刘黑闼也没多想，一边吃饭，一边就答应了。

见老领导答应阅兵，崔元逊于是赶紧把诸葛德威叫来，准备阅兵。诸葛德威带着兵来了，却没有准备阅兵，而是将正在市场中吃饭的刘黑闼当场逮捕，刘黑闼大骂，随后被送往洺州李建成军营。

见突然发生如此悲摧的事情，崔元逊什么都不顾了，带着自己的儿子崔野久，一溜烟地逃往突厥。

这样说来，叛变的不是崔元逊，而是诸葛德威，只是不知道为什么史料记载哭着求刘黑闼进城的，居然是两个不同的人，难道，他们都是影帝？

其实这个崔元逊，也不是个好惹的角色，想当年，他突袭深州刺史裴晞时，用的也是骗术。

还记得那时候，正好是刘黑闼刚起兵不久。以前窦建德所任命、早已离职的深州刺史崔元逊，就带着几十个同党，跑到荒郊野外进行谋划，谋划的结果，就是突袭深州刺史衙门。

此时的深州刺史，正是裴晞，他正在州府衙门办公，崔元逊为了杀掉他，想出一个毒计。崔元逊首先在车上埋伏好全副武装的甲士，用稻草盖在上面，他扮作农民，然后推着车子直接冲进州府衙门。

裴晞还以为是农民伯伯搞了一车稻草来上访，哪想到埋伏在稻草中的甲士突然“呼噪而出”，大喊着从稻草里面冲杀出来，抓住裴晞后就一刀砍了，而后传首刘黑闼。

就是这么个人，以前跟着窦建德混，后来跟着刘黑闼混，最后跑突厥了，是死是活都不知道，只是苦了刘黑闼，贪吃送了命。

刘黑闼死了，只能说，这都是他的命。

复仇之神

刘黑闼，贝州漳南人，窦建德战友兼老乡，素骁勇，多奸诈，军中号为“神勇”。窦建德败后，聚众起兵，所向皆靡，半岁间，尽复建德旧境，后为李世民所败，奔于突厥；其后借兵于突厥，再次复起，为李建成所败，遁走饶阳，诸葛德威勒兵执之，缚送建成，斩于洺州，余党皆平。

刘黑闼一个人，掀起了这么大的风浪，让唐朝丢城失地，死伤无数。可能很多人认为，这场战乱持续的时间应该很久，但我告诉你，其实很短，从刘黑闼武德四年（公元 621 年）七月间起兵，到他武德六年（公元 623 年）一月间覆亡，仅仅一年半时间。而就是在这一年半的时间里，唐朝阵亡的高级将领便有二十位，名单如下：

魏州刺史权威，贝州刺史戴元祥，屯卫将军王行敏，深州刺史裴晞，瀛州刺史卢士睿，毛州刺史赵元恺，定州总管李玄通，杞州刺史王文矩，冀州刺史麹稜，魏州总管潘道毅，相州刺史房晃，东盐州刺史田华，相州刺史独孤彻，绛州总管罗士信，易州刺史慕容孝干，代州总管李大恩，瀛州刺史马匡武，贝州刺史许善护，淮阳王李道玄，恒州刺史王公政。①

此外还有一个人，李世民的手下大将，郧（音 yún）国公、吏部尚书殷开山，也是在征战刘黑闼时，死在路上。为了这事，李世民异常悲痛，毕竟殷开山是晋阳起兵时就跟随自己的元老了。李世民不但亲自参加追悼会，还哭得死去活来。

看着这一连串令人震撼的名字，你就明白刘黑闼这个人到底有多猛了，说他是战神，一点都不过分。无论你的观点如何，无论你的倾向如何，都让我们记住这个人，一个面对强暴敢于反抗的人，把唐朝搅得天翻地覆的复仇之神——刘黑闼。

---

① 有多人均为同样官职，是因为前任死了，续任接替，又死了，可见战争之惨烈。

刘黑闼一死，其残余势力也被迅速平定，河北地区再次恢复平静。可就是这么个地方，后来却演变成为唐朝动荡不安的一个祸根，成为后来藩镇之乱频发的地区。这个问题，固然与中央政府对该地区控制不力有关，但当地民众对唐王朝普遍存在的不信任、不合作情绪，却始终没有消除，一代接着一代，困扰着所有的人。

刘黑闼死了，他的奋斗精神，始终不灭。

击灭刘黑闼后，李渊又接连干掉徐圆朗、高开道和辅公祏（音 shí），加上之前被他干掉的萧铣、林士弘、李子通等人，李渊已将河北、山东、长江中下游、东南沿海以及岭南一带全部收入囊中，除了一个梁师都，天下已经基本统一了。

想起来，平定河北确实非常艰难，因为当时的李渊，可以说是三面作战，一面要防突厥，一面要平江南，一面要打刘黑闼，虽然最后他赢了，但可以说是惨胜，所付出的代价十分巨大。

河北平定了，天下基本统一了，下面要做的事，自然是以经济建设为中心。可是谁能想到，李世民与李建成兄弟，开始爆发最激烈的冲突，他们为了争夺太子位，撕下了所有的伪装，全然不顾亲情，只为了一个目的：怎么打压对方，壮大自己。最后，李世民被逼无奈，采取了非常规的手段，获得了最后的胜利。

玄武门之变，离此时只剩下仅仅三年。在这三年中，李世民，将遇到前所未有的挑战和不可预知的困难，他随时有可能命丧黄泉。可是面对如此困境，李世民却难以抉择，因为，他的敌人，变成了自己的兄弟和父亲，在亲情面前，他不知所措。

各式各样的麻烦，好似一把把锋利的飞刀，全部飞向李世民，不但有明枪，还有暗箭。李世民，最危险的时刻到了，玄武门之变，即将爆发！

第三章 玄武门之变（上）

为此，李世民采取了一个极为高明的办法：避开李渊，直接把枪口对准太子。

这很重要吗？

早生异心

现在我们一谈起玄武门之变，就会有很多想法，都觉得李世民怎么能杀兄屠弟，囚禁父亲。可是当我们真正走进玄武门那扇尘封的大门，你就会发现，原来，事情并非你想象中的那么简单。

说起来，这是一个由爱生恨的故事。

其实很早以前，李世民就有了争夺太子位的想法。早在武德四年（公元621年）打王世充的时候，他就跟着房玄龄微服私访，拜见了一位很有名的茅山道士——王远知。还没介绍，王道士就远远地迎上来，说了一句让人震惊的话：

“你们中间有一位圣人，莫非是秦王？”

李世民很惊讶,如实回答,没想到王道士又说了一句更让他震惊的话:“你要做太平天子了,望好好珍惜。”

要做太平天子,意思就是要做皇帝了,当时李世民并非太子,不过是个藩王,居然有人说他要做皇帝,这在古代是谋反、谋大逆的大罪。可是李世民不但没追究,反而十分受用,以至于自己登基后,还要给王远知官做,加以重用,甚至还特意下诏表达自己的谢意,说:听了你的话,我日夜不能忘怀。可见,李世民早就有做皇帝的想法了。

还有一个名叫薛颐的道士,能“解天文律历,尤晓杂占”,非常善于算命、看天象,以前他跟着隋炀帝一起混,后来又跟着李世民一起混。有一次,薛道士偷偷地告诉李世民,说:德星在秦地分野,大王当有天下,愿自爱。意思就是,你要做皇帝了,要好自为之呀!

对于这种神神道道的说法,李世民居然信了,而且还很高兴,上奏推荐薛颐担任朝廷的太史丞,后又为太史令,由此可见,李世民想做皇帝的心思,不是一天两天了。

可是做皇帝难度很大,不是请客吃饭,也不是谁都能做的,在乱世时期,像刘邦和朱元璋那样的无赖和叫花子,只要经过一番拼搏,也有机会,但在太平时期,则不完全靠实力了,还要生得好。

古代继承皇位,有一整套行之有效的制度,简单来说,就是规定谁有权利做皇帝,这里面有禅位、立贤、立弟等等形式,但嫡长子制,是其中最主要的一个方式。

嫡长子,是正妻生的第一个儿子,古代虽然可以娶几个老婆,但正妻只能是一个,其他只能算作妾,所以说古代是一夫多妻制是错误的,应该是一夫一妻多妾制。这些不扯了,我们只要知道嫡长子,就是大老婆生的第一个儿子就行了。

其实嫡长子继承制是古代宗法制的最主要表现形式,也是最基本的原则,在西周时期即已确立,因为嫡长子继承,简单、明白,也好执行。“立嫡以长,礼之正也”,虽然也可能会选出一些脑残,但相对而言,还算是一种比较有效的方式,因为它提供了最起码的游戏规则,避免了不必要的矛盾和因为继承问题而引发的祸乱,有力地维护了皇权的威严以及皇位继承的稳定。

可以说，这是一种相对比较明智的选择方式。

只是很可惜，李世民对这种制度很无奈，因为他不是嫡长子。

他的哥哥李建成才是嫡长子，也只有他才有资格继承皇位，“立嫡不立庶，立长不立幼”，所以李建成是太子，李世民只能是秦王。

可是秦王也想当皇帝，要当皇帝，就必须谋夺太子之位。为了这个太子宝座，李世民准备用和平方式夺取，而要用和平方式达到目的，就必须把太子拉下来，自己再替补上去。

为此，李世民采取了一个极为高明的办法：避开李渊，直接把枪口对准太子。

这很重要吗？

很重要，因为李渊代表皇权，如果直接与李渊对抗，无论是从道德、法理还是实际操作上，都胜算不大，并且还将陷入极为不利的境地，但太子就不同，只要策略得当，说服皇帝改立太子，事情就办成了。

权力的诱惑，让李世民蠢蠢欲动，他有些不能自已了。

所以为了达到这个目的，李世民策划了一起举世震惊的事件，直接把太子装进去，差一点，他就成功了。

这起事件，就是“杨文干兵变”。

仁智宫

杨文干兵变，是发生在武德七年（公元624年）的一次严重的政治事件，这起事件牵涉到太子，牵出了太子谋反这起更为严重的事件。这件事，到现在依旧扑朔迷离，各式各样的说法都有，而根据我的研究，绝非某些人所想象的那么简单，它从一开始，就是个阴谋：

先是阴谋害人，再被人阴谋陷害。

武德七年（公元624年）六月三日，天气炎热，李渊前往仁智宫避暑。仁智宫位于今天陕西铜川市境内，是李渊的行宫，建在离长安三百多里外的玉华山上。这里环境优美,地势险要,既是避暑纳凉的好地方,又是抵御强敌的军事要塞。

在当时,为了防御突厥对于关中的威胁,李渊在长安附近靠山的军事要塞修建了几个集军事与避暑为一体的行宫,仁智宫就是其中一个。

这次来仁智宫避暑,李渊带秦王李世民和齐王李元吉一起随行,太子李建成则留守长安代理朝政。谁也不曾想到的是,临行前,李建成居然唆使李元吉趁机干掉李世民,并私下里对他说:我不能束手待毙,安危之计,就要在今年定下来了。

意思很明显,一定要想办法搞掉李世民,因为李世民已经成为他最大的敌人。

为了争取地方武装的支持,李建成采取了一些紧急措施,比如征召长安及全国各地的勇士两千余人为东宫卫士,分别屯驻在东宫的左右长林门,号称"长林兵"。另外,李建成又暗中派右虞侯率可达志从幽州总管李艺那里调来三百幽州的突厥骑兵,即所谓的"幽州突骑",安排在东宫附近的诸坊[①]之中,准备用他们来补充东宫的警备力量,并伺机攻打西宫,结果被李世民告发。因为这事并未获得批准,所以李渊把李建成叫去训斥了一顿后,将可达志流放嶲州[②]了事。

这事办砸了,李建成并不甘心,他继续暗中积蓄力量,加强地方武装,以备不时之需,很快,他又找到了一个目标——庆州都督杨文干。

杨文干,华州华阴人,来历不明,据推测,应该出自弘农杨氏,也算名门之后。据说此人十分凶险,具体如何,也就不得而知了,但根据他后来做的一些事情来看,他不过是个小混混。杨文干以前是东宫宿卫,深受李建成厚待,李建成还曾经让他募集勇士送至长安。这次李渊去了仁智宫,李建成留守长安监国,等于代行皇帝职权,这又让他蠢蠢欲动了。

这时候的李建成,行事方便,无所顾忌。于是,他做了一件事,一件违法

---

① 坊,即城市中的居民区,"在邑居者为坊,在田野者为村"。

② 嶲(音 xi)州,即今天四川的西昌市,在古代,这里是不毛之地,瘴气横行,所以在唐朝经常被作为流放地,很多名人都被流放在这里,成为一大奇观。

的事:派人给杨文干送盔甲。

擅自结交外臣,运送盔甲,这事往大里说,是谋反,往小里说,是联络感情,但不管怎么说,都是违法行为,正因为如此,这事被人告发了。

告发的人,正是李建成派去执行运送盔甲任务的郎将尔朱焕和校尉桥公山,他们两人带着光荣的任务上路了,不料走到半路上,在豳州时,突然向豳州地方官举报,说太子谋反,指使杨文干起兵策应,并与之里应外合,准备趁李渊不在京城之机发动政变。

李世民,将卷入一场巨大的政治风暴,震惊朝野的太子谋反事件,正式爆发!

太子谋反

事情紧急,地方官不敢怠慢,马上带二人前往仁智宫面奏李渊,告发此事。与此同时,宁州人杜凤举也同样赶赴仁智宫,告发太子谋反一事。

太子谋反,这事可以说是反了天了,李渊极为震惊,大怒,马上采取措施进行处置。他首先加强戒备,然后找了个借口,以亲笔诏书传召李建成速来仁智宫,并且下诏逮捕太子中允王珪、左卫率韦挺、太子洗马魏征、太子舍人徐师谟和左卫车骑冯世立等人,“以薄太子罪”,也就是杀掉他们这些下属,以减轻太子之罪。毕竟李建成是自己儿子,还是下不了手,但他手下这些人,是断不可留的。

而在长安接到父亲手诏的李建成,懵了,顿时慌了神,不知如何是好。万分恐惧的他,不敢前去仁智宫,毕竟不清楚父亲的真实意思,万一去了,死路一条怎么办?毕竟事情已经败露,搞大了,就是谋反,谋反的后果是什么,三岁小孩都知道。

是死是活,全凭自己的一念之间。

李建成召集东宫属僚紧急协商,协商来协商去,主要达成两种意见,一种是硬拼,一种是服软。

太子舍人徐师谟劝他占据长安，趁机发兵起事，詹事主簿赵弘智则认为，应该免去太子车驾章服，屏去随从人员，火速赶往仁智宫，亲自前去李渊那里谢罪。

经过一番激烈斗争的李建成，仔细权衡利弊后，他最后决定，去仁智宫见李渊，毕竟真的要起兵造反，风险太大，如果这样做，岂不是正中李世民下怀？所以，面见父亲，当面讲清楚，是最好的选择。事已至此，也只能如此了。

当务之急就是要马上见到父亲，李建成马上离开长安，前往仁智宫。走到半路上的时候，他又觉得带太多人去反而不好，怕引起父亲的猜疑，于是将东宫属官留在毛鸿宾堡，自己只带了十多个人，径自前往仁智宫，觐见李渊。

见到李渊后，李建成就开始哭，哭得天昏地暗，哭得死去活来，他使劲地叩头，向李渊谢罪，然后还玩起了十分残酷的行为艺术，按史书上的说法就是“奋身自掷，几至于绝”，也就是说，自己狠狠地撞倒在地上，弄得几乎晕死过去(危险性大，切勿模仿)。

我没这么撞过，但我知道，能这么做的人，要么是自虐狂，要么是真的被冤枉了，排除太子无精神病史，可以猜想，这事，一定另有蹊跷。

李建成之所以下这么大血本，就是想获取同情，极力表明自己的清白，甚至有以死明志的倾向。他这样做，并非玩过家家，而是用自残的方式来告诉父亲，我是被冤枉的，我绝对没有谋反。

可是李渊不信。

不信，就抓起来。

李渊立即将李建成逮捕，并派兵看守。当然，他还是留有余地，只是将李建成关起来，还送给他麦饭充饥，虽然是粗茶淡饭，但性命无虞。另外为了防止事态进一步恶化，李渊又派殿中监陈福日夜防守，并加强防御，以防止有人趁机闹事。

此时的李渊，心烦意躁，怒不可遏，他意识到，太子可能真的有问题。

对于李渊而言，这是一次严峻的考验，对于李世民而言，这是一次最好的机会，和平夺取太子之位的机会。

和平夺位

李建成被抓起来了，下一个，就是杨文干。李渊又派出了司农卿，也就是农业部长宇文颖火速赶往庆州，前去传召杨文干到仁智宫来对质。他想把事情查个水落石出，再做最后定夺，毕竟太子谋反不是小事，既要确保太子不被冤枉，也要防止有人对皇权发起挑战。

宇文颖走了，可是谁能想到的是，这个宇文颖，居然也是李建成的人。临走前，李建成同党李元吉就偷偷地找到他，说了什么不知道，反正宇文颖兄弟到了庆州后，就将太子被囚的消息告知杨文干。杨文干得知事情败露后，于是起兵，很快，他就攻陷宁州。

这下李渊慌了，仁智宫离宁州也不远，要是叛军打过来，自己就完了，他担心被困在山中，于是连夜带领御林军从山里跑出来。可是走了几十里，突然与东宫属官碰面，李渊也没什么客气好讲，全部抓起来，三十人一队，分派军队包围，然后看守起来。

据史料记载，李渊出山后，李建成与李世民随行，当时李建成忧愤至极，常睡在帐篷里。兵曹参军杜淹建议李世民趁乱袭击，干掉太子，他拒绝了。后来，左右又极力劝说李世民采取果断措施，干掉太子，李世民又同样拒绝了。[①]

毕竟当时李渊都没松口要杀掉太子，李世民再怎么都不敢贸然行事，他只需要把太子拉下马就可以了，取他性命，并不是主要目的。

这时候，父子三人的心情，全都是五味杂陈，李世民欣喜，李建成忧愤，李渊错愕。

---

① 《通鉴考异》："实录云：高祖之出山也，建成忧愤，卧于幕下，天策兵曹杜淹请因乱袭之，建成左右亦有斯请，今上并拒而不纳。唐统纪云：太宗之从内出，夜经建成幕，度建成侍卫左右唯有十人，并来跪捧太宗足，皆云：'今日之事，一听王旨，若遣屏除，今其时也。'太宗叱而止之。既而还向府僚说其事，众僚文武并进曰：'文干为储君作逆，天下共知，假手宫臣，正合天意。'太宗曰：'寡人始奉恩旨，何忍旋踵！即有所违，卿与之言，必无此理。'府僚又请，终拒而不听。"

本来想出山更安全，没想到危险更多，李渊还是觉得山里面好些，于是又返回山中，继续以仁智宫为基地，部署平叛。

平叛倒不难，因为李世民、李元吉他们都在身边。李渊知道，李元吉和李建成走得比较近，这时候，还是李世民可靠些，他迅速传召李世民，商议如何应对此事。

没想到李世民对于这事似乎根本不放在心上，他若无其事地说道：

“杨文干这小子竟敢做出如此狂妄悖逆之事，想来他的手下早就把他干掉了，即使没干掉，派一名普通将领前去就是了。”

哎呀，我的小祖宗，都什么时候了，还说风凉话？都急得火烧眉毛的李渊，见李世民说话这么不靠谱，他知道，这孩子又开始翘尾巴了，这是故意在要挟自己，要跟自己谈条件。

好吧，到了这一步，也只能你出马了，既然要你去，那咱也下决心吧！

李渊首先否决李世民的提议，他说：这不行，杨文干事牵涉太子，恐怕应之者众，你最好亲自去，回来以后，我就立你为太子。

李渊已经下定决心，废除太子，改立秦王。

好了，先把条件说了，然后说处理方案，对李建成的处理方案。

李渊告诉李世民：废了太子后，我并不愿意效法隋文帝杀掉太子，而是把他封到蜀地，蜀中兵力薄弱，并且地小易制，不足为变。如果他以后支持你，你就要保全他性命，如果他敢造反，你要处置他，也容易啊！

说来说去，就一个目的，废太子可以，但绝不能杀他。

毕竟，他也是自己儿子，李渊不忍心诛杀自己的亲生骨肉。

得到李渊的承诺后，李世民信心百倍，这时候，他肯定兴奋异常，太子宝座正在向他招手，这正是他梦寐以求的事情，只要出兵击破杨文干，回来后，自己就是太子了。

和平夺取太子之位，眼看就要成功。

背后的阴谋

在李世民出兵之前，李渊又紧急下诏，命令左武卫将军钱九陇和灵州都督杨师道率军前往宁州，一起围攻杨文干，他知道此事绝不能松懈，一定要彻底铲除叛贼，把叛乱消灭在萌芽状态。

李世民马上整理好兵马，驰赴宁州进行平叛。此时的杨文干，已经占领宁州，并占据百家堡，还劫掠官吏和百姓，可以说，这伙人，根本就是一群乌合之众，根本没有任何政治目的。

事实也的确如此，当李世民的大军刚到宁州，杨文干的部下得知天下无敌的秦王李世民来了，就个个吓得不行，作鸟兽散，总之全都散了。

这伙人不但散得快，变脸也快，很快就有人杀掉杨文干，将脑袋送往京城。李世民仗还没打，就自动获胜，想必他也觉得这事可笑，咱打遍天下无敌手，谁没见过？你们这群小毛贼，太自不量力了。

李世民收拾残局，把宇文颖捉住，一刀就砍了，然后凯旋。

回来了，他很快就接到李渊的命令，难道册立为太子？搞得这么快，怪不好意思的。

不是，他接到的，是自己天策府的兵曹参军杜淹流放巂州的命令，至于立太子的事，连影都没了，因为李建成都放出来了，并且回长安了，继续当他的太子。

我想，此时的李世民，一定觉得这世界很荒谬，他肯定如在梦中，挠破头都想不明白，这到底是怎么了？

其实，这事李世民应该比谁都清楚，因为告发太子谋反，本身就是个阴谋，李世民策划的阴谋。

太子有没有可能谋反？回答了这个问题，很多问题都可以迎刃而解。

冷静下来想想，绝无可能。毕竟当时李建成太子位虽然受到威胁，但还算稳固，李渊也一直倾向于他，他只需要安于本分，等老爸一死，皇帝位子就是他的了,他根本不需要谋反,所以谋反对他毫无意义。并且谋反成本极大,因为这完全是挖坑把自己埋了,以李建成的智商,他绝不会这么干。

事情的真相是这样的:一直严密监控东宫的李世民,得知一个消息,尔朱焕和桥公山要前往庆州给杨文干送盔甲。他觉得,这是一个天赐良机,只要利用好这件事,就可以把太子拉下马,因为私运盔甲,只要运作得好,就可以搞成一桩谋反大案,只要太子谋反一事坐实,李建成就完了,不是死,就是废。

李世民迅速进行部署,命令天策府上下抓住这个机会,置太子于死地。

李世民的手下开始紧锣密鼓地活动,就为了一个目的,让李渊坚信太子谋反,借此机会改立太子。于是,他们开始了一系列的谋划和有针对性的工作。他们是怎么做的,如今史书已经找不到相关记载了,但从现有的史料中,我们还是能大致推测出李世民如何幕后策划此事,一步步将太子逼上绝路。

首先,李世民派人找到宁州人杜凤举,要他前往仁智宫告变,然后,他又派人胁迫尔朱焕和桥公山,要他们告发太子谋反一事,因为依唐朝法律,自首可减轻罪责,揭发还可以受奖励。被威胁、被恐吓、被利诱的尔朱焕、桥公山,很快就崩溃了,答应在豳州告变,毕竟这样能自保,也能受奖励,他们不过是手下办差的,根本不知道这背后残酷的政治斗争,也就充当了一回棋子。再后来,李世民又派人忽悠宇文颖,告诉他太子即将被废,杨文干肯定死路一条,目的就是要激发杨文干起兵反叛,将太子谋反一事彻底坐实,这也是为什么等达到目的后,李世民要将宇文颖立马干掉的原因。宇文颖是从三品的中央大员,按道理是应该押回朝廷审理的,但既然早有阴谋,那么宇文颖兄弟是肯定不能留了,只能杀人灭口。

可是千算万算,就是没算到李渊这人并不蠢,等李世民出兵平叛后,他继续调查,可是越调查,问题越多。我不知道是不是尔朱焕、桥公山两人说出了真相还是怎么,总之肯定是有人透露了李世民策划的这起阴谋,让李渊终于意识到,太子,是冤枉的,他是被人陷害的。

阴谋制造者

根据史书记载，李世民出兵前往宁州平叛后，李元吉和嫔妃轮番为太子求情，封德彝等朝中大臣也设法解救李建成，这才导致李渊改变主意。我觉得，这种说法，纯粹是掩人耳目，你要知道，太子谋反，是一起十分严重的事件，就算天王老子来求情都没用，如果不是李渊发现了太子被陷害的证据，他根本不会改变主意。

你要知道，李渊这人，并非某些人眼里的昏庸无能之辈，他是个很有主见的人，做事十分果断，也很狠，他是典型的政治动物，要是李建成真的谋反，他是绝不会手下留情的。

所以只有一个解释：李世民策划陷害太子的证据，被李渊掌握了，李渊这才息事宁人，采取和稀泥的方式来处理此事。至于改立太子，也就提都不提了。

这起事件的幕后策划者，是李世民；主要执行者，就是之前说的兵曹参军杜淹。

杜淹这个人，不太有名，但他有个有名的侄子，名叫杜如晦，不知道杜如晦的，劝你赶紧去多读点书。杜淹是杜如晦的叔叔，可是与杜如晦的关系并不好。

关系不好，并不是杜如晦不听话，而是杜淹这人，实在太坏，坏到什么程度呢？他为了一己之私，什么事都可以干，比如杀掉自己的侄子。

这事发生在洛阳平定之前，当时杜如晦的两个亲兄弟都跟着叔叔杜淹投奔王世充，可是杜淹本来就与杜如晦兄弟不和，不和就算了，杜淹还要害人，居然向王世充进谗言，借王世充之手把杜如晦的哥哥给杀了，而后又囚禁杜如晦的弟弟杜楚客，饭都不给他吃，害得杜楚客几乎饿死。

可以说，能做出这些事的人，肯定就是坏人了，可杜楚客念及亲情，并不怨恨，相反，关键时刻，他还倾力相救。

洛阳平定后，李世民准备杀掉一批首恶分子，杜淹论罪当斩，杜楚客找到自己的哥哥——在李世民身边担任参谋的杜如晦，要他出面向李世民求情，救下杜淹。

为了说服杜如晦，杜楚客痛哭流涕，可是杜如晦不答应。

不答应是有理由的，这样一个坏叔叔，打死他都不愿意去救，死就死了，关他屁事？

见杜如晦不愿相救，杜楚客痛心疾首地说道：

"过去叔叔杀了大哥，如今兄长又要杀叔叔，一家人自相残杀，相杀而尽，岂不痛哉！"

说完，他拿起刀就要往脖子上抹。

见弟弟要自杀，杜如晦不能再无动于衷了，只好违心地替杜楚客去求情，救下杜淹一命。

救下了坏叔叔，杜如晦并未将他引荐给李世民，而是把他晾了起来，毕竟曾经的伤痛，并不是随意可以抹去的。

仇恨，总是难以忘记。

杜淹死是没死，可是生不如死，因为很久都没人理他。他这人口才好，有心计，最擅长的事，就是玩阴谋诡计，可是空有一身本事，却无处可去，实在很悲哀。

杜淹知道，有不待见自己的侄子杜如晦挡道，投靠李世民是没戏了，既然不能投靠秦王，那就换个老板——太子。他开始活动，与东宫接触，准备投奔到太子门下，混口饭吃。

事情麻烦了！

和稀泥

这事不知怎么让负责人事工作的封德彝知道了，他赶紧告诉房玄龄，要他留意此事。房玄龄听到这个消息，紧张得不得了，他知道，要是杜淹投了太子，将是一个巨大的麻烦。因为杜淹这人一肚子坏水，心狠手辣，还六亲不认，投靠太子，肯定会出尽坏主意，到时东宫对付秦王府，肯定得心应手，这事一定要阻止，不然对秦王府实在大为不利。

房玄龄立即禀报李世民，向他进言，剖析利害，要秦王一定留下杜淹。听到房玄龄的分析，李世民也觉得，此事不可耽误，他立即指示房玄龄，将杜淹引入天策府，担任天策府兵曹参军、文学馆学士。

关键时刻，就不要讲什么德才兼备了，只要是人才，都要，尤其是像杜淹这种能干坏事的人，搞起政治斗争来，绝对是打着灯笼也找不到的个中好手。

这一次参与设计陷害太子，很多时候，都有杜淹的身影在若隐若现，他宛如鬼魅，令人恐惧。

李渊和稀泥，将李建成与李世民两兄弟各打五十大板，只是责备兄弟两人没处理好兄弟关系。而对李世民，也不再追究，只是找了三个替罪羊，将东宫的太子中允王珪、左卫率韦挺，以及天策府的兵曹参军杜淹，一起流放嶲州，算是对此事的一个交代。

要前往嶲州那样鬼都不愿意去的不毛之地，杜淹很无助，他只能无奈地上路了。李世民并没有替他求情，因为他很清楚，这样处理，已经是很给面子了，毕竟法律还有反坐法的规定，也就是说，诬告谋反，则以谋反罪论处。李世民虽然对李渊出尔反尔的行为极为不满，但他自己，并未受牵连，况且这事毕竟因他而起，所以，他只能接受这个“判决”。

在送别杜淹时，李世民为了表示感谢，送给他三百两黄金作为补偿，可见他的内心，还是有些过意不去。毕竟扳倒太子，自己才是最大的受益者，可是最后却要别人去顶罪，说起来都难受。并且这时候，更需要收买人心，也正是凝聚人心的大好时机，可借此告诉所有的人，我李世民，是个有情有义的人，只要你跟着我，哪怕你倒霉了，我也不会忘了你的功劳和牺牲。

有担当，有责任，才能取悦人心，才能立于不败之地。

很明显，李渊希望此事不了了之，李建成还是当他的太子，李世民还是当他的秦王，以后少来事，兄弟俩和睦相处就是了。为了弥补几个儿子之间的裂痕，从仁智宫回来后，他就接连“驾幸”秦王府、东宫和齐王府，分别去儿子家串门，做思想工作，并厚加抚慰。①

李渊希望两碗水端平，在太子与秦王之间搞平衡，能够平衡双方的利益，作为父亲，他不希望任何一个儿子受到伤害，更不希望看到两个儿子互相残杀，所以，他只希望息事宁人，盼望这事就好像从未发生过一样。

事情的发展，会如他所愿吗？

李渊想和稀泥，可李世民不干，他不甘心。

眼巴巴地等着父亲兑现承诺，改立他为太子，可他等来的，是无尽的愤恨和彻底的绝望。他知道，和平夺嫡，是不可能了，他决定，采取非常规的手段，夺取太子之位。所谓非常规手段，包含很多手段，其中，也包括武力夺位。

最后，李世民用了一个最让人意想不到的方式，夺取太子之位。举世震惊的玄武门之变，就是他精心策划的杰作，此时距离这一天，还有两年。

其实在杨文干兵变之前，太子集团与秦王集团双方就各自积极准备，壮大实力，他们在各方面都展开了激烈的斗争，就为了一个目的：战胜对方，获取胜利。

对于李世民而言，不择手段夺取太子之位，是他的核心目标；对于李建成而言，挖空心思保住太子之位，是他的主要目的。

两人的出发点不同，但采取的方式却大同小异，无非就是下面这十六个字：

争取支持，培植势力，打击对手，壮大自己。

李世民与李建成，开始了最激烈的斗争。

---

①《册府元龟》："七年，正月庚子，幸月陂；六月辛丑，幸仁智宫；戊申，幸秦王第；七月甲午，至自仁智宫；壬子，幸东宫，宴从官，下至胥徒，颁赐有差；甲寅，幸齐王元吉第；十月丁卯，幸庆善宫。"此为《册府元龟》独家爆料，不见其他史籍。

栋梁之才

为了争夺太子之位，李世民进行了长期的准备，他利用在统一天下的过程中积累的人才和威望，形成了足以与太子李建成相抗衡的政治力量。他手下人才济济，不但有天策府，还有文学馆，可以说，以他为首的秦王集团，聚集了当时全国最优秀的人才。

这里面，主要有三个人：房玄龄、杜如晦、长孙无忌。这三个人，为李世民最后的胜利，做出了最突出的贡献。

房玄龄，齐州临淄人，他的名字本来是房乔，字玄龄，但字比名出名，以字行，后人一般都叫他房玄龄。

房玄龄出生在官宦世家，可惜到了爷爷和老爸这一代，做的都不是大官，爷爷是褐州主簿，老爸是泾阳县令。虽然他们做的官不大，但房玄龄从小就受到了良好教育，博览群书，纵览经史，可谓读书大王。正是因为爱好学习，让他为以后的事业，打下了坚实的基础，他慢慢地开始出人头地。

房玄龄书法好，文章也好，并且十分有远见，当年隋朝天下太平时，他就预见不久就要天下大乱。正是因为有这种与众不同的洞察力，他能够看透很多事物，并且经常是一针见血、入木三分。

这正是一个谋士所应具备的基本能力，加之他人很聪明，所以逐渐成长为一位优秀的谋士，既能谋国，又能谋身。

可是人生有时候就是很奇妙，再有才的人，没有机遇，也怀才不遇，房玄龄也同样如此。在三十九岁前，他一直混得很差，还差点被卷入政治斗争丢掉性命，直到他遇到李世民，他的人生，才开始了新的旅程。

大业十三年(公元 617 年)，李世民在晋阳起兵，一路南下，进军关中，九月到达渭北。就在这个时候，在隰城担任一个小小县尉的房玄龄，做出了人生最正确的决定，他毛遂自荐，骑着马跑到李世民的军营外，要求立即拜见李世民。

可是李世民也不是谁都能见的,进不去,他只能在军门外徘徊,他没有离去,因为他有个想法:必须见到李世民。房玄龄徘徊了很久,终于引起了一个人的注意,这个人,就是李渊的秘书温彦博[①],他与房玄龄交谈后,发现这是个人才,了解其来意后,便举荐给李世民。

李世民接见了房玄龄,两人一见如故,谈得十分投机,好似多年的老朋友一样。李世民非常高兴,立即任命他为渭北道行军记室参军,让他留在自己身边,做自己的高参。

从此以后,房玄龄的卓越才华,开始迸发出来,他知道,自己遇到了知己,这是他可以托付一生的好老板。于是,他"罄竭心力,知无不为",全心全意地投入工作,把每件事都极力做到完美。

他不但为李世民出谋划策,还经常干一个工作——收揽人才,每次打了胜仗,其他人都去抢宝,唯独房玄龄去抢人才,只要是优秀人才,他一定抢到手,把他引入李世民幕府,为其效力。如果有谋臣猛将,他一定与之私下结交,搞好团结,并说服他们为李世民效劳,甚至尽死力。

可以说,房玄龄,就是李世民的萧何和诸葛亮。

李世民曾经对他大加称赞,说:玄龄是我的邓禹啊!邓禹是汉光武帝刘秀的首席功臣,经常运筹帷幄,决胜于千里之外,可见房玄龄在李世民心目中的地位。

房玄龄在秦府任职十年,一直跟随在李世民身边,为他的丰功伟绩,做出了卓越的贡献。他能力超强,口才也好,不管是军书、奏章还是檄文,都是顷刻而就,而且质量一流(文约理尽),还不要打草稿,直接提笔就写。

这么有才,连李渊都喜欢得不得了,说:这人太牛了,可以委以重任,每次代我儿陈述事情,很合人的心意,虽然远在千里之外,却好像与我儿面谈一样。

由此可见,房玄龄是个不可多得的栋梁之才。

---

① 此处引用《旧唐书·房玄龄传》:"玄龄杖策谒于军门,温彦博又荐焉。"据其他史料记载,此时的温彦博,应该在幽州总管罗艺手下任司马,不可能在渭北,或为其兄温大雅(字彦弘),或为其弟温大有(字彦将),但史书记载经常阙漏或阙误,真相不得而知,此处暂从《旧唐书》。

可能很多人不知道，房玄龄还是个孝子，也很怕老婆，这些先不说了，让我们来看看杜如晦。

房谋杜断

杜如晦，京兆杜陵人，与房玄龄一样，都是官二代，但他们是好的官二代，不是坏的官二代。他英俊豪爽，心怀大志，并且非常喜爱读书，还很臭美，经常以风流自居。

杜如晦从小就接受了良好的教育，十分聪明，好谈文史，在遇到李世民之前，他也混得很差，差到什么地步呢？滏阳县尉。

可能是嫌官太小，毕竟当年自己爷爷是做“建设部长”的人，杜如晦辞官不干了，干脆回了家。

等到李渊父子平定长安后，他投奔了李世民，被任命为秦王府兵曹参军，后又迁为陕州总管府长史。当时，李渊和太子集团为了压制李世民势力的膨胀，将秦王府很多精英都调往外地，李世民十分忧虑。

轮到杜如晦了，房玄龄赶紧跑来劝说李世民，说：府中幕僚离开的虽然多，但都不可惜，唯独杜如晦，是不可多得的王佐之才，如果大王只是想做个藩王，他就没多少用处，如果想谋取天下，非此人不可。

李世民大为惊讶，说：你不说，我还差点失去这个人才了。于是赶紧上奏，留下了杜如晦。

杜如晦跟房玄龄一样，一直跟随李世民南征北战，在军中，他参与谋划，经常参议军机要务。当时军中事务繁多，但他决断如流，极有效率，还不出错，深为同辈所佩服，都认为他才敢非凡，能力大得没边。

有这个特质，与他的性格和博学有很大关系。他做事十分果断，从不拖泥带水，加之喜欢读书，也就形成了自己独特的办事风格。

房玄龄善于出谋划策，杜如晦善于决断大事，两人经常一起合作，同心协力，一个善谋，一个善断，可谓是天作之合，在历史上，被称为“房谋杜断”。

因为两人配合得十分默契,所以后世谈论唐代良相,首推房杜——“笙磬同音,唯房与杜”。

送走杜如晦,再说长孙无忌。

长孙无忌,河南洛阳人,他是李世民的大舅子,她妹妹长孙氏,就是李世民的妻子,他与李世民,既是郎舅,又是君臣,还是挚友。

长孙无忌精通文史,“性通悟,有筹略”,是个不可多得的高级人才。他极爱学习,博览经典史籍,但有时又很固执。在年轻时,因为父亲早逝,他和母亲,还有妹妹,被品行不端的同父异母兄弟长孙安业赶出家门,无奈之下,只好投奔舅舅高士廉。

后来,舅舅将他妹妹嫁给李世民,因为妹妹的关系,他经常与李世民混在一起。晋阳起兵时,不知道猫哪儿去了,不见他的身影,直到李世民渡过黄河后,他才不知又从哪里钻出来,姗姗来迟,到长春宫拜见李世民,被授予渭北道行军典签一职,后来就一直跟着李世民混,一辈子都不曾分离。

他是李世民的亲密战友,也是李世民的高级谋士,为了李世民,他出谋划策,不辞劳苦,可谓竭尽心力,矢志不渝。很多事情,正是在他的运筹帷幄之下,得以最完美地解决。

失宠后宫

一开始,李世民并没有跟太子摊牌,他只是暗中积蓄力量,蓄势待发。比如他在长安准备了一支八百人的私人武装,就是秘密进行的。在地方上,他也建立自己的势力,比如他的心腹温大雅和屈突通,都被派往洛阳,一明一暗,在那里坐镇[①],一旦长安有变,他可以跑去洛阳,另立中央。另外,益州道行台左仆射窦轨,也是李世民的亲信,这与李建成培植杨文干这样的地

① 温大雅本来就是秦府的人,可以公开活动,屈突通虽然也跟着李世民一起混,但公开的身份,还是朝廷的兵部尚书,所以他表面是朝廷的人,实际上是李世民的人,只是不能公开,算是暗中协助,即所谓一明一暗。

方势力道理一样——加强自己的实力。

在朝廷方面，李世民也极力争取大臣和嫔妃们的支持，比如萧瑀、陈叔达等人，都是他的支持者，还有封德彝，表面上也是李世民的人，虽然他实际上支持太子。与嫔妃们搞好关系，其目的还是希望通过她们去影响李渊，因为这些嫔妃都是李渊身边的人，枕边风一吹，有时也会变成龙卷风。

可是在后宫方面，李世民还是落败了，他所获得的支持，远远比不上李建成，毕竟李建成经常待在皇宫，近水楼台先得月。并且李建成与李元吉，曲意逢迎各位嫔妃，献媚、贿赂、馈赠，无所不用，甚至还传出他们与嫔妃们的桃色新闻，可见他们之间的关系有多好。而李世民呢，性格一直傲慢，不讨好、不献媚，这让他更加陷入被动的局面，并且先后发生了几件奇怪的事，让他把嫔妃们都给得罪了。

第一件，贵妃索贿。

李世民平定洛阳后，李渊派几个贵妃去洛阳挑选宫女和收缴国库中的宝贝。贵妃们到了洛阳后，私下里向李世民索要宝物，并为自己的亲戚求官，没想到李世民拒绝了。拒绝的原因是，宝物都已经登记造册上报朝廷，官位也应该授予有德有才有功劳的人。

这本来是合理的说法，可把贵妃们给得罪了，她们开始忌恨李世民。

第二件，神通赐田。

淮安王李神通叔叔，因为有功，李世民赏了几十顷田给他，没想到这些田让张婕妤的老爸看中了，他通过自己女儿向李渊吹枕边风，要求把这些田赐给他，李渊同意了，下手敕赐之。可是李神通以有秦王的教令在先不给，这事让张婕妤十分不快，向李渊告状说：皇上赐给我父亲的田，被秦王夺去给了李神通。

什么，连皇帝的圣旨都不放在眼里？李渊勃然大怒，责备李世民说：难道我的手敕，都比不上你的教令吗？

李渊非常失望，事后又叫着李世民的小名，对裴寂说：李世民这孩子，常年在外带兵，受书生教唆，已经不再是我原来的那个乖宝宝了。

第三件，阿鼠打人。

尹德妃的老爸尹阿鼠一向骄横，有一次杜如晦经过他门前，他的几个家僮居然把杜如晦拽下马,暴打一顿,打断了他一根手指,打完了,还大骂:“你算个什么东西,胆敢从老子门前过都不下马?”

按说打了人,不但要赔礼道歉,还要赔偿,没想到害怕李世民报复的尹阿鼠,恶人先告状,让自己女儿向李渊告状,说秦王府的人欺负家人。

什么,居然连朕的爱妃都欺凌?李渊怒不可遏,挽起袖子就痛斥李世民,说:连我嫔妃家人都要受你左右欺凌,何况普通的小老百姓?

连袖子都挽起来了,这一次看来是气得不轻了。

李世民反复为自己辩解,可是百口莫辩,李渊无论他怎么说都不相信。

李世民这人,重情重义,每次去宫中陪李渊吃饭,看着诸位花枝招展的嫔妃,他就会想起自己的母亲。当年母亲含辛茹苦,却没能看到父亲拥有天下,说起来何其可悲!每每想到这些,李世民就会一边叹气,一边流泪,他很想自己的母亲。

可是这让李渊很不爽,好好的一场宴席,多好的兴致,三两下就被李世民给搅了。

看到李渊不高兴,这些本来就忌恨李世民的嫔妃们,趁机煽风点火,说:陛下年纪大了,正是应该好好享受的时候,可是秦王不想让你好过,还总是一个人流泪,实际上是憎恨我们,陛下百年之后,我们母子必定不为秦王所容,将会被杀得一个不留。

说完了,她们又开始表演,相互看着,泪流满面,悲痛欲绝地说:

“皇太子仁孝,陛下只有将我们母子托付给太子,才能保全性命啊!”

看着这样的心酸场面,李渊心也碎了,“恻怆久之”,他十分伤心,从此打消了改立太子的念头,对李世民不抱任何希望。

慢慢地,李渊与自己的这个儿子越走越远,与李建成和李元吉却越来越亲密了,即所谓“待世民浸疏,而建成、元吉日亲矣”。

其实,李世民与哥哥李建成,早就相互猜忌,刘文静被杀,就是他们之间矛盾的第一次暴露。早在武德二年(公元619年),礼部尚书李纲就上书李建成,提醒他不要“信谗慝(音 tè),疏骨肉”,也就是告诫太子,要注意与李世民搞好关系,可见在当时,两兄弟就已经水火不容了。

李世民和李建成,各自使出浑身解数,开始最赤裸裸地对决,这不是比赛,而是生死较量,不是生,就是死。

第四章　玄武门之变（中）

房玄龄劝李世民立即动手，杜如晦也来凑热闹，一起劝说李世民立即诛杀太子和齐王。

剑拔弩张的危急时刻，到了！

联合太子

在讨论玄武门之变时，有一个问题非常关键，那就是齐王李元吉本来可以置身事外的，为何参与其中，并且倒向太子李建成？

李元吉这个人，史书记载中的他，十分丑陋不堪，他不但人长得丑，心灵也丑，还是个虐待狂，可谓是从里到外，就没一点美丽动人的地方。说他贪生怕死，说他鱼肉百姓，说他肆意胡为，比如强奸民女，比如在大街上随便射箭，比如酒醉杀掉自己的奶妈陈善意，比如为了逃命，不管百姓死活抛弃太原，等等。这些，全都是坏事和恶行。难道，李元吉就真的只是一个十恶不赦的罪犯？

我觉得，这不尽然，因为玄武门之变的原因，肯定要把李元吉塑造成一个坏人，不然李世民杀他就没理由了，也没合法性，李元吉越坏，李世民杀他的合法性就越强。所以说，李元吉，跟李建成一样，肯定是被污名化了，就算记载的都是事实，也是有选择性的记载，好事不记，专记坏事，故意夸大其词。

虽然有夸大的嫌疑，但李元吉这家伙从小遭人嫌弃，因为自卑，所以自大，这让他成为一个到处惹是生非的人，总之一句话，不是什么善类，而是一个极度疯狂的人，甚至为了打猎，还喊出了“我宁三日不食，不可一日不猎”的豪言壮语。

喜欢打猎，让李元吉做任何事情都沾染上了这个性格，比方搞政治斗争，他也是打猎的想法，想联合李建成，打掉李世民，再自己出手，打掉李建成。

李元吉的这个野心，造就了他选择的道路，他必须参与到这场权力争夺的混战中来，好浑水摸鱼。

李元吉打仗一直很猛，骁勇善战，在太原陷落之前，都是单独领兵。后来太原丢失后，就跟着李世民一起混。按道理，他应该与李世民更亲，为什么后来居然倒向李建成，并与之结盟呢？

这里面，其实是一个策略问题。

李元吉也想当皇帝，但他没资格，除非李建成和李世民两个突然一起死了，但那种可能性微乎其微，所以他必须面对现实，思考怎么在李建成与李世民的剧烈斗争中获取最大利益。

在他看来，取东宫，易如反掌，难的就是搞掉李世民，所以他必须利用李建成干掉李世民后，再动手干掉李建成，然后自己爬上皇帝宝座，这就是他的全部计划。

可能有人会说，那他干吗不跟李世民合作？其实这个问题，不用多讲都能明白，等李世民做了皇帝，还有你的机会吗？你不可能把他的儿子一个个都杀掉吧？所以说，与李世民合作，即使赢了，也得不到什么，而跟李建成合作，收益就大多了。

为了拉拢李元吉，李建成许诺一旦搞掉李世民自己登基后，就立李元吉为皇太弟，也就是说，李建成死后，就由李元吉来继承皇位。当然这种说法，听听就好，李建成不会如此天真，最多就是拉拢李元吉的一个手段，我想李元吉也不怎么信，他另有目的。

因为相互利用，因为共同的利益，让两个人走到了一起。虽然说最后把两人黏合在一起的原因有很多，比如李建成是太子，地位正统，两人从小就关系好，李元吉与李世民有矛盾等等，但李元吉的野心计划，才是他们联合的根本原因。

至于李建成，李元吉与他结盟，当然再好不过，反正他都是太子了，多一个人支持，就多一份胜算。至于皇太弟之类的鬼话，到时翻脸不认就是了，一切为了利益，可以不择手段，这点小事，不过尔尔。

李元吉的这个夺位计划，分两步走，第一步，就是联合李建成，击杀李世民，第二步，就是击杀李建成，然后光荣登位。

为了搞掉李世民，李元吉的齐王府，也结成了一个利益集团，他们上蹿下跳，十分卖力地迫害李世民。

谋害

从武德初年开始，李渊就让李元吉住在武德殿后院的齐王府，李世民住在西宫的承乾殿，他们要入宫或者去东宫，道路都是畅通无阻，昼夜相通。李元吉、李建成和李世民进宫时，都是骑着马，拿着弓，什么东西都可以带，见了面，也是行家人礼，不拘泥于君臣之礼。可以说，李渊对他们三兄弟，好得不能再好了。因为放纵，所以胡来，三兄弟也不管那么多了，他们发布的教令，有时候就与李渊下的圣旨并行，搞得下面办事的经常不知所以，不知该听谁的。

正因为李元吉野心勃勃，所以下面的人也投其所好，制造一些神话来哄他开心，以增强他的信心，争取尽快实现预定的目标。

护军薛宝告诉李元吉，说发现一个天大的秘密，什么秘密呢？只要把元吉两个字合起来，就是一个唐字。这事听起来很玄，但李元吉十分开心，说

见弟弟铁了心不去，李世民只好说：既然你不敢去，那我就一个人去吧，你留在这里看看热闹就行了。

李世民撇下胆小鬼李元吉，一个人带着一百骑兵疾驰到突厥阵前，刚见面，就给了突厥人一个下马威，李世民吼道：

“我们与可汗是盟友，为何背盟前来侵扰？我就是秦王，如果可汗可以单挑，那就出来与我单挑，如果你们要一起上，那我也只以这一百骑来陪你们玩玩。”

好大的口气，金戈铁马，气吞山河如猛虎。

智退突厥

见李世民一点都不怕，颉利可汗也懵了，他早知李世民的威名，今日一见，果然名不虚传。他摸不清李世民的底细，怕他故意玩阴耍诈，于是只微微一笑，并不作答。

李世民见颉利没反应，他继续前进，来到突利可汗的阵前，又对突利吼道：

“从前你与我结盟，约定有福同享，有难同当，怎么今天还派兵来打我，难道连一点香火之情都不讲了吗？”

很明显，这是在斥责突利可汗不讲义气。

被人这么一顿训斥，突利也不能有脾气，毕竟自己理亏，并且害怕颉利起疑，所以他也只好默不作声。

李世民见突利同样玩起了沉默是金的游戏，于是只好进一步紧逼，继续向前推进，准备跨过一条小河。

这时候，轮到颉利心里打鼓了。见李世民轻易出战，以为是个圈套，引诱他出战，然后要他好看。加之又听到李世民与突利可汗的什么香火之言，更是让他心存疑虑，毕竟突利一直与自己不一条心，要是真的与李世民勾结在一起，做什么对他不利的事，岂不是更麻烦？

为了不至于被动，颉利赶紧派人阻止李世民，要他不要过河了，说自己没别的意思，只是打算来与李世民“申固盟约”，也就是加强和重申一下以前的盟约罢了。

为了表示善意，颉利可汗命令兵马稍稍后撤，此时，倾盆大雨一直下个不停，好似天河决堤了。

连绵秋雨，变成了瓢泼大雨。

看到这样的情形，一般人肯定躲在帐篷里避雨，李世民并不这么想，他另有打算，他觉得，应该利用这次大雨之机，把突厥人彻底赶跑。

于是，他开始了自己的计划。

他告诉部下：现在正是击败突厥的大好时机，我们应该趁机发动突袭，理由也很简单，连绵大雨，把突厥人的弓箭全泡坏了，失去弓箭的突厥人，宛如失去翅膀的飞鸟，咱们住房子、吃熟食，正好养精蓄锐，相机破敌。

李世民准备出其不意、趁其不备，发动突袭。他马上付诸实施，趁着夜色，冒着大雨突然出兵，一路搜索前进。

非凡的勇气，超强的自信，还有藐视敌人的气魄。

这让突厥人大为震惊，李世民并没有贸然发动攻击，而是派人又去见了突利可汗，晓以利害，告诉突利：不打，比打好。

突利很高兴，表示愿意继续遵守盟约，这时，颉利可汗要求出战，突利赶忙阻止，颉利这才放弃了打的念头，于是派突利可汗和阿史那思摩来见李世民，请求通和修好、和好如初。

李世民求之不得，其实他不过是故作声势，并非真的想打，目的就是要迫使突厥和平撤军，所以他很快就答应了这个请求。

突利见李世民这么爽快，更高兴了，居然主动提出来，要与李世民结拜为兄弟。

这当然好，李世民很高兴，与突利结成异姓兄弟，两人还立下盟约，这才开开心心地离去。

二十多天后，颉利可汗又再次派夹毕特勤阿史那思摩入京朝见，李渊以国宾礼隆重接待，开心地说：“今见特勤，如见颉利啊！”不但与他同坐在龙床上，还好言抚慰，并授予和顺王的爵位。

阿史那思摩，将成为李世民的得力助手，帮他击灭突厥。

刺杀颉利可汗

为了继续稳住突厥，李渊派首席宰相裴寂为特使，出使突厥，并开通边境贸易，增加双方来往。可是谁能想到，突厥人并不买账，一到秋天，他们又开始寇边了，并且十分频繁，相州、灵州、潞州、韩州、朔州、幽州等地，都成为他们的攻击目标，可谓是来者不善，全面开花。没办法，李渊只好继续加强军备，甚至将已经废止的关中十二军建制又重新恢复，并操练兵马，准备大规模进击突厥。李渊进行战争总动员，打算与突厥决战，并公开表示要尽快消灭突厥。与此同时，他还派李世民前往蒲州驻军，以防范突厥染指关中，确保京城长安的安全。

突厥问题一直没解决，谁也想不到的是，最后就因为这个问题，点燃了"玄武门之变"的导火索，李世民，将不得不采取非常手段，武装夺取最高权力，这一次，他的敌人，不单是太子，还有自己的父亲。

玄武门之变，已近在眼前，李世民正在积极准备，等待那一刻的到来。

虽然李渊做了大量准备，一门心思要打败突厥，可是突厥毕竟太过强悍，所以在武德八年(公元 625 年)八月间的一次大会战中，右卫大将军、并州道行军总管张瑾[①]惨败，在太谷全军覆没，郓州都督张德政战死，前去督战的宰相中书令温彦博也成了俘虏。这一次突厥的攻势十分猛烈，前往拒战的各路将领，除了李靖，全部遭遇战败。

此战，导致唐朝在并州地区的防御体系几乎全部崩盘，并且连堂堂一国宰相都成了俘虏，真是糗大了，但你又打不过人家，认命吧！

虽然遭到失败，但李渊还是要继续与突厥死磕，他一面派兵抵御，一面又拿出了当年对付处罗可汗的办法——这次不是毒杀，而是刺杀。

---

① 《旧唐书》："并州道总管张公谨与突厥战于太谷，王师败绩，中书令温彦博没于贼。"张公谨应为张瑾，这是两个人，一个是秦府骁将，一个是前隋宿将。

这次派出的刺客，不再是郑元璹了，而是一个新人——欧阳胤。欧阳胤什么来历，史书不载，只知道他被封为南海郡公，据说还做过光州刺史，其他的就不知道了。

欧阳胤带着李渊的特殊使命来到突厥，他的身份是使节，来与颉利可汗进行谈判，可是颉利很傲慢，不怎么跟他谈。

既然谈不好，那就杀了他。

欧阳胤带领手下五十人，谋划突袭颉利可汗的牙帐，搞一个斩首行动，将他突然杀掉，不幸的是事情败露，颉利将他囚禁起来。

这事让颉利可汗十分震怒，他向唐朝发起了更为疯狂的进攻，同时向凉州、朔州、原州、泾州和灵州等地发动攻击，幸好被李幼良、李靖等人死死抵挡，这才没出大问题。

可是这么下去，终归不是个事，李渊已经下定决心，不再委曲求全，也不再单纯采取外交手段解决，他决定，以武力彻底解决突厥问题。

为了这个总体战略目标，李渊开始进行各方面的准备。可是谁能想到的是，当他正忙于突厥事务的时候，太子和秦王之间的矛盾，已经不可调和，最终酿成了举世震惊的“玄武门之变”。

第五章 玄武门之变（下）

其实李建成的东宫，离玄武门并不远，齐王府就在东宫的隔壁，出了东宫后，他就与李元吉一起往玄武门而来。

玄武门之变，马上就要爆发！

昆明池政变

突厥很难对付，但还是要对付。武德九年（公元626年）五六月间，突厥再次攻击秦州和兰州两地，并进入边塞，围困乌城。这年真的很邪门，尤其是突厥人，一改往日秋天出战的惯例，在二月份就出兵原州了，三四月间又接连侵犯灵州、凉州、朔州、原州和泾州等地。李渊疲于应付，这次围困乌城的部队，有数万人之多，由突厥的郁射设亲自带领，攻势十分猛烈。

为了抵御突厥，李建成建议，由李元吉代替李世民，统帅军队出征，很明显，这是要边缘化李世民。这个提议，李渊同意了，他下达命令，命李元吉带领右武卫大将军李艺、天纪将军张瑾等人援救乌城。

出征前，李元吉又提出一个要求，要挑选李世民手下的精锐来充实自己的军队，并让秦王府的尉迟敬德、段志玄、秦琼、程咬金等人一起随行。

突然来这么一手，看似合理，其实，这是一个巨大的阴谋。

很快，一份秘密情报送到了李世民的手上，情报说，太子和齐王，要动手了。

情报可靠吗？

绝对可靠，因为送来情报的，就是李世民的卧底——东宫的率更丞王晊，他是李建成的身边人，对东宫的事务了如指掌。

根据情报，李建成有一个完整的计划，计划大致如下：

把李世民手下的军事力量掏空后，再一步步将李世民赶上绝路，主要分两步走：第一步，利用李建成和李世民在昆明池为李元吉饯行的机会，埋伏壮士先将李世民打死，然后上奏称李世民暴病身亡，而后趁机掌控朝政；第二步，将尉迟敬德、段志玄等人全部活埋，一举将秦王府势力铲除殆尽。

这是一次策划周密的政变，也是一次未曾实施的政变，历史上称之为“昆明池政变”。

听到这个令人毛骨悚然的消息，李世民震惊了，他万万没想到，自己的大哥和弟弟，就要把自己送进地狱，他必须奋起反抗，才能保全性命。

下一步该怎么办？

对，先找两个人来商议下，他找来了长孙无忌和尉迟敬德，这两个人都是李世民心腹中的心腹，他们的意见，相当重要。

长孙无忌首先发表意见，他劝李世民抢先动手，干掉李建成和李元吉。

李世民不同意，他觉得骨肉相残，太过凶残，他想后发制人。

尉迟敬德的意见与长孙无忌一致，但他更为激动，他说：如果大王不听，我就跑。

长孙无忌说：敬德跑，我也跑。

都跑了，还干什么事？李世民很为难，说：我的意见，你们还是考虑下吧！

尉迟敬德明确表示：不用考虑了，做事犹犹豫豫，何其愚蠢？况且咱们的秘密武装八百勇士都已入宫，进入战斗位置，现在都已经是箭在弦上，不得不发，大王又怎么能制止得住呢？

很明显，尉迟敬德的话，有胁迫的意味，李世民当然很清楚，这是在逼他下最后的决心。

李世民还是下不了决心，他依然犹豫不决。他决定，召开紧急会议。参加会议的，都是秦王府的核心人员，具体都有谁，史书没记载，但也很容易猜，无非就是长孙无忌、尉迟敬德、段志玄、秦琼、程咬金等人，注意，房玄龄和杜如晦不在其中，他们哪儿去了？

事实上，作为李世民最核心的谋士，他们都被李渊赶出了朝廷，一直赶回了家，并下令不得再与李世民接触，否则立即处死。

在这个决定所有人命运的会议上，大伙一致认为：必须马上动手，干掉太子和齐王。为了给李世民信心，他们还打了个比方，说“取二人如拾地芥耳”，也就是说，干掉他们，就好像捡地上的枯草一样容易。

总而言之，无非就是劝李世民不要再犹豫了，应该立即动手，为了国家，也要大义灭亲，不要为了小节而失去国家大义。

李世民依然犹豫不决。

紧张谋划

大伙又问李世民：大王觉得舜是个什么样的人呢？

李世民说：孝子和圣人。

大伙说：假如舜没有躲过父亲与哥哥的毒手，他已经成灰了，又怎么能做孝子和圣人，并恩泽天下呢？

这句话，似乎一语惊醒梦中人，李世民顿时茅塞顿开：是啊，自己命都没了，还谈什么理想，还谈什么亲情，还谈什么为天下百姓计？

李世民动心了，但他心里还是没底，他决定算个卦。

这时候还算卦？是的，你没看错，我也没写错，算卦。

古代人做事一般都比较迷信，凡事都喜欢问问神仙，看看吉凶，可当李世民让人拿出乌龟壳准备烧的时候，一个人闯了进来。

闯进来的人，名叫张公谨。

张公谨，字弘慎，魏州繁水人，他以前在王世充手下为官，后来投奔唐朝，一直混得不怎么样，直到李世勣和尉迟敬德推荐他加入秦王府后，才开始慢慢有了起色，因为人很聪明，李世民对他日益看重。

张公谨闯了进来，见李世民要烧乌龟壳占卜算卦，气不打一处来，说："都什么时候了，还算卦？算你个头！"他一把抢过乌龟壳，狠狠地摔到地上，愤怒地说道：

"占卜是为了决疑，现在事情都明摆着，还占什么卜？如果占卜不利，难道就不行动了吗？请大王深思！"

见张公谨说得极有道理，李世民决定，这个乌龟壳，还是不烧了，直接动手吧！他没再说什么，只是轻轻地应了一声：

"好！"

一个好字，胜似千言万语，他已经下定最后的决心，决心发动武装政变，干掉李建成和李元吉。

玄武门之变，已经进入倒计时。李世民，将在玄武门，等待自己的大哥和弟弟——曾经的兄弟，现在的敌人。

为了让整个政变计划能够顺利进行，李世民知道，这其中，少不了"房谋杜断"，所以必须把房玄龄和杜如晦找来商议，可是他们两人都被驱除出秦王府了，怎么办？

对，让他们秘密前来，可是万一不来呢？

李世民又陷入了矛盾之中，他先让长孙无忌去召房杜二人，不料房玄龄说：皇帝已经下旨不让咱们见秦王，如果私下相见，肯定死路一条，咱们不敢听命。

还真的料到了，关键时刻，居然掉链子，李世民非常气愤，他生气地对尉迟敬德说：他们难道要背叛我么？

说完，他摘下自己的佩刀，递给尉迟敬德，告诉他说：你再去一趟，如果再不来，你就砍下他们的脑袋回来见我。

当然，李世民肯定不忍杀掉自己的心腹，他不过是要告诉房杜二人：你们再不来，我可能就要疯了。

尉迟敬德和长孙无忌又去了，带去了秦王的指示，也带去了他的决心。见到房玄龄与杜如晦后，他们传达了秦王的意思，说：秦王已经下定决心，你们最好赶紧去秦王府商议大事。房杜二人何等聪明，立即就明白了李世民的心思，他已经下定决心，决定发动政变，此时，最需要的就是“房谋杜断”。既然这样，那好吧，拼死一回，也要赶紧进入秦王府，与李世民商议政变的细节，策划整个事件如何发动、如何进行、如何收场。他们决定，跟随尉迟敬德和长孙无忌一起进入秦王府。

为了避免被人发现，他们两人穿上道士的衣服，假扮成道士，与尉迟敬德分开后，另走了一条道路，借着夜色，跟着长孙无忌一起潜入秦王府。

进入府内后，他们顾不上休息，连夜就紧锣密鼓地与李世民开始了精心策划与细致协商。他们最后决定的行动方案，就是在玄武门截杀太子和齐王，只是具体在哪一天发动，则没有最后定夺。而恰好就在此时，一起意外事件的发生，促使李世民提前发动政变。

这起事件，就是太史令傅奕的密奏。

太史令傅奕

傅奕这个人，是一个奇怪的人，精通天文历法，且极具个性。他一开始跟着隋炀帝杨广的弟弟杨谅混，后来杨谅起兵失败后，又跟着李渊一起混，深得李渊的器重。唐朝建立后，他被任命为太史令，掌管天文历法，没事就看看星星，修修历法，算算黄道吉日。

傅奕为人直率，志在革新，一生反对佛教，强烈要求废佛，甚至为了此事闹到与宰相萧瑀公开骂架，气得萧瑀说：地狱正是为此人所设啊！

傅奕不但反佛，还是个像方舟子一样的打假斗士。

他精通阴阳五行之类的巫书，但始终不信，得病了也不去看医生，药也不吃。有一个西域高僧来长安，说有“特异功能”，能念咒语让人立即死亡，又能死而复生。李世民也很好奇，挑了玄武门“飞骑”中的几个勇士前去试验，还真灵！他将此事告知傅弈，傅弈却嗤之以鼻，说这是邪术呀，邪不压正，请他来咒我，肯定是忽悠人的把戏。

实践是检验真理的唯一标准，李世民命高僧与傅弈来一场 PK。

高僧来了，口中念念有词，开始了他的“神奇魔法”，没想到傅弈根本没感觉，纹丝不动。过了一会，终于见到有人“咕咚”一声直挺挺地扑倒在地，像是被什么东西击倒一样，就这样“升天”了。难道是高僧的法术显灵？不是，是高僧自己倒地上了。

山外有山，人外有人，这回高僧真算是遇上了对手，想咒人死却把自己咒“死”了，看来还真是法力无边，高到连自己都无法控制。

又有一个印度婆罗门高僧，宣称有佛齿可以击碎天底下所有的东西，出了这玩意，长安人都好像赶集一样来看稀奇。唯独傅弈不信，此时他正卧病在床，但强烈的打假斗志不容他坐视不理，他把儿子叫来，说：有一种金刚石异常坚硬，只有羚羊角可以破解，你去试试。

傅弈的儿子兴致勃勃地赶去凑热闹，凑到高僧跟前时，不是露出惊慕的眼神，而是忽然拿出羚羊角，在高僧那颗宝贝牙齿上狠狠一敲，“佛齿”果然碎成几块，谎言就此揭穿，史载：“其子往见佛齿，出角叩之，应手而碎，观者乃止。”

羚羊角击打金刚石，这不是自取灭亡吗？我始终想不明白，可具体是什么，也只有去问那位婆罗门高僧了。

虽然一生战斗不息，但无论是谁，都斗不过自然规律，傅弈还是走了，享年八十五岁。

傅奕喜欢喝酒，有一次，他又喝醉了，睡在床上，睡着睡着，突然一跃而起，大喊一声：

“我要死了！”

喊完了，他不是哭，而是赶紧给自己写了一篇墓志铭，就一句话：

“傅奕，青山白云人也。因酒醉死，呜呼哀哉！”

他性格古怪，自己一生不信佛，同时也告诫儿子不要信，临死前，他还告诫儿子，要学六经，不要学佛法，并且还要求裸葬，也就是不穿衣服，不要棺材，赤身裸体就埋了。

他不但注《老子》、撰《音义》，还搜集魏晋以来驳斥佛教的文章编成一本名曰《高识传》的书，共十卷，流传于世。可惜今天看不到了，我只依稀记得萧瑀当年咒他下地狱的情景，而他依然反佛，至死不渝。这就是信念，无往而不胜的信念！执着、坚持与梦想，蕴含着无穷的力量……

虽然个性张扬，但傅奕却很被李渊看重，一来他们在李渊任扶风太守时就在一起了，二来他本人也确实很有才华，正因为如此，李渊对他的意见基本都能采纳，甚至废佛一事也答应了。加之古人十分迷信，尤其迷信天文五行、符瑞神怪这些说不清、道不明的玩意，所以李渊非常信任这位自称"青山白云人也"的傅奕。

武德九年(公元626年)六月一日，太白金星白天出现在天空中，这就是所谓的"太白经天"，按照古代星相学的说法，"太白经天，天下革，民更王"，就是说出现这种天象，也就预示着皇位将要更迭，通俗点说，就是要出大事了。

密奏

据史书记载，六月一日，"太白经天"，六月三日，"太白复经天"，并且这一次还略有不同，因为它出现的地方，刚好在秦地分野。

见到如此奇异的天象，傅奕坐不住了，赶紧写了一封密奏，说"太白见秦分，秦王当有天下"，很明显，这是在提醒李渊，李世民要夺皇位了。

有人可能会问，傅奕的这个密奏是真的吗？会不会是李世民后来故意找的一个借口？

根据史料分析，我觉得这事是真的，因为后来李世民上台后，还对他说：你当初上的密奏，差点害死我了。可见当时的情况确实十分危急，形势对李世民极为不利。

无论从哪方面来说，这事如果是真的，可以说反了天了，上天暗示你要夺皇位，这是谋反大罪。李渊自然十分恼怒，他怒气冲天，把李世民叫来，将傅奕的密奏一把甩到他面前。

看着父亲气炸了的样子，李世民很明白，这是父亲对自己发出的最后通牒，意思就是，事已至此，你自己看着办吧！这时候，就看李世民如何应对了，如果应对得好，他可能还有救，如果应对不好，那就只能等死了，甚至下一次甩到他面前的，可能就是一份令其自裁的敕令了。

李世民的脑袋高速运转，他在寻找一切机会，为自己脱身。他知道，只有彻底把水搅浑，自己才有机会，于是，他王顾左右而言他，说出了一个惊天秘密，向李渊密奏太子、齐王淫乱后宫。

为了提高表演的真实性，他痛哭流涕，做悲痛欲绝状，悲愤而又不甘地对李渊说：我丝毫没有对不起兄弟的地方，现在他们却打算杀掉我，似乎是为死去的王世充和窦建德报仇，如果我含冤而死，永远离开了父皇，就是魂归地下，也耻于再见这些贼人啊！

说得如此凄惨，如此悲怆，还如此动情，就一个目的：获取李渊的信任。此外，还想借此提醒李渊：不要忘了咱的功劳，我不应该被杀。

密奏太子，齐王淫乱后宫，这其实是李世民故意设的一个局，就是要把所有的人都装进来，然后按照他的计划，解决所有的问题。

李渊，首先走进了这个局，为了尊严，他开始发狂了。

什么，淫乱后宫，给朕戴绿帽子？听到这个是人都要暴跳如雷的消息，李渊当场就不冷静了。

不冷静，就会做傻事，李渊决定，明日一早上朝，一定要与太子、齐王当面对质，把这件事情说清楚，他要亲自审问，毕竟戴绿帽这种事情最令人痛恨的。当然，还有“太白见秦分，秦王当有天下”这件谋逆的大事，也要一并问清楚。

李渊之所以会相信李世民的密告，是因为这件事虽然说不清道不明，但并非空穴来风，因为李建成、李元吉与张婕妤、尹德妃的关系一直很好，这两人也经常替他们说好话。你说关系这么好，不有点瓜田李下什么的，怎么也说不过去，李世民正是抓住这件事情大做文章。

我想，李渊这时候，最想做的事，肯定就是要查个水落石出，搞清楚到底是怎么回事。或许，他还似乎看到自己戴上了一顶绿油油的帽子，飘啊飘，飘到了太极殿的上空，让他威信全无、颜面顿失，所以他必须尽快处理此事。当然，看着李世民痛心疾首的样子，他的心也软了，加之淫乱后宫这件事，确实让他震惊不已，所以他决定暂且放过李世民，一切都等到明天，事情就会有个彻底的了结。如果当面对质，秦王所言为是，那么，就要对太子和齐王采取行动，提出最严厉的警告；如果是秦王诬告，那么，就要废黜秦王，新账旧账一起算。

李渊打算明天亲自当裁判，判决太子和秦王到底谁获胜。李世民呢，他已经退无可退，被迫发动政变。他准备先发制人，一起解决太子和齐王，还有父亲的问题。他很清楚，这一次政变，不单单针对自己的兄弟，还有自己的父亲，必须做到万无一失，不然，肯定死无葬身之地。

李世民的计划就是，首先给李渊戴一顶莫须有的绿帽子，然后利用他的愤怒，引蛇出洞，引出太子和齐王，再在玄武门将他们一网打尽，最后控制李渊，掌控朝政。

李世民，将步入最凶险的时刻。

孤注一掷，他能否成功呢？

明天，一切都将见分晓！

埋伏

这天，是六月初三，玄武门之变的前一天，再过一天，一场血腥的军事政变，就要在宫城之内突然爆发！李世民，到了最危急的关头，不是死，就是活，他已经完全豁出去了。每天都在刀尖上跳舞，受尽煎熬，这一天，他等了不知道多长时间。明天，将会怎样呢？

六月初三日晚上，李世民没有睡觉，他紧急调动自己的亲信部队，埋伏在玄武门，等待李建成和李元吉的到来。

可能很多人会问，李世民为什么要伏兵于玄武门，难道他就能未卜先知，算准李建成和李元吉肯定会走玄武门？

没错，他肯定能算准，因为当时的宫城之内，要进入政治中枢太极宫，有两道门：一道是正门，也就是南门承天门；一道是后门，也就是北门玄武门。而承天门，除非重大节日或者国家大事才会打开，其他时候是关闭的，平时要入宫或上朝，走的都是玄武门。可以说，玄武门，是出入宫城的必经之道，是一个名副其实的咽喉要道，不管是谁，要想入宫，都必须走玄武门，就算是变形金刚，也要从这里钻进去。

六月初四，不是重大节日，也没有国家大事，所以李建成和李元吉肯定要走玄武门，只要守住这里，就可以守株待兔，等着鱼儿上钩。

可能还有人会问，难道玄武门是菜园门，李世民想进就进，还能在里面打埋伏？

没错，玄武门是宫城禁地，还是保卫皇宫安全的南衙禁军下属机构北门屯营的大本营，一般人想靠近它都难，可是李世民是天策上将，是尚书令，是领左右十二卫大将军，并且还是皇次子，他一般是可以进出的。最关键的是，守玄武门的武将常何与敬君弘，都被他暗中收买了，他们虽然表面上是太子的人，但实际上，早就是李世民的人了。

未雨绸缪，提前谋划，这就是李世民的高明之处，平时一个不经意的举动，或许就能够影响全局。

掌控玄武门，这是李世民成功的又一个秘诀。

之所以采取突然袭击的方式在玄武门搞斩首行动，其实与李世民的军人气质密不可分。当时在长安，李世民根本无兵可调，因为国家实行的是府兵制，“将不专兵，兵不私将”，即使有兵，没有皇帝批准，也根本调不动，并且御林军、长林兵等武装力量，基本都掌握在父亲和大哥的手上，李世民根本插不上手。可以说，在长安城，李世民只是一只任人宰割的小羔羊，这也是为什么后来李建成执意要上朝的主要原因，他根本想不到，李世民会用军事斗争的思维，来解决政治斗争。

处于绝对劣势的李世民，根本不可能像电影《满城尽带黄金甲》里面杰王子那样带大军去冲皇宫，他只能出其不意，攻其不备，伏兵玄武门，搞一次突然袭击。

这其实，就是战争中的伏击战，哪次打埋伏都是这么干，套路完全一样，只是时间、地点不同而已。

战争,锻炼了李世民,也控制了李世民。做什么都有一颗军事头脑的他,最终决定,在玄武门打一次伏击战,用战争的方法,消灭太子李建成和齐王李元吉。

李世民与李建成,在对待争夺太子位这个问题上,想法截然不同。李建成只想在体制内解决,而李世民,则用了一个极端的办法,其实,这与他常年在外作战有关,他考虑问题,用的都是战争思维。

出其不意,一招破敌。

他会如愿以偿吗?

挖坑

武德九年(公元626年)六月初四,一个看似平常的日子,长安,刚刚从睡梦中惊醒,此时的玄武门,已经阴森肃杀。就在昨晚,李世民带领长孙无忌、尉迟敬德、房玄龄、杜如晦、秦琼、程咬金、侯君集、张公谨等人,在玄武门设下了天罗地网,等候太子和齐王的到来。

网已织好,就等着猎物撞上来了,他们会来吗?

还记得,昨天晚上,秦府上下,没有一个人入睡,连李世民的妻子长孙氏,也跑出来亲自慰劳大家,叮嘱各位一定要注意安全,这让大家十分欣慰,左右莫不感激(士皆感奋)。

这就是李世民笼络人心的好手段,用真情来感动大家,本来平时他就用实际行动做出了最完美的表率,让手下将士和将佐属僚全都心服口服,甘愿为他卖命,甚至愿尽死力、肝脑涂地。这时候,再浇一瓢感人至深的心灵鸡汤,我想,瞬间凝聚人心的威力,肯定异乎寻常。

很不幸,李世民告发太子、齐王淫乱后宫的事情,还是被人告密了。

告密的人,正是李建成的"绯闻女友"张婕妤,她探听到李世民密奏的内容后,第一时间飞报李建成,李建成赶紧找来李元吉商议。

李元吉觉察到了问题。一直跟着李世民在外作战的他，嗅觉十分灵敏，他似乎已经嗅到了战争的气味，并且他很清楚自己这位二哥的行事方法。李世民是个战争狂，也是个超级猎手，只要被他盯上的猎物，不被杀死，也要被玩死，甚至活活气死。

李元吉十分警惕，他告诉李建成：咱们最好统率东宫与齐王府的军队，假装有病，不去上朝，以静观其变。

李元吉的这个建议，并没有得到李建成的首肯，李建成认为，自己手下的军队已经全部戒严，各方面准备十分严密，他们应当入朝参见父亲，亲自去打探消息，不然会引起怀疑，节外生枝。

因为这次李世民状告的，是一件十分敏感的事情，这样的"桃色事件"可大可小，搞不好就会身败名裂，所以必须说清楚，不然让人产生误会。其实，如果李世民状告的是谋反，李建成肯定不会去，淫乱后宫，则不去不行，而且必须尽快入宫澄清事实，所以他失去了戒心。并且在李建成看来，长安城内，李世民不过是一介匹夫，搞定他，还不是捏死一只蚂蚁那么容易？他根本就不怕李世民搞什么事，即便是搞事，他也能够摆平。但让他想不到的是，李世民居然全副武装地在玄武门等着他，等他上钩。

一门心思想尽快进宫把事情讲清楚的李建成，太过自信了。自信过了，就是自大。

他决定，按原计划，立即进宫觐见李渊。

可能你会说，李建成干吗要这么狂妄自大。说他狂妄，可能重了，但说他自大，确实有，一句话，他轻敌了。

轻敌的李建成，带着李元吉，带着自己的侍卫，朝玄武门走来。他们骑着马，只要过了玄武门，就到太极宫，就能见到父皇了。李建成想，今天，一定要完全撕下秦王伪善的面具，把他彻底打翻在地，让他永世不得翻身，最好是怂恿父亲废掉他或者直接杀掉他。李建成很清楚，李渊的利益，与自己的利益，从某种意义上说，是完全一致的。李建成一直压制秦王，一直忍耐，只要今天当面揭穿李世民诬告后宫、谋害兄弟的真面目，那他肯定就是死路一条。

听说父亲已经把朝中的几个主事大臣都叫来了，这阵势一看就明白，是

准备针对秦王的，真相大白之时，必是秦王将死之日。

这时候的李建成，可能已经笑了，但这却是死神的微笑，等他来到临湖殿的时候，他就哭都哭不出来了。

李建成和李元吉，乐哉优哉地骑在马上，来到了玄武门外的临湖殿，他哪里知道，自己已经走到了鬼门关的门前。

其实李建成的东宫，离玄武门并不远，齐王府就在东宫的隔壁，出了东宫后，他就与李元吉一起往玄武门而来。

玄武门之变，马上就要爆发！

喋血宫门

李建成、李元吉两兄弟毫无警惕地来到了玄武门前面的临湖殿，一个再熟悉不过的地方，走了不知道多少回，闭着眼睛都能过去。就在这时，他们突然感觉气氛不对，或许是看到玄武门后面埋伏的士兵，或许是马受惊了，因为动物比人敏感。兄弟俩意识到，麻烦了，这时候，他们的第一个想法，就是赶快跑回东宫和齐王府。

玄武门，将成为李建成、李元吉的地狱之门。

李建成与李元吉立即调转马头，准备向东返回东宫和齐王府，那里，才是他们的地盘，最熟悉，也最安全。

见太子和齐王要走，玄武门后面全副武装的伏兵闪了出来，李世民骑着马跑了出来，还一边跑一边在后面喊。

这时候的李世民，根本不应该出现在玄武门，嗅觉敏锐的李元吉，立即意识到，李世民要打埋伏，他决定，先下手为强。

李元吉开始出手，他拉弓放箭，可是太过紧张，居然连续三次都没有拉开弓，可能是平时也没这个训练项目，危急关头也就无所适从了。

太过突然，才致如此慌乱。

见李元吉开始射箭，李世民也不甘落后，与李元吉开始比赛，他也拉弓放箭，但他的目标，不是李元吉，而是大哥李建成。

一支天策府大羽箭，直刷刷地向李建成射去，一箭就把他射下马来。以前就说过，李世民的弓箭“制倍于常”，也就是比平常的都大一倍，无论是谁，只要招惹上了他的大羽箭，肯定是服务到家，一箭毙命。

李建成，被李世民亲手射死，或许到死他都不明白，自己弟弟到底吃了什么豹子胆，竟敢在这里打埋伏？更令他想不到的是，自己弟弟，真的能够忍心痛下杀手。

一个出奇制胜，一个粗心大意，其结果就是，一个做了皇帝，一个做了鬼。

引蛇出洞，伏杀太子，李世民在玄武门之变获得最终的胜利，就这八个字。

权力斗争，也是斗争，往往是最狠者胜，谁最狠，谁就赢，与什么修养、什么内涵、什么民心，全无关系。

当然，有时候，最有能力的，也是最狠的，李世民就是这其中的佼佼者。

谁拳头最硬，谁就说了算，暴力最强者决定一切，这就是专制社会的元规则。

有时候我想，如果中国历史上最高权力的争夺，也能够像民主国家公开透明的选举竞争那样，哪会有如此两败俱伤？

李建成被射死后，李元吉并没有死，他继续逃跑。

这时候，一直埋伏在玄武门后面的尉迟敬德，带着七十多个骑兵就奔了出来，于是，伏击变成了追击。尉迟敬德手下将李元吉射下马来，李元吉很麻利，没有马也能跑，他从地上爬起来，虽然身上中了箭，但他根本顾不上，不要命地往齐王府方向跑，只要到了那里，自己就可以不死了。

李元吉在跑，李世民也在跑，只是一个用脚，一个骑马，可是骑马的，居然还比不上用脚的，骑着马追击李元吉和侍卫的李世民，居然一路跑到小树林里面去了。

跑树林子里了还算好，更糟糕的是，他被树枝挂住了。

因为刚刚杀了大哥李建成，多多少少都对李世民的心理造成了影响，他有些身不由己，或许还有些恍惚，他被树枝挂住，狠狠地甩到地上。

倒在地上的李世民，等来的不是尉迟敬德，而是李元吉的刺杀。

也不知道为什么，可能真的是冤家路窄，往武德殿齐王府方向奔跑的李元吉，居然就在小树林里面碰到了李世民，并且还正好是直挺挺躺在地上、正在郁闷的李世民。

李元吉见李世民倒在地上，他非常兴奋，像一头饿狼一样，向李世民扑来，他夺过李世民的弓箭，用弓弦死死地拉住李世民的脖子，准备要勒死他。

情况万分紧急，就一两分钟时间，李世民可能就没命了。

在这千钧一发之际，尉迟敬德就像天神下凡，不顾一切地骑着马赶来了，他在马上大声呵斥，同时掏出了犀利的弓箭。

李元吉一看是尉迟敬德这莽夫，自己以前就跟他较量过，根本就不是他对手，所以从心底里，还是有些怕他。李元吉决定扔下李世民，继续逃跑，继续往武德殿跑。那里，就是他的齐王府，只要到了那里，就安全了。

他能跑出去吗？

死战

当然跑不了了，在后面死死追赶的尉迟敬德，绝不会放过他。尉迟敬德在后面开始射箭，很快，李元吉就被乱箭活活射死。

李建成和李元吉死了，李世民的斩首行动获得巨大的成功，这时候的他，可以打扫战场了吗？

不忙，战斗才刚刚开始，更大的危险，还在后头。

因为，东宫与齐王府的军队，早就整戈待发，一有风吹草动，他们就会像蚂蚁一样，倾巢而出，带着精良的武器和无限的仇恨，来要你的老命。

李世民，将面临一场更为严峻的挑战。

听说太子已经被杀，东宫顿时炸开了锅，翊卫车骑将军冯立叹道：

“岂有生受其恩，而死逃其难乎！”

是的，做人还是要讲道义，怎么能够以前蒙受别人的恩惠，人家一死你就翻脸不认人了呢？

为了报答太子曾经的恩情，冯立没有跑，而是组织部队，开始反击。他联合副护军薛万彻、屈咥和直府左车骑谢叔方等人，带着东宫和齐王府两千精锐，向玄武门扑来。

本来在玄武门打埋伏，李世民就没带多少人，他不是来打仗的，而是危急时刻的一次巨大赌博，现在人杀了，对方的人马来攻打，肯定吃不消。

幸好，手下还有些猛将，之前甩乌龟壳的张公谨，这一次又发挥出自己的独特魅力，从一个反迷信斗士，瞬间就变成了大力士。

张公谨见敌军攻来，带兵殿后，等其他人都进了门后，他一个人靠着威力无比的臂力，将玄武门的大门死死地关上，把冯立等人挡在了玄武门外。

而就在此时，驻守在玄武门旁的北门屯营负责守卫玄武门的云麾将军敬君弘——按道理他应该是李建成的人，可是他早被李世民收买了——看到东宫发起攻击，他挺身而出，准备带兵迎战。

左右劝他冷静，说事情未见分晓，还是静观其变最好，即便要打，也要等兵力集结之后再打。可是敬君弘死活不听，带着中郎将吕世衡大声呼喊着，就带兵冲了出去。

他们两人双双战死。

李世民兵力太少，难以阻挡冯立的攻击。这时候，李世民妻子长孙氏的舅舅高士廉，将牢房里的囚徒全部释放，分发武器，临时武装起来，搞了一支临时敢死队，他们一直打到芳林门，与玄武门的守军开始夹击敌军。

双方的将士继续奋战，打了很久也不见停息的迹象，李世民身边的数百骑兵也加入了战斗，与北门屯营的宿卫军一起合击敌军。这时，副护军薛万彻突然想到，与其在玄武门前死磕，还不如去攻打秦王府，于是，他一边打鼓，一边呼喊，准备进攻秦王府。

险象环生。

在玄武门内的李世民极其担心，将士们也大为恐惧，因为秦王府仅有的兵力，基本上都埋伏到了玄武门，此时的秦王府，兵力空虚，宛若一个鸡蛋，一碰就破，要是被敌人攻击，后果不堪设想。

就在这个危急关头，尉迟敬德又从天而降，骑马从远处跑来，他的手里，提着两颗人头,一颗是太子的,一颗是齐王的。

尉迟敬德将两颗人头扔到薛万彻等人面前,大伙一看,哎呀,真的是太子和齐王,主人都死了,还打什么打?快跑吧!

东宫与齐王府的军队,一哄而散,薛万彻带着几十个骑兵逃往终南山。

薛万彻跑了,冯立也跑了。在跑之前,薛万彻还做了件事,把敬君弘给杀了。薛万彻十分欣慰,对手下人说:杀了他,也能够稍稍报答一下太子了。

尔后薛万彻扔掉兵器,落荒而逃。

玄武门的战斗基本结束了,危机已经解除,下一步,就是要解决李渊的问题。

挟持李渊

还要解决李渊?没错,这其实是玄武门之变的一个既定计划,杀了太子和齐王,并没有解决所有问题,只有控制李渊,才能够获得最终的胜利。

李世民又派尉迟敬德带兵冲进皇宫,此时的李渊,正在海池划船。

这时候还有心情划船?不是李渊没心没肺,而是他不知情。

一大早,李渊就起床了,兴致勃勃地来到海池划船,就是想在这里,解决秦王密告太子、齐王淫乱后宫与太白金星出来瞎转悠的事,这些烂事,今天必须有个了结。陪同他的,是裴寂、萧瑀、陈叔达、封德彝、宇文士及等几位朝中重臣。叫他们来,不是来划船,而是解决太子和秦王的问题,他们都是政府首脑级人物,可以立即执行自己的每一项决定,比如申斥太子,比如废黜秦王。并且今天就叫了这么几个人,不是百官朝会,就是为了不让家丑外扬,只在最高决策层内部解决和消化。

总之,今天是来彻底解决问题的,并且是一边划船一边解决问题,为的就是在轻松娱乐的氛围中,既快又好地完成艰巨的革命任务。

可他等来的,不是太子和秦王的对质,而是一场血腥的残杀。

本想是诗情画意,没想到是惨绝人寰。

尉迟敬德带兵闯了进来，只见他身披铠甲，手握长矛，解决掉李渊身边所有的禁军侍卫后，大步流星地走到李渊的面前。

李渊大为震惊，他知道肯定出事了，但不清楚什么事，于是问道：今天作乱的是谁，你来这里做什么？

很明显，李渊要先搞清状况，才好决定下一步应对方案。没想到尉迟敬德居然给了他一个更为震惊的答案，他告诉李渊：太子和齐王作乱，被秦王诛杀了，秦王怕惊动陛下，派我前来护卫。

什么，发生了这样的事？晴天霹雳啊，晴天霹雳！

李渊心乱如麻，不知如何是好，他稳定住自己的情绪后，问裴寂等人怎么办。

裴寂一直跟李世民不怎么对路，现在政变已经发生，他也被困在这里，你说他能怎么办？他唯有沉默以对。

这个问题，还是萧瑀和陈叔达替他做了回答，至于是不是如裴寂心中所愿，也就不得而知了。虽然很多人都认为裴寂是太子党，但我以为，他根本不是太子党，也不是秦王党，他只忠于皇帝，忠于李渊，他是典型的帝党。

萧瑀和陈叔达的回答是什么呢？

他们说，现在当务之急，就是立秦王为太子，委以国事，这样才能平息事态。

听两人这么说，李渊顿时明白了，原来这是李世民策划已久的政变，杀掉太子和齐王，再挟持皇帝，现在把尉迟敬德派来，名义上是来护驾，实际上是用武力胁迫的方式来逼宫，如果不承认李世民，恐怕父子相残的惨剧又要上演了。

精明果断的李渊，此时也只能无奈地接受这个现实，虽然心里很痛，但也只能勉强接受。我不知道他此时心里到底还有什么想法，但我知道，他十分无奈，只能被迫支持李世民。

为了逢场作戏，在听完萧瑀和陈叔达的意见后，他还说了句话，他说：好啊，这正是我的夙愿啊！

其实说这话，完全是言不由衷，也只是做给别人看的，谁叫此时的李世民已经掌控了局势。

因为此时还有零星的战斗仍在继续，为了彻底消除隐患，尉迟敬德又请求李渊颁布亲笔敕令,“令诸军并受秦王处分”,通俗点说,就是把军权全部交给李世民。

很明显,尉迟敬德这次来,不单单是要挟持李渊,还是要来夺取军权。

父子相见

既然都已经决定支持李世民了,那还有什么好说的。都交了吧!

李渊答应了,答应把军权交出,由李世民一人掌管全国的军事大权。为了尽快平息事态,他又命天策府司马、中书侍郎宇文士及出来宣布敕令,而后又命黄门侍郎裴矩赶赴东宫,传达自己的旨意。

既然皇帝已经表态了,那就不打了吧,东宫和齐王府的情绪,很快安定下来,有些将士怕被牵连,干脆一溜烟就跑了。

局势迅速平定,李世民可以放心地来见自己父亲了,父子两人相见,肯定有很多话要说,可是李渊只说了一句莫名其妙的话,他说:

“近日以来,几有投杼之惑。”

不明就里的人,肯定觉得奇怪,其实,这是一个典故,说的是当年曾参的母亲误听曾参杀人的谣言后,丢开织具就跳墙逃走了。李渊引用这个典故,是想告诉李世民,自己也差点听信谣言,差点被迷惑了,这么说,是在向儿子袒露心扉,以此表明对自己儿子的信任。

听父亲这么说,李世民知道,父亲已经基本接受他了,他也同样做出了一个奇怪的动作——“跪而吮上乳,号恸久之”。

后面的好懂,就是号啕痛哭,前面一句,就不好懂了,跪在地上咬着李渊的乳房?这,简直太不可思议了。

正因为这个动作不好懂,所以很多人就干脆无视,不写,或者故意写成“伏在李渊的胸前,痛哭不已”,这导致我们看到的记述玄武门之变这段历史的学术著作或其他通俗作品里面,都少有相关的论述,似乎这事根本就没发生过。

其实，这都是读书不多造成的。对于这个问题，我进行过详细的考证，考证的结果是，这是真的，李世民以“吮乳”这个特殊的动作，来唤醒父子间的亲情，以求得父亲的谅解与支持。

据史料记载，“吮乳”其实是中国古代某些少数民族“乳翁”习俗的遗留。在这些民族的习俗中，女人生孩子，男人坐月子，十分平常，小宝贝要吃奶，男人就把自己的乳房拿出来，让他含在嘴里，这是表达父子情深，以示亲密无间的一种特殊方式。现在还有没有这种习俗不知道，但古代肯定有，而李家有少数民族血统，做出“吮乳”的行为，也是可以理解的。

很多人说，李渊与李世民，全无父子之情，这绝对是错误的，而且也违背常理。有史料记载，在大业初年，有一次李世民病了，病得很重，据说是传染病，李渊急得不得了，除了积极治疗，还特意跑到庙里求佛，祈求菩萨保佑李世民痊愈，因为他听说这里的菩萨很灵，“治病有验”，所以就抱着这个希望去了。李世民后来真的好了，为了感谢菩萨显灵，他又特意跑到庙里还愿，给菩萨造了一尊石弥勒像，“一心供养”，并祈求李世民和全家大小幸福平安。[①]

这些足以说明，李渊，深爱着自己的这个儿子，只是后来，当他发现李世民有僭越之心，他的态度才渐渐改变。

父子矛盾的激发，并不能怪李渊，李世民应该负责任。

掌控兵权、稳定局势、获得父亲支持的李世民，并没有停止杀戮，他指示手下，将屠刀再次挥向了东宫和齐王府，这一次的目标，是李建成与李元吉的十个儿子。

斩草除根

这十个小孩，肯定年龄都不大，因为他们父亲死的时候年龄也不大：李

① 相关事迹可参看《草堂寺为子祈疾疏》和《李渊河南荥阳大海寺还愿碑》等。

建成,三十八岁,李元吉,二十四岁。如果是老百姓家的孩子,父亲犯罪,一般都不会株连到儿子,但在帝王家,在权力的巨大诱惑面前,被株连、被连坐,则是注定的事。为了防止复仇,为了防止以后有人打着他们的旗号来犯上作乱,李世民必须残忍,必须斩草除根。

其实,如果换作是李建成,是他发动政变干掉了李世民,李世民的几个儿子,同样在劫难逃,这就是古代政治斗争的残酷性。

残酷无情,丧失人性。

被杀的这十个孩子,如下:

李建成子:安陆王李承道、河东王李承德、武安王李承训、汝南王李承明、钜鹿王李承义。

李元吉子:梁郡王李承业、渔阳王李承鸾、普安王李承奖、江夏王李承裕、义阳王李承度。

不但被杀,宗室名册上,也与他们父亲一样,被删去名字,剥夺一切权利。

这些孩子,在史书上,只留下一个个冰冷的名字,除此以外,再无痕迹,似乎他们就只是一个个凋谢的符号,我不知道他们有什么爱好和梦想,也不知道他们有什么快乐和忧伤,但我知道,他们都是无辜的。

当血光飞溅,惨叫连连的时候,李渊在哪里呢?这些毕竟都是他的亲孙子呀!或许,他就躲在某个角落里,痴痴地望着这个不可理喻的世界,他只有无尽的哀痛和莫名的恐惧。

白发人送黑发人,送走了儿子,还要送孙子,而自己却无能为力,人间至痛,莫过如此。

他太累了,人累,心也累,他想到了退位,而此时,杀戮似乎还未停止。

为了斩草除根,把东宫和齐王府势力彻底扫进地狱,李世民手下的将领又准备继续大开杀戮,将李建成和李元吉的一百多亲信全部诛杀,并将他们的财产全部没收,"籍没其家"。

见还要杀,还要把仇恨继续扩大,一向喊打喊杀的尉迟敬德站了出来,他再三争辩,就为了一个目的:阻止这次屠杀。

他说,罪在元凶,现在他们都死了,如果还要牵连他们的党羽,恐怕就无法安定了。

是的，这个时候，一定要冷静下来，不能再继续扩大打击面了，要和解，而不是对抗。李世民觉得很有道理，听从了尉迟敬德的意见，下令停止杀戮。

就在当天，李世民又以父亲的名义下诏，大赦天下，凶逆之罪，仅限于建成和元吉，其余人等，一概不究，国家大小事，皆由秦王处置。

这等于迫使李渊交权了，之前是军权，现在是政务。军政大权全部到手，标志着李世民的军事政变，获得了最终的成功。

绝地反击，拼死一战，李世民以他的果敢和凶悍，还有他无与伦比的智慧与义无反顾的勇气，终于赢得了最后的胜利，大唐帝国，就要翻开崭新的一页。

种种迹象表明，玄武门之变，其实是仓促发动的，各方面的准备都不是很充分。李世民实在是被逼无奈，因为不奋起一搏，只有一死，他这种想法，与隋末很多农民起义军的想法其实是一样的。

官逼民反，被逼无奈，说来说去，都是一个逼字，你不逼我，我岂能如此？

三天后，李渊正式立李世民为太子。两个月后，李渊正式下诏，传位于太子。

“自今以后，军机兵仗仓粮，凡厥庶政，事无大小，悉委皇太子断决，然后闻奏”，“今传皇帝位于世民，所司备礼，以时册授。公卿百官，四方岳牧及长吏，下至士民，宜悉祗奉，以称朕意”。[①] ——李世民，将拥有整个天下。

在登基之前，李世民又表演了一番，当父亲下诏要传位于自己时，他再三推辞，死活不肯。

难道还不愿意当这个皇帝？

登上帝位

当然不是，这不过是客气客气，也是古代禅位登基前的固定礼节，即所

① 请参看《全唐文》——《令皇太子断决机务诏》与《禅位皇太子诏》。

谓三揖三让，谦让谦让，意思意思，就当开心一下吧！[①]

在李渊下诏的当天，李世民并没有马上登基，而是等到第二天，他才正式接受父亲的禅让，在东宫显德殿即皇帝位，并再次大赦天下。为了表示新皇帝的恩德，李世民又接连下诏，全国结构性减税，不合理政策一概罢除，并放还宫女，让她们回家嫁人，这不但能减轻国家负担，还能增加人口，更重要的是，此举更能赢得民心。

李世民并不是放几个宫女作作秀，而是前后放了三千多人，可见他是真的想要做点事的。

另外，他还特意下诏照顾老人和其他弱势群体，解决他们的实际困难。同时表彰先进，鼓励上进，号召举荐人才。并规定凡八十岁以上的，各赐米二石，绵帛五段，百岁以上的，各赐米四石，绵帛十段，还额外封官[②]。

李世民的良好政策，很快就获得了民众的普遍欢迎，他们纷纷拥护这位非同一般的新皇帝，这其实是一个双赢的局面，于是“政尚简肃，天下大悦”。

其实，登基后的李世民，做了很多事，都很得民心，他早就想干一番大事业，现在舞台已经搭好，就看他怎么唱戏了。

李世民做皇帝，不像有些人，只管享受，不尽义务。他兢兢业业，战战兢兢，不敢有丝毫懈怠，生怕自己没有治理好国家。因为，不但父亲的那双期盼的眼睛始终在盯着他，他的内心，其实也始终难以平静，毕竟他是用暴力的手段，杀兄屠弟，踩着他们的鲜血登上皇位的。他一直都十分内疚，后来不但给李建成和李元吉厚葬，还给他们平反，甚至李建成的一个女儿和李元吉的四个女儿[③]，他也一直抚养在身边，像父亲一样张罗她们出嫁的事。

做这些，其实都是在赎罪，而精心治国，其实也是在自我救赎，他要让死去的大哥和弟弟看到，我能做得最好，你们就放心吧！

从某种意义上说，正是玄武门之变的隐痛和鞭策，造就了贞观之治的荣

---

① 赵翼《廿二史札记》：“每代革易之际，以禅让为篡夺者，必有九锡文、三让表、禅位诏册，陈陈相因，遂成一定格式。”

② 一般加荣誉性散官或封号，并非直接做官，更多的是一种荣誉，但接受者视为尊荣。

③ 分别为李建成女闻喜县主李婉顺，李元吉女和静县主、寿春县主、文安县主以及新野县主李令。

耀与辉煌。

这是春暖花开前的一个寒夜,冬天来了,春天还会远吗?

为了实现自己的理想,李世民只能如此了,虽有不忍,但实在被逼无奈。

李世民这人其实很要面子,十分在乎自己的名声,所以也十分在乎自己的一言一行,很多时候,他都能够克制自己,这固然与他本人的性格有关,但恐怕与玄武门之变的发生也有关系。

做过错事的,只要是个有良知的人,总在想办法进行赎罪。

负罪感越深,李世民就越要用非凡的成就去证明自己的强大,去洗清自己的罪恶,他要向全世界宣示,我李世民,要开创一个盛世,一个让所有人为之自豪的盛世,一个让所有人过上幸福生活的盛世,为社稷苍生,为天下百姓,我李世民无怨无悔,鞠躬尽瘁,死而后已。

据说,在晚年,李世民还曾经重重地叹息:"吾死之年,廿六而已",一声哀叹,直抵心灵。

这一年,正好是玄武门之变爆发的那年,他觉得自己,应该在这一年就死去,可他没死,死的却是自己的同胞兄弟,他始终不能忘怀。他的内心,一直都在煎熬,可以说,玄武门之变的血腥和残酷,一生都在纠缠着李世民,不可磨灭,挥之不去。

这是一块心病,也是一种无形的压力。

其实事实也如此,十七年后的李世民,当看到自己的两个儿子接连谋反,他终于感受到了那种撕心裂肺的痛。在诏书中,他痛心疾首:"背礼违义,天地所不容;弃父无君,神人所共怒。往是吾子,今为国雠","吾所以上惭皇天,下愧后土,惋叹之甚,知复何云"。

这种骨肉相残的惨剧,有如万箭穿心,太过凄惨,让人不忍侧目,这时候,他肯定又想起了玄武门之变,想起了自己是如何罔顾亲情,痛下杀手的。

这世间,或许真的有报应,善有善报,恶有恶报。

第六章　危机四伏

一般按照一些霸气外露的统治者的搞法，就是强力镇压，把你打趴下了，你就服了。然而，采用暴力手段，虽然也能见效，但隐患重重。

因为，仇恨，只能制造新的仇恨，暴力，只能制造新的暴力。

大敌当前

在武德九年（公元626年）这一年中，突厥屡屡进犯，四处出击，与唐朝打得不可开交。在玄武门之变的十一天后，他们又攻击渭州，李世民只好派自己的妹夫柴绍带兵迎战，后来打了个小胜仗，斩杀突厥特勤一人及其将士千余人。虽然如此，突厥并没有撤军，相反发起更大规模的进攻，在李世民登基后没几天，就在梁师都的鼓动下，带兵十余万打到了泾州，还进军至李世民的出生地武功一带，搞得京城又再次戒严。

八月二十四日，突厥进军至高陵县，两日后，与尉迟敬德大战于泾阳，尉迟敬德一顿猛揍，大败突厥，抓获突厥的一个小头目阿史德乌没啜，并获得斩首千余级的战绩。

虽然与柴绍一样，也是小胜，但还是给了突厥相当大的震撼，至少表明了一点：你们再来，我就打。

又过了两天，突厥的颉利可汗，带着十余万大军来到了渭水边，他的前面，就是长安，只要越过渭水，长安就可收入囊中了。

一场大战，眼看就要爆发！

这次突厥大举来犯，主要源于一个人的诡计：颉利可汗想趁着唐朝刚刚经历大变，兴高采烈地跑来趁火打劫。

颉利派他的亲信执失思力为使者，前来探听唐军的消息，顺便摸清一下李世民的态度，好做下一步的打算。

李世民与执失思力见面了。这家伙根本不把李世民放在眼里，见到李世民就大肆吹嘘，说颉利可汗和突利可汗带着百万大军，已经来了。

意思很明白，这是恐吓，识时务的，就投降吧！

要换作了别人，恐怕早就趴了，李世民什么没见过？他毫无畏惧，痛斥执失思力，说：你们突厥背信弃义，还好意思在这里夸夸其谈，今天我先杀了你。

什么，好好的就要杀人，这太不好玩了。

执失思力十分恐惧，请求饶命，萧瑀和封德彝怕惹出事来，劝李世民放他回去。李世民不放，他说：要是把他放了，突厥会以为我怕了他们，就会更加肆无忌惮。

为了给突厥人一个下马威，李世民将执失思力抓了起来，囚禁在门下省，而后，他带着高士廉、房玄龄、周范等六人骑着马，大摇大摆地出玄武门，一路直冲冲地来到渭水边，后面跟着的，是源源不断、全副武装的唐军将士。

见了颉利可汗，李世民也没什么好讲的，隔着渭水大声斥责他背信弃义，违反盟约。

突厥人大为惊讶，见李世民带着六个人就敢来见颉利，还跑上来骂人，对于这样的猛人，他们这些粗人可是敬佩万分，加之早就对李世民有所耳闻，于是，他们纷纷做出一个奇怪的动作——“皆下马罗拜”，也就是跳下马来，排着队给他行礼。

见到这样的场面，最尴尬的，恐怕就是颉利可汗了。见执失思力也没回来，而李世民居然跑出来骂人，并且他身后的唐军声势浩大，他有点怕了，脸上浮现出恐惧的神色。

李世民阅人无数，一看就知道颉利害怕了，原来颉利不过如此，纸老虎而已。李世民心里有数了，指挥大军稍稍后撤，结成战阵，然后自己单独留下来，拽着马缰，继续与颉利可汗谈心。

都剑拔弩张要打起来了，还谈什么心？萧瑀赶紧阻止，死死勒住李世民的坐骑，再三劝阻。李世民说：朕已经周密计划好了，你不明白其中的用意。突厥人趁火打劫，以为我怕他，我就是要告诉他我什么都不怕，要打就打，不打就谈！制服突厥，就在此一举，你尽管看着好了。

萧瑀不知道李世民葫芦里卖的是什么药，只好放弃阻拦，由他去了。

渭水结盟

李世民继续与颉利可汗谈判，颉利也搞不清李世民葫芦里卖的是什么药，怕上当，也不敢轻举妄动，万一狡猾的李世民设下陷阱，那不是自投罗网吗？想来想去，还是觉得不打比打好，既然如此，那就谈吧！

颉利表达了和平的意愿，表示愿意与唐朝继续和平友好，但有个条件，那就是要给好处，送钱送东西都行，反正不能空跑一趟。

李世民答应了。给吧，自己刚刚登基，还不具备与突厥大战的条件，先忍吧，迟早有一天，我要把送出去的，全拿回来。

这一天，李世民并没有等多久，准确地说，是四年，四年后，他将踏平突厥。

当天车驾回到宫中后，李世民做了一番部署，第二天又前往城西，到渭水的便桥上与颉利可汗宰杀白马，歃血为盟，双方订立新的盟约后，颉利可汗撤军，带着金银财宝拍屁股走人了。

为了把突厥人顺利送走，李世民还派了两个人前去送行，殿中监豆卢宽、将军赵绰，他们两人负责护送突厥人，一来表示礼节，二来顺带监视。

突厥走了，李世民放心了。

很多人说起这次便桥之盟，都说李世民亏大了，怎么不打呢？破财消灾，这不是养虎为患吗？其实，说这话的，基本都是愤青，有时候，一个国家，是不能够随便喊打喊杀的，即便要打仗，也要等做好一切准备，以求一战必胜。

没有多年的准备，就不要想获得胜利。

任何事物，都必须是靠时间来积累的，尤其是打仗，是综合国力的对决，没有多年的准备和运筹帷幄，贸然开战，等待你的，可能就是一败涂地。雄才大略的李世民，何等精明，不可能不知道这点，所以这次花点钱，买个平安，但这笔账，先跟你记着，到时候新账旧账一起算。

刚刚即位，国家还未安定，百姓还不富足，应该休养生息，以金帛诱之，让他们骄纵懈怠，等有一天，再一举将其消灭。

将欲取之，必先与之，这就是李世民对待突厥的整体战略——韬光养晦，只待来日。

不计较眼前的得失，考虑的，是长远的利益。

四年后，他的十余万大军，将兵分六路，挥军漠北，一举击灭突厥。

此时不战，不等于以后不战。此时不战，是因为拳头还不够硬，等拳头硬了，就一拳打死他。李世民开始了紧张备战，训练军队，养精蓄锐，等的就是那扬眉吐气的巅峰时刻。

还有四年，与突厥的最后决战，将要打响，而在此之前，李世民开始了对国家的整顿和治理。

通过玄武门之变登上帝位的李世民，面对的国家，并非是一派祥和，欣欣向荣，而是派系复杂，争锋不断，尤其是太子党遍布天下，很多反对势力蠢蠢欲动，甚至还发生了太子党阴谋叛乱的恶性事件，这让李世民根本无法正常执政。

一般按照一些霸气外露的统治者的搞法，就是强力镇压，把你打趴下了，你就服了。然而，采用暴力手段，虽然也能见效，但隐患重重。

因为，仇恨，只能制造新的仇恨，暴力，只能制造新的暴力。

聪明的李世民，想的就是不一样，他决定，转变战争思维，采取一种全新的方式来解决这个问题。其实这个方法很简单，说起来就两个字：和解。具体来说，他从以下几个方面采取了许多措施，来化敌为友，争取民心。

实行新政

其一，实施新政，令百官上书言事，为国家的发展献计献策，并停止佛教与道教改革。

新政，都是针对李渊的政策而言的，有很多，就不一一列举了，反正都关系到民众的切身利益。李世民宣布，以前不合理的，全部废除。

令百官言事，"备陈安人理国之要"，就意义更大了，因为平常的官僚系统，等级分明，各级官员即使有意见，也很难到达皇帝的手上，可是这一次，李世民愿意倾听大家的声音。让大家发表治国的高见，这对很多官员来说，是一个最好的展现机会，因为自己的意见可以直达天听，这不单单是个名誉问题，更是个实际问题。谁不想跟皇帝亲自写封信，展露一下自己非凡的才华，让皇帝刮目相看，连升三级？

这个政策，获得了整个官僚系统的普遍支持。

另外，在玄武门之变发生前的两个月，即武德九年（公元 626 年）四月，李渊听从傅奕的意见，开始淘汰和尚和道士。因为他们逃避国家税收，还不守戒律，并且影响社会治安，这样造成了很多问题，国家负担也重，所以李渊下诏，勒令他们全部还俗，京城只保留寺庙三所，道观两座，各州只保留寺庙和道观各一座，其他一律拆除。

就当时而言，这是个好政策，为了国家的长治久安，也必须这么做。可是全国上下的和尚道士，少说也有几十万人，这些人云游四方，关系盘根错节，如果他们趁机闹事，那可不是闹着玩的。

为了稳定局势，李世民下令，停止李渊的改革计划，一切恢复旧制。

这样，就首先稳住了这几十万人的人心，也赢得了最广泛的舆论支持，你要知道，散布在全国的几十万和尚道士都说你好，老百姓还不说你好吗？

其二，颁布大赦令，主动赦免东宫与齐王府的旧僚，包括所有的文官和武将，并真正落到实处。

在玄武门之变的第二天，之前带兵攻打玄武门的东宫翊卫车骑将军冯立和谢叔方，都自己跑了出来，投奔李世民。要带兵攻打秦王府的副护军薛万彻，跑到终南山后，躲了很久，也在李世民多次派人劝说之后，跑出来了，投奔李世民。

对于这些人，李世民不但不追究他们的责任，还大肆称赞他们是忠臣、是义士，并予以重用。

很多东宫、齐王府的旧僚，见李世民如此大度，如此宽宏大量，他们都放心了，纷纷前来投奔，毕竟老婆小孩还要吃饭，跟谁混都一样，只要能混就行。

这其中，有两个人最为耀眼——魏征和王珪。

王珪当时还在巂州流放，李世民主动将他召回，授予谏议大夫之职，这让他十分感动，开始尽心尽力为李世民办事。至于魏征魏大人，如果你说不认识，那肯定是你有问题，他是怎么来到李世民身边的，就有些传奇故事了。

据说魏征在李建成身边担任太子洗马的时候，经常劝说太子尽快铲除秦王，可是李建成一直没听。李建成死后，李世民便把魏征抓来，问他为何要挑拨他们兄弟的关系。

魏征不卑不亢地回答道："要是太子早听了我的话，就不会有今日之祸！"

安抚河北

听他这么回答，如果是心理素质不好的，肯定当时就把他拉下去砍了，可是李世民不这么做，反而对他十分器重，以礼相待，任命他为詹事主簿。魏征就更不用说了，他与王珪一样，同样十分感动，开始尽心尽力为李世民办事。不过让李世民想不到的是，魏征的到来，等于给自己安装上了一个监视器，时刻都在监视自己的一举一动，正是这种监视，成就了一段君臣斗智斗勇的千古美谈。

其三，派人出使河北，解决这个最烫手的问题。

河北一直不安宁，窦建德闹了刘黑闼闹，刘黑闼闹了李瑗又闹，李瑗闹了地方官又闹，总之闹得天翻地覆，源远流长。

当时河北地区的地方官，四处搜捕东宫与齐王府的人押送长安，搞得人心惶惶，到处成群结队想闹事。可以说，河北地区，是唐朝的一个方向标，河北不闹了，其他地方也不会闹了。

李渊让刚刚投靠的魏征出使河北，很多人并不同意，都说是放虎归山，李世民并不认同，他坚持起用魏征。

在玄武门之变发生一个月后，魏征就作为李世民的特使，带着使命前往河北，为了表示信任，李世民授予他便宜行事的特权，以便全权处理河北的各项事务。

魏征来到磁州，刚好碰到地方官抓着太子千牛李志安和齐王护军李思行押送长安，魏征连忙阻止，说了一大通道理，无非就是这种事绝不能继续再做了，说完，当场将李志安两人释放。

听说这个新闻后，李世民十分高兴，打心眼里觉得，这个魏征真的了不得，刚去河北就能够办成事。

很快，魏征就完美地完成了任务，河北地区安定下来，其他地方也渐渐安定下来了。虽然也有少数不和解的，比如左翊卫大将军李艺，曾率兵谋反，但镇压的部队还没到，他就被部下杀掉了，说明很不得人心。

为了进一步安抚太子和齐王旧属，李世民在登基两个月后，又下诏追封李建成为息王，谥曰隐，李元吉为海陵郡王，谥曰剌，一同以皇家之礼重新改葬，并把自己儿子赵王李福过继给李建成，作为他的新后代，以延续血脉。十多年后，李世民又追赠李建成为皇太子，算是对自己哥哥的彻底承认和反思。

安葬的那一天，魏征和王珪要求陪送灵车去墓地，李世民答应了，不但答应了，还命原东宫与齐王府的旧僚都去送葬。

李世民也去了，在宜秋门，他放声痛哭。有人说这是猫哭耗子，但我想，他是真的痛心了，毕竟，当时事情紧急，不得不为，如今几个月过去了，情绪也平静了，想法也不同了，所以他还是觉得心里十分愧疚，这也是为什么他一辈子都摆脱不了的真正原因。

连一个罪大恶极、十恶不赦的罪犯都有人性，何况是李世民？

经过一系列和解方案的实施，天下逐渐安定下来，争锋没有了，内耗没有了，下面要做的，就是如何一起来建设一个强大的大唐帝国。

李世民依然是领头羊，他的想法，将决定国家下一步往哪儿去，如何治理好这个因战乱而残破不堪的帝国。

一切都百废待举，李世民，将展现自己无与伦比的才华和卓尔不凡的魅力，迎接一个新时代的到来。

贞观之治，就像皇冠上的宝石，熠熠生辉。一千多年来，无论是谁，一说起它，都是无尽的怀念和无限的景仰，很多人都知道这回事，可是很少有人去细究，它到底是怎样炼成的？

治理国家，千头万绪，很多问题要安排，很多事情要处理，但不管怎么样，一般都分为三个阶段：

制定政策，具体实施，检验成效。

而政策制定方面，在李世民即位后不久，朝廷就展开了一场大讨论，讨论的要点就是，国家路线，用王道还是用霸道。①

为了这个事，魏征和封德彝还举行了辩论大赛。

国策之争

李世民首先引出话题，他先是大发感慨，说：天下大乱之后，恐怕治理起来短时间内难以见成效啊！

魏征不以为然，他说：不是这样，其实很容易治理，就像肚子饿的人容易

① 此次辩论时间，《贞观政要》记载为贞观七年，误，因为封德彝在贞观元年就死了，根据史料分析，应该在李世民刚刚即位后的数月间。

吃饱一样。

李世民表示怀疑，说能人治理国家，要实现天下大治，恐怕也要百年，况且现在是大乱之后，怎么可能很快实现？

魏征依然不以为然，他表示，这不过是平常人如此，但圣人治理天下，上下齐心协力，一年就能办到，三年，已经算晚的了。

为了让自己的论点更有说服力，魏征还用了个比喻，说“若圣哲施化，上下同心，人应如响”，只要你想实现天下大治，百姓就会像回声一样快速反应，说起来就像吹灰一样。

李世民虽然有些疑虑，但还是很赞同魏征的意见。这时，尚书右仆射，也就是宰相封德彝跳了出来，举牌反对。

封德彝的论点也十分明确，他反对魏征的做法，在他看来，自上古以来，人心日益恶化，秦代以法治国，汉代则王霸道杂用，都未能实现目标，魏征不过是个书呆子，要是听了他的话，国家就会混乱不堪，迟早完蛋。

封德彝主张加强统治，使用严刑峻法，他的这一主张，得到了很多人的附和。

对此，魏征予以严厉反驳，他认为，每一代有每一代解决问题的办法，大乱之后，必有大治，这样成功的例子也很多，比如黄帝、商汤、周成王等人。另外，如果自上古以来，人心不断恶化，那么现在的人都成鬼魅了，哪里还有人类？

魏征这人伶牙俐齿，读书也多，一通辩论下来，封德彝就理屈词穷了。封德彝虽然说不过魏征，但他心里并不服气，他依然觉得，照魏征的搞法，国家注定完蛋。他的意见，也代表大多数朝臣的意见，对于大乱之后必有大治这个观点，根本就不信。

其实，这两种说法就是两种路线，一种是王道，一种是霸道。王道，就是行仁政，霸道，就是高压政策，为什么封德彝要采取强力而魏征要行仁政呢？

很简单，封德彝代表的，是关陇军事贵族集团，这些人都是靠武力起家的，全都迷信武力，崇拜强权，在他们看来，治国也如同打仗，只有采取强力手段，才能稳定局势，实现目标。

而魏征呢，不属于关陇贵族集团，他是山东人，在乱世中挣扎的经验，让他对这个国家，有了深刻的认识，所以他主张放弃暴力手段，对老百姓采取怀柔政策，以人为本，顺应民心。

李世民虽然是关陇贵族，但他有着其他人没有的眼光和魄力，他最后决定，采用魏征的办法治理国家。事实证明，他的决策，是正确的。

数年之后，经过李世民的精心治理，国家终于呈现欣欣向荣的气象，“华夏安宁，远戎宾服”。李世民不禁感叹道：当初大家都劝我行霸道，唯独魏征劝我行王道，现在不过几年时间，就成就斐然，我能够实现今天的目标，都是魏征的功劳啊！

可见，这场大辩论对于贞观之治的形成，产生了深远的影响。正是魏征的坚持，力挽狂澜，让李世民相信仁政的力量，因为，顺应民心，才能获得民众的支持，才能真正办好事，否则，大家都没好日子过。

隋朝末年，人心思乱，因为大家都想改变现状，所以要推翻政府，而贞观初年，他们都想好好过日子，对于李世民这个新皇帝，他们也充满希望，所以愿意支持政府，这时候，是人心思治。

封德彝没看到这点，魏征却看到了。

为了将魏征的政策进行细化，李世民接连颁布了很多新的政策，主要体现在两个方面：开源节流，与民休息。

无为而治

开源节流，就是精兵简政，节省成本，发展生产，养鸡下蛋。

为了节省国家的财政开支，李世民在贞观二年（公元 628 年）开始合并州县，裁撤冗官，并精简机构，订立更加合理的制度，让民众自觉发挥他们的聪明才智，一起来建设国家。总而言之，就是“小政府，大社会”，当时的政府，小到什么地步呢？据史料记载，硕大一个帝国，中央文武官员，总计 643 人。

就这么一点人，恐怕现在连组成一个县政府都不够。

人多，并不一定能办成事，反而相互扯皮，到处踢皮球，还浪费粮食，所以李世民将战场上的精兵战略运用到行政上来。在他看来，官不在多，而在于精，由此，李世民建立了一个精干、廉能与高效的政府系统，有效地保证了各项政策的实施，并且大力减轻了民众的负担，不至于要出钱养一群不干好事、专门害人的蠢货。

以上是官僚系统。在其他方面，李世民也采取措施，节省开支，比如释放宫女，比如降封宗室，比如崇尚节俭，他的这些办法，就是为了减轻国家负担，让老百姓更加支持政府。

与民休息，就包括很多方面了，大致来说，就是抚民以静，发展经济。

这里关键就在于一个“静”字。静，有安静、静止的意思，不是不说话、站着不动，而是不能随便去烦老百姓，不扰民、不胡来、不折腾，像动不动就搞运动，胡作非为，那就不是抚民以静了。

千万不要盲目相信政府的力量，因为政府也是由人组成的，人本来就有弱点和贪欲，要相信民众的力量，因为他们代表大多数人的智慧，不要你多管闲事，他们自然就能够把事情办好。

所以说，无为而治，是最好的管理，道理也就在这里。

李世民制定的政策，都在“静”字上做文章，真正尊重了民众的创造性和主观能动性，放开手脚让他们去发挥自己的聪明才智。无为，而天下大治。

当时国家以农业为本，所以重视农业，重农政策就成了政策制定中的重中之重，这些政策，主要包括以下三点：

一、推行均田，奖励农耕，实行租庸调法和轻徭薄赋的减税政策。

二、兴修水利，劝课农桑，不夺农时，鼓励人人各尽其力，追求幸福生活。

三、设立义仓制度，储备粮食以备灾荒，并大力发展生产，增加人口的繁衍。

以上是农业。在其他方面，李世民同样也大有作为，比如减少死刑的执行，摒弃严刑峻法，收回死刑复核权，并以身作则，带头遵守法律，等等。这些方面，无不体现了以人为本的宗旨。所以贞观时期，政府非常尊重百姓，处处体现了“民为邦本，本固邦宁”的精神，贪官污吏、巧夺豪取之人非常少，老百姓总算过上了好日子，这就是仁政的力量。

其实，仁政说白了，就是尊重人权，制定任何政策，都以人为本，考虑到人民群众的切身利益，为他们解决实际问题。

顺民心、合时宜的政策，让贞观之治的实现，真正成为可能，而以人为本，正是它的核心价值观。

以前有句广告词，我一直印象深刻——科技以人为本。而李世民，也同样做到了以人为本，他这里不是科技，而是治国，即所谓治国以人为本。

以人为本，就是国家不管是制定政策还是做任何事，都应该以人为根本，坚持以人为中心和最根本的出发点，一切为了人，一切依靠人。“民为贵，社稷次之，君为轻”，正是这一精神的集中体现。

李世民正是遵循这一思想，始终坚持以人为本的治国理念，不管任何时候，都首先考虑老百姓的利益，重视他们的需求，贴近百姓，制定出人性化的政策，真正做到了尊重人、理解人和关心人，始终保持与人民群众的血肉联系，处处闪现着人性的光辉。

说两件事，你就知道李世民是如何努力实践这个治国思想的。

尊重人权

第一件，死刑复核。

李世民认为，若真要百姓过上好生活，就必须重视人权，而基本的人权就是生命权，这其中，涉及司法制度的完善。

一个人的死，加快了死刑复核制度的推行。

有一个叫李好德的河内人，得了精神病，成天胡言乱语，口出妖言，也就是动不动就高喊反动口号，依法，这是死罪，朝廷下诏调查审理。大理丞张蕴古奏称，这人是精神病，按律可以免除刑责。

李世民同意了，张蕴古很高兴，赶紧跑到监狱偷偷地把这个消息告诉李好德，还跟他一起下棋。结果，这个不寻常的举动，引起了别人的注意。

治书侍御史权万纪告发张蕴古，说他包庇纵容、徇私枉法，原因是他跟李好德很熟，而李好德的老哥是相州刺史，而张蕴古的老家就在相州，这么做只是为了讨好李好德而已。

什么？徇私枉法，泄露机密，这还了得？执法犯法，那就去死吧！李世民最恨这种人，怒气冲天的他，立即下令将张蕴古斩于闹市。

杀了张蕴古后，李世民就后悔了。

张蕴古是前幽州记室，曾经上过一篇名为《大宝箴》的文章，大意就是：虽以一人治天下，但不能以天下奉一人；虽有别墅万间，住的不过是一小片地方；虽有山珍海味成堆，吃的不过是几样而已。但有人依然大修瑶台琼楼，把酒糟堆成山，把美酒灌成池，这是想干什么？这是狂妄自大！这么好的建议李世民自然乐意接受，还下令嘉奖，赐以束帛，擢升他为大理丞。没想到现在就为这点事情他竟然被杀，说起来谁都不服。

幸好李世民不久就后悔了，意识到自己因一时冲动铸成大错。李世民对房玄龄进行了一番忏悔后，认为自己过于武断和草率了，于是下诏：自今以后凡是判处死刑的，即使是立即执行，均需三复奏，进行死刑复核。

李世民说死刑关系重大，所以必须三复奏方可执行，就是希望能减少误杀。不过处决犯人时，他心里也不好受，常常为此不吃酒肉。到年底时李世民又正式下令：已判处死刑的必须在两日内五复奏，地方上也要三复奏；行刑之日，尚食局不得进酒肉，内教坊及太常寺不得奏乐，一律由门下省监察；如果有据法当死但情有可原的，也应特别报告。

这项死刑复核制度推行下去，还真的救了不少人，避免了很多冤假错案，这也是李世民对人权的重视与尊重的表现。

张蕴古的冤死，换来了很多人的重生，“自是，全活者甚众”，可见他的死，还是很有意义的。

第二件，释放死囚。

李世民不但改革司法制度，还自己亲自实践，每月都听取刑部的报告，并且每年还跑到监狱亲自去过问死囚的真实情况，即所谓的“录囚”。这样做很有意义，一来可以检查司法的实施情况，二来可以给死囚喊冤的机会，因为只要他们当着李世民的面喊冤，这起案件就必须重新审理。

有一年要过年了，李世民又跑来长安的监狱“录囚”，这一次他不是来听人喊冤，而是顿生怜悯之心，对监狱实施人性化管理，把死刑犯全部释放回家，让他们与亲人团聚，过一个好年。当然这只是取保候审而已，李世民还与他们有一个君子协定，约定秋后要回来执行死刑。这些人真的会自己乖乖跑回来送死吗？

终于到了秋后问斩的时候，树木萧瑟，黄叶纷飞，该是死囚诀别的时候了，去年李世民放回去的三百九十名死囚，居然一个不落地全跑回来了，而且无人监督，此事堪称奇迹。

李世民很感动，也觉得这些人讲信誉，就每人给了一个大“红包”，全部免罪释放。这可真让他们乐坏了，幸好没跑，不然还不知在哪儿逃难呢。

这起“纵囚事件”，在历史上非常有名，这是一个典型的双赢的故事，也是李世民悲悯情怀的一次充分展现，因为他既尊重了生命，又顺应了人心。我想，也只有李世民才有如此的包容与自信。

封德彝

以心感人人心归，双方的信任，才是真正的和谐。

“怨女三千出后宫，四百囚徒来归狱”，一百多年后的白居易，怀着对李世民的敬仰与感激之情，写下了这句诗。这是一个奇迹，也是一幕悲喜剧，但处处闪耀着人性的光辉。

以人为本，李世民不是做影帝只会说，他还落实到行动中，告诉所有的人，我是这么说的，也是这么做的。

国家的整体政策制定了，下一步就是具体实施，而要有效地实施这些政策，就牵涉到一个管理学的问题——执行力。为了保证新政策的良好推行，李世民开始启用新的执政团队。

俗话说，一朝天子一朝臣，李世民自然也不例外，他要实现自己的远大理想，自然要用自己的人。

自己的人，主要就是原来秦王府的人。而李世民刚即位时，朝廷之上，占据中枢的，大多为武德旧臣，可是为了顾忌太上皇李渊的面子，李世民也不好一上台就全部罢免这些老臣，而是慢慢处理。

很快，就有人为李世民解决了这个难题，这个人，就是封德彝。

封德彝，在我们的印象中，是个大胡子老头，阴险狡诈，老奸巨猾，眼珠子一转，一个害人的诡计就蹦出来了。

其实封德彝并没有这样坏，很多历史学家考证，他是被许敬宗写坏了，因为许敬宗的老爸许善心被杀时，许敬宗见死不救，苟且偷生，被封德彝揭露，他怀恨在心，所以在修《武德实录》和《贞观实录》时，许敬宗借修史之便，挟私报复，"盛加其罪恶"，把封德彝彻底妖魔化。而后来的史书，大多以此为基础，这就导致谬种流传至今了。

历史上真实的封德彝，我认为根本就没这么坏，他是一个很有能力的人。年轻的时候就被隋朝首相杨素看中，说他迟早是要做宰相的人，事实也如此，后来他投奔李渊，也是很快就做到宰相。

李渊阅人无数，十分精明，如果封德彝人品、能力很差，绝对不会让他做宰相。虽然在玄武门之变中，他鼠首两端，既讨好李建成，又讨好李世民，但如果抛开道德色彩来说，他这种做法，并无大错，毕竟当时谁也不知道最后谁能够取得胜利，现在我们似乎洞若观火，但那不过是事后诸葛亮。

当然，我们也不能走极端，说有人污蔑封德彝，那他就是个完美无缺的人，事实上，封德彝也有不少缺点，比如见风使舵、耍心计就是他的独门绝技。

封德彝一生颠沛流离，但混得并不差，就与这个独门绝技有关。他很能揣摩人心，投其所好，搞得你心里相当舒服，让你重用他，说他是投机高手，一点都不过分。

对李世民，他也同样如此。玄武门之变后，他很快就靠了上来，向李世民表了忠心，李世民马上升了他的官，由中书令升为尚书右仆射，为首席宰相，而萧瑀，为尚书左仆射，副首相。

因为怕萧瑀揭露自己当初支持李建成的事实，封德彝开始排挤萧瑀，他首先挑拨萧瑀与房、杜之间的矛盾，然后又给萧瑀下套子。

每次不管什么事，封德彝都先和萧瑀商量好，然后去见李世民，但见到李世民后，封德彝又通通否认，站到房、杜等人一边，搞得萧瑀非常被动。心高气傲的萧瑀，愤愤不平，马上就写了密奏辩护，言辞十分激烈，有没有骂人不知道，但把李世民给惹怒了。没过多久，萧瑀就被罢免宰相之职，同时被罢免的，还有陈叔达。

陈叔达也是朝中重臣，在李渊时期就是宰相，可是有封德彝从中挑拨，加之萧瑀这人好冲动，气不过就经常把气撒在陈叔达身上，两人经常吵架，甚至在李世民面前，还大吵大闹。

贬斥旧臣

李世民很恼火，就把陈叔达和萧瑀一并罢免了，只剩下一个封德彝。而封德彝呢，因为年纪太大，加之心情一直也不好，在贞观元年（公元 627 年）六月份，忽然就死了。

据说封德彝当时在尚书省，本来好好的，突然间就得了病，只好躺在尚书省。李世民听说后，赶紧跑来看望，并下令让尚辇——也就是皇帝专用的步辇送他回家，回家后封德彝很快就死了。

虽然后来萧瑀和陈叔达也先后被起用，但一个半年后又被罢免，一个不大管事。可以说，贞观的舞台，已经不属于他们了。

还有两个人，也是武德时期的著名老臣——宇文士及和裴寂。

宇文士及本来与李世民关系密切，我们不去管他，重点就是裴寂，他是李渊的死党和李渊集团最核心的成员，他的存在，对于李世民而言，是个巨大的威胁。

为了赶走裴寂，李世民开始找茬。

其实在刚即位不久，李世民还是找了裴寂谈话的，希望他能够脑筋急转弯，效忠于他。可是裴寂死脑筋，还是想着他的太上皇，这让李世民十分失望。李世民决定，收拾裴寂。

贞观三年（公元 629 年）初，有个名叫法雅的和尚，起先因受宠出入两宫，专门从事一些迷信活动，后来李世民颁布禁令，禁止他入宫，于是法雅心怀不满，口出妖言，散布歪门邪说，被左骁卫将军马三宝告发[①]，定罪处死。

处死前，李世民让杜如晦前去审理，法雅说裴寂知道此事，杜如晦去问裴寂，裴寂否认，但法雅坚持说他知道，于是李世民借着这个理由，将裴寂免官，并削去一半封邑，将他遣送回家。

裴寂不想回去，想留在京城养老，赖着不走。李世民正愁找不到机会奚落裴寂。他不但处罚了管事的长安令，还当面斥责裴寂，说：你的功劳与职务极不相称，论功劳，你不应该做到第一，只是因为受宠信这才位居第一，武德年间，朝纲不济，都是你的责任。我不过是念及旧情，没有杀你，让你回家乡祭扫坟墓，还有什么挑三拣四的？

意思很明白，快滚，有多远滚多远！

裴寂见李世民如此愤怒，自己知道已经把他得罪了，无可挽回，无奈之下，他只好闷闷不乐地回到家乡蒲州。

没过多久，就有人告发裴寂谋反，而告发他的人，正是裴寂的家奴恭命。

李世民大怒，准备杀了他。其实，这是一起诬告。

当初在蒲州汾阴，有个叫信行的狂人，经常疯言疯语，胡说八道，有一次，他对裴寂的家童说：裴公有天分啊！

有天分，其实就是说你要做皇帝了，说这种话，不过是找死，典型的谋反言论。家奴恭命将此事告知裴寂，裴寂害怕了，他惶恐不安，不敢上报。

恐惧中的裴寂，做出了一个错误的决定，他决定，杀死说这话的人，当时信行已经死了，那就把传这些话的人也干掉。

恭命领命而去，可惜这人不地道，根本就不与裴寂一条心，他私自放了要杀的人。没过多久，裴寂又派他去自己封地收税，哪想到这家伙收了一百多万，自己全花了，这事惹恼了裴寂，派人来抓他。

这次轮到恭命恐惧了，恐惧中的恭命，干脆一不做二不休，跑到朝廷，告发裴寂谋反。

---

① 《册府元龟》："马三宝为太子监门，率领平道军，将帝嗣位，有沙门法雅谋为妖逆，三宝知而奏之，法雅竟坐诛，于是拜大将军，赐帛五百匹，进爵为公。"

裴寂之死

很明显，这是诬告，可是李世民居然相信了，他要杀了裴寂，还说裴寂有四条死罪，可以死四回。可是朝议时，大伙都建议流放，毕竟这是前朝首相，太上皇还坐在那里，再怎么都要给点面子。

李世民也是气头上，等气消了，冷静下来后，也就听从了大伙的建议，将裴寂流放静州。

静州在今天广西昭平一带，路途遥远，是不毛之地，被贬斥的裴寂，只好带着家童上路了。一路上，他或许又想起了在进军长安的路上与李世民的种种争执，又想起了枉杀刘文静的残酷，又想起了李渊给予他“贵震当世”的殊荣，但他怎么也想不到的是，自己，将走向绝路。

没过多久，他碰到了一伙山贼叛乱。消息传到京城，有人说造反的山贼劫持了裴寂做山大王。对于这种荒诞的事，李世民根本不信，他认为，国家对裴寂有恩，他定不会这样。

果然没过多久，就传来裴寂带领家童打败山贼的消息。这时候，李世民突然间又动了恻隐之心，念及他的功劳，或许是李渊的劝说起了作用，于是他又下诏，征召裴寂入朝，可是诏书还在路上，裴寂就已经死了，怎么死的不知道，反正是死了。

一代名臣、唐朝的开国元勋裴寂，就这样死在一个不为人知的小地方。或许，他是郁闷而死，或许，他是染病身亡，或许，他是自杀毙命，但不管怎么样，人世间的一切荣华富贵，悲喜哀乐，都与他无关了，因为，他已经死了。

我不敢说，李世民整裴寂，完全就是为死去的刘文静报仇，但我想，刘文静之死，正是裴寂为自己的人生挖下的一个巨大火坑，最后，他被李世民推了下去。

还记得，在一年前，李世民在南郊祭祀，让裴寂与长孙无忌一起乘坐金辂车，这是大臣的最高荣宠，裴寂辞让。李世民还对裴寂说：你有佐命之勋，无忌尽忠于我，除了你们二位，还能有谁？可是仅仅一年后，他就落到如此下场，不能不让人感叹人心之难测、命运之多舛。

有意思的是，裴寂有个儿子，叫裴律师，注意，他不是做律师的，而是名字就叫裴律师。裴律师还是李世民的妹夫，娶了临海长公主为妻，官至汴州刺史。而裴寂的孙子裴承先，在武则天时期，任殿中监，为酷吏所杀。

三代人，都在朝廷里混，下场各异，实在让人感慨权力的多变，它可以让你位极人臣，也可以让你死于非命，可是虽然如此，很多人，还是忘记了它的危险，只记得它的好处。

权力，总是让人疯狂。

裴寂死了，封德彝亡了，萧瑀走了，陈叔达怂了，宇文士及合作了，至此，武德老臣基本都被李世民清扫一空，以房玄龄、杜如晦、长孙无忌等人为代表的新团队，开始发挥作用，他们将忠心耿耿、励精图治地完成李世民的每一项新任务。李世民的政策，得到了最完美的执行。

新团队，主要就是玄武门之变的功臣，对于这些人，李世民毫不吝啬，该升官的升官，该给钱的给钱，赏赐多多，皆大欢喜。比如程咬金，就被封为太子右卫率，很快又被封为右武卫大将军，不但食实封七百户，还赐绢六千匹，黄金装饰的骏马两匹，并且还赏了一大堆金碗、金刀、金瓶这样的贵重物品，并加上柱国。

可以说，程咬金不但当了大官，也发了。

这点李世民比很多人要强，他知道要想马跑而又不让马吃草这种事是没有的，人都是利益化动物，不给好处，谁干？

在用人方面，李世民也不徇私情，只讲能力，并且唯才是任，与曹操的唯才是举有异曲同工之妙。更为重要的是，李世民重用原东宫官属，以前李建成的部下，他都能够不计前嫌，委以重任，除了魏征、王珪、韦挺这些知名人物，还有一些不知名人物，都先后加入了他的新政府，为人民服务。

这非常难得，李世民心胸广阔，气度非凡，不但充实了人才，也化解了怨恨，团结了全国的大多数人，赢得了民心。

这是总的人才战略，具体怎么用，则更有学问了。李世民大量提拔新的人才，并让属下不断举荐，然后量才授用，再发挥每个人的优势，扬长避短，把最合适的人，放到最合适的岗位上，这就是李世民的具体工作方法，即所谓“君子用人如器，各取所长”。

李世民很重视人才的发现工作。有一次，他让宰相封德彝举荐人才，可是很长时间，没见一个人。李世民很奇怪，问封德彝是怎么回事。封德彝说：不是我不尽力，而是实在没有奇才啊！

招揽人才

李世民当即予以反驳，告诉封德彝：不是没有人才，而是你没有去发现和物色人才。说得封德彝十分惭愧。

李世民很早就认识到，金无足赤，人无完人，人都有优点和缺点，关键是你要舍短取长，绝不能用求全责备的眼光来看人，要充分发挥每个人的长处，让他们各尽其用，各尽其长。

比如房、杜二人，他们不善处理琐事，但多谋善断是其优势，李世民就让他们做宰相，处理大事，发挥其相才。再比如戴胄，出身寒微，“无学术”，不通文史，但秉公执法，铁面无私，李世民就让他做“最高法院副院长”——大理少卿，结果戴胄工作十分出色，成为一代名臣。

为了让选人制度化和规范化，李世民还大开科举取士，完善科举制度，给真才实学之人一条晋升之道，让社会上下层能够有序流动。甚至为了照顾山东人士，他还搞人性化设计，设立“东选”，让他们直接在洛阳就近考试，不必车马劳顿，远涉长安了。

为了更多地发现人才，李世民广开才路，不管你是谁，也不管你的出身，只要你有才，你就来！他甚至从民间选擢人才，平民宰相马周就是其中的优秀代表。马周既无背景，又无后台，不过是个籍籍无名的落魄书生，就因为一篇文章，侥幸被李世民看上，最后官至中书令，成为最富传奇色彩的宰相。

当然，对于德才兼备的贤才，李世民更是喜爱有加，并以此作为选择人才的最高标准，这让贞观一朝的人才，不但水平高，而且道德好，他们也做出了不平凡的业绩，可谓是“能安天下者，惟在用得贤才”。

另外，李世民不但用国内的人才，他还有国际视野，国外的人才，他也用，并且汉夷并用，一视同仁。正因为李世民重视人才，知人善任，还能够对人推心置腹，以诚相待，且有容人之量，所以他执政时期，人才济济，人才辈出，形成了“贤人在位众多”的良好局面。

李世民不但善于发现人才，还很会驾驭人才，他真正做到了疑人不用，用人不疑，并且采取了绩效管理的方法来考核官员。对功臣，他也诚心相待，从不胡乱杀戮。对谗言，他更是避而远之，亲贤臣而远小人，当年诸葛亮的理想，他基本做到了。而在纳谏方面，李世民更是到达旷古绝今的至高境界，这点我们以后再细说。

在李世民的精心打造下，一支廉洁奉公、专心为民、办事效率极高的执政团队，终于正式建立。他们的存在，为贞观之治的实现，奠定了坚实的人才基础。

凡事都在于用人，人才，是一切事业的第一要务，李世民深刻认识到这点，这才有了万世称颂的伟大成就。

人才是第一生产力，李世民能够取得如此伟大的成就，与他手下人才济济有着密切的关系。要不是这么多人鞠躬尽瘁、死而后已地付出，就绝对没有贞观之治，所以说，他们都是永垂后世的功臣。这里面，不但有魏征、房玄龄、杜如晦、长孙无忌、李靖、李世勣这样的超级大名人，还有像岑文本、高士廉、杨师道、郭孝恪、马周、戴胄这样不是特别出名的人物，甚至还有些人连史书上都没留下一个名字，但他们全都兢兢业业，任劳任怨，力求把每项工作做到最好，不谋私利，真正实现了为人民服务。

下面我要说两个人，一文一武，他们就是其中的优秀代表，他们不是超级大名人，但在李世民心目中，却有着非同一般的地位。

他们的名字，一个叫李大亮，一个叫萧瑀。

先说萧瑀，萧瑀性格孤僻，耿直异常，朝中许多人都跟他合不来，但他一向直言敢谏，与李世民的关系，非常具有戏剧性。

第七章 贞观之治

这就是贞观之治，与汉代的文景之治相媲美的又一个黄金时代，这是中国人的骄傲，也是人类的骄傲。因为，当时世界上，其他地区的人，充其量不过是野蛮人；而我们中国人，早已扬眉吐气地傲立在世界东方。

萧瑀

萧瑀，字时文，南朝梁明帝之子，隋炀帝杨广老婆萧后的亲弟弟。萧瑀九岁时就被封为新安王，他小时候是个孝顺的孩子，后来姐姐成为晋王妃后，他跟随姐姐一起来到长安。因为从小受过良好的教育，萧瑀不但学识渊博，文章写得好，还形成了耿直的性格，鄙视浮华。他有个最大的爱好，就是喜爱佛学，这源于家族的影响，因为萧梁皇室自梁武帝萧衍开始，就以奉佛传家，萧瑀作为梁氏后人，自然也是“好释氏，常修梵行”。他虽然没有出家，但对于佛学的挚爱，伴随了他的一生。

杨广阴谋夺嫡成为太子，他被授予太子右千牛；杨广做了皇帝，他这个小舅子也跟着升官，迁尚衣奉御、检校左翊卫鹰扬郎将。

萧瑀性情古怪，得了病也不叫医生，却大发怪论，说：要是老天让我多活几年，就有隐居的资本了。这话让萧后听到了，萧后很不高兴，责备说：依你的才智足以显亲扬名，怎么能自甘堕落去隐什么居？你时常这样胡言乱语，是要惹祸的。他想来想去，觉得有点儿戏，不但同意治病，还在姐姐的勉励下继续做官，立志干出一番事业。

不久，他就累加银青光禄大夫、内史侍郎，算是做到了"国务院副总理"。杨广也看重他，加之又是小舅子，就委以机务，可他不同于阿谀逢迎的虞世基，"性鲠急，端正鲠亮"才是他的特色，正是由于耿直的性格，看不惯杨广的一些胡作非为，渐渐地，他被冷落了。

大业十一年(公元615年)八月，杨广北巡塞北，不料在雁门关被始毕可汗几十万骑兵围了起来，雁门四十一城三十九座被破，岌岌可危。正当苏威、宇文述、樊子盖他们为如何突围争论不休时，萧瑀站了出来，认为与其来硬的还不如来软的。他的意见是效仿当年刘邦解围的办法，直接与始毕可汗的老婆义成公主联络，让她出面要始毕撤兵，另外宣布不打高句丽，专打突厥，如此一来，"则众心皆安，人自为战矣"。

无计可施的杨广，听从了他的建议，在募兵勤王的同时，派人求救于义成公主。义成公主本来就是杨广的亲戚，肯定也念点手足之情，于是向始毕传信，说"北边有急"。

始毕可汗见杨广的援军源源不断地开来，也知道占不到什么便宜，便撤军走人了。

杨广虚惊一场！可就是这个救了杨广命的主意，却给萧瑀带来了意外之祸。杨广回到洛阳后出尔反尔，又要征高句丽，萧瑀自然强烈抗议，杨广也顾不得什么小舅子了，把他贬为河池郡守。

到河池可不是去享福，迎接他的，是当地的山贼作乱。这伙人都是强人，地方官拿他们一点办法都没有。萧瑀来了，他有办法，召集勇士，用了点孙子兵法，一战就将山贼打了个落花流水，"并降其众"。

为鼓舞士气，他从不吝啬，所获财畜，只要有功的，人皆有份。人为财死，鸟为食亡，人人拼死杀敌，以至于西秦霸王薛举带了数万人前来挑衅都被他带兵击退，自此以后，"诸贼莫敢进，郡中复安"。

既然有这么好的业绩，自然有人看重，当李渊攻克长安后，封官晋爵的聘书就来了。他本来对杨广就不抱希望，于是以郡降唐，被授光禄大夫、封宋国公、拜民部尚书。武德元年（公元618年）又迁内史令，当上了宰相。

当时军国草创，天下还未统一，有许多政务需要处理，李渊引萧瑀为心腹，军国大事都要与他商量，为了表示信赖，李渊每次临轩听政不但与他一同坐在御榻上，还亲切地叫他萧郎，可见对其恩宠无比。凡是国典朝仪李渊都责成于萧瑀，而萧瑀也不负所托，鞠躬尽瘁，孜孜自勉，工作做得有声有色。可他有一个后遗症：人人都怕他！这缘于他还是一个“愤青”，不管是工作失误还是错误，他都会及时站出来质疑加炮轰，而且十分严厉。这引发许多人的不满，攻击他的人不计其数，但他依然我行我素，从不为自己辩解。

个性

人际关系没处理好，让充分信任萧瑀的顶头上司李渊也有了误解。一次，因为有敕书在中书省没有及时下发执行，李渊怪他办事不力。他没有争辩，而是讲道理，理由是大业年间政令前后矛盾，让有关部门无所适从，如今王业刚刚开创，政令的执行关系到社稷安危，所以不得不谨慎从事，每一道敕令都要仔细审核，一定要做到和以前的不相矛盾才敢下发下去。

李渊意识到错怪萧瑀了，大赞道：“卿能用心若此，我有何忧！”皇帝一高兴，好事就会来，萧瑀提的一些建设性意见经常被采纳，李渊还特意下手诏说：你的意见有利于国家，特赐黄金一函以资奖励。萧瑀固辞，李渊居然不同意，硬是要把这堆金子赏给他。可淡泊名利一直是他的追求，当初归顺时，他就将关内产业都送给李渊赏赐功臣，到现在又物归原主，他自己除了留一座庙堂祭祀祖先，其余的又全都送给别人。

虽然心地善良，但萧瑀有个毛病：好斗！并且经常是斗得难解难分，不留情面。他还是个很讲原则的人，而他的原则是眼里容不得沙子。年轻时他就和刘孝标斗。刘孝标是个大文豪，曾经洋洋洒洒写下一篇谈理想、谈人生的奇文——《辩命论》，几十年都没人辩得过他。

萧瑀不信这个邪，就跟你反着来，提笔写下《非辩命论》，将刘孝标驳得灰头灰脸，连当时晋王府的通儒柳顾言、诸葛颖两位学士都大发感叹：你小子算是点到刘孝标的死穴了。

在杨广手下当差，他跟姐夫斗，结果被疏远；到了唐朝，他照样战斗不已，尤其是与太史令傅弈的超级 PK，更是让人瞠目结舌。

武德七年（公元 624 年），反佛斗士傅弈接连上疏要求废佛，李渊随即召集大臣讨论。萧瑀与傅弈各自引经据典进行针锋相对的辩论，没想到傅弈口才比他还好，驳得他没话说了，但他也毫不示弱，双手合掌道："地狱正是为你这样的人所设啊！"

李世民上台后，开明的政治风气更为他的好斗行为开了绿灯，但结果却不怎么讨好，甚至发展到直接跟李世民斗，最后落了个碰一鼻子灰的"悲惨下场"。

他性格十分固执，斤斤计较是他的嗜好，一根筋是他的标签。朝中大臣就没有几个他看得惯的，房玄龄、杜如晦、魏征、李靖、温彦博、陈叔达这些声名显赫的重臣他都视作对手，这其中或许还有个原因：他曾经受伤了，而这个伤害他的人，却是他的朋友。

因为很器重封德彝的才干，他向李渊大力推荐，终于让平时只能秀秀"秘策"的封德彝当上了中书令。到了李世民当皇帝，他和封德彝就成了尚书省左右仆射，成了李世民的左右手。可就是这个狡猾的封德彝，不感恩不报德，反而翅膀硬了就对着干，总想着把他挤走，有时两人商量好的事情，到了李世民面前，封老头却自作主张，说的完全不一样。于是，昔日的好友，成了仇人。

从这以后，他似乎就看谁都不像好人，连享有"房谋杜断"这样良好声誉的房玄龄和杜如晦，他都要来找茬。因为封德彝会忽悠人，也会见风使舵，而萧瑀性格倔傲，所以房杜二人就与封老头走得近而疏远他。

这让他心里更加不爽，不管做什么事都似乎要拿显微镜看人，房杜只要稍有过错，他就会上奏斥责，并且言辞激烈，尖酸刻薄，搞得李世民都很难受。毕竟这两位身份不一般，再怎么说也要留点面子吧。可他不管不顾，终于惹怒了李世民，让他回家好好待着，面壁思过。

死磕

李世民觉得萧瑀反省完了，又拜他为特进、太子少师，没多久官复原职，赐实封六百户。

按说应该收敛了点吧？没有，他不但不改正缺点，反而变本加厉，脾气更大，甚至跑到李世民面前与侍中陈叔达大吵大闹，搞得“声色甚厉”，一点都不把皇帝放在眼里。

李世民只能摇头苦笑，只好又以不敬之罪免了他的官。

在这期间，他还让李世民下了一个决心，当时李世民问他怎么才能长保社稷？他的回答是实行封建制，还举了秦汉魏晋这些例子来说明。李世民采纳了这个建议，虽然后来施行受阻，还是以郡县制为主，但这是后话。

即使被免官，但李世民是不可能忘记他的，这次又是让他反省而已。没过多久，又起用他为晋州都督，随后拜太常卿，迁御史大夫，参预朝政。

他又坐在了宰相的位子上，开始兢兢业业地工作。他聪明善辩，参议朝政时，与李靖相反，他话是最多的，争辩起来，连房玄龄都只能甘拜下风。可是李世民却时常不怎么听他的，意见多不被采纳，这搞得他很郁闷，老毛病又犯了，天天发扬查岗精神，不辞劳苦地“揭发”同事，只要别人有一点不如他意，他必定予以驳斥，上纲上线。房玄龄、魏征、温彦博有点小过错，他就“痛劾”，恨不得置他们于死地。连居功至伟、打了大胜仗的李靖都不能幸免，居然被他控告治军无方。

这么偏激，与谁都难相处，李世民当然不会理睬这样的疯狂行为，于是又罢了他的官。

他心里依然愤愤不平，总跟房玄龄、魏征这些皇帝身边的红人作对。人际关系搞不好，肯定没好果子吃，但他从不畏惧，也口无遮言，结果是可以预料的，只能回家卖红薯了。

其后，他虽然也干上了太子少傅、太常卿、河南道巡省大使，但多是“闲官”，帝国发生的一切，都似乎与他无关了。

贞观九年（公元635年），李世民还是不“放”过他，又拜他为特进，复令参预政事。几经沉浮，他又回到了皇帝的身边，不知道此时的他，是否会把处处扎人的性格收敛一点？

他的回答是：我就是我，我的地盘，我做主！或许，他就是这样一个固执的人，你想要他改变，除非海枯石烂。

一生最荣光的时刻到来了，贞观十七年（公元643年），他与长孙无忌等二十四人被精心描画的“艺术照”挂上了凌烟阁，他登上了帝国荣誉的最顶峰！而就在其后不久，更重要的任务来了，他要去做太子的师傅。当时李治被立为皇太子，为了能培养出一个合格的储君，李世民可谓下了血本，不但自己手把手地教，还将帝国最好的精英都调来一起帮忙。

萧瑀这样有知识有品格的人才，自然不能忽视，他被拜为太子太保、同中书门下三品。为表示尊重，李世民还下诏说师傅去见太子，太子要出门迎拜；进门时要让师傅先进，坐也让师傅先坐；并且写信时，太子要在前后写上自己的名字，加上惶恐二字，以示谦卑和尊重。

偏执

李世民征高句丽，因为洛阳重要，特意任命萧瑀为洛阳宫留守，以守卫大后方，回来后还特别送了一尊绣佛像给他，让他安心修炼佛法。最让人感动的是，李世民居然还把他的像绣在佛像一侧，以为供养之容。另外还赐王褒写的《大品般若经》一部，并赐袈裟一件，让他在讲诵佛法时也穿得更风光些。

有这么高的礼遇，照说应该感恩戴德了，可萧瑀不满足，还有事没事地发发癫，直至发展到公开指责房玄龄朋党盗权、图谋不轨的地步，甚至警告李世民，说：房玄龄他们一伙结党营私你却不知情，只是尚未谋反罢了！这下李世民不干了，如果房玄龄都谋反，那还会有谁不谋反？对于这种荒诞言论，李世民予以严厉驳斥："你太过分了吧！知臣莫若君，人不可能十全十美，用人就应当推心置腹，舍其所短，取其所长，朕虽不聪明，但何至于糊涂到这等地步！"

由此，萧瑀心里很不舒服，屡次冒犯皇帝。李世民虽然也有些耿耿于怀，但念他忠直，也就一直不忍罢黜。直到有一次，为了做和尚的事，李世民实在忍不住了。

事情是这样的，李世民曾经问张亮：你这么敬奉佛祖，怎么不出家？萧瑀却在一旁起哄，说：我想出家当和尚。李世民表示：我知道你向来喜好佛门，你就去吧！可一转身，萧瑀又有点小孩子气，说：想了一下还是不去了。

什么意思，把我当猴耍？李世民对这种说话出尔反尔的行为大为不满。后来又碰巧赶上萧瑀请假，说脚有毛病不能上朝，可有时上了朝却又不来看李世民，这让李世民更加不爽，什么意思，藐视我的存在？

李世民彻底爆发了，亲下手诏数落他的"罪过"，文章很长，就不一一叙述了，大意是：信佛得不偿失，萧瑀执迷不悟，是非不分，没有宰相器量。朕忍到今天他却一直不悔改，去商州当刺史吧，爵位免除。

几起几落，萧瑀算是看透了这世间的心酸困苦，只是当他走在去商州的路上，回望长安的那一刻，是否还记得当年李世民对他的赞誉呢？

当时李世民说：武德六年（公元 623 年）后，高祖就有废太子建成的意思，但一直犹豫不决，我不为兄弟所容，实在是有一种功高不赏的恐惧；而萧瑀这个人不受利益诱惑，不怕死亡威胁，真是国家的栋梁。这些李世民自然记得，尤其是在玄武门之变的关键时刻，萧瑀说服李渊交权，他一直心存感激。

公开赞美还不算，李世民还特意赐诗给他，其中有一句很有名："疾风知劲草，板荡识诚臣。"当然，捧得高了，还是要压压的，出于爱护，李世民又提醒说：你忠心耿直古人都赶不上，可是你善恶太过分明，有时就难免出差错了。

萧瑀叩头致谢，动情地说：我一定记住你的话，你能容忍我这样的个性，就是到死我也会坚持。魏征插上一句，说：萧瑀总是和大臣对着干，孤立无援，也只有陛下能理解他，如果不是遇到圣明天子，恐怕连自保都难。

只是谁也想不到，他的坚持，近乎偏执，最后把人都得罪完了。

八叶宰相

为人耿直是一大美德，可如果到了吹毛求疵的地步，就走火入魔了，必定与社会格格不入。凡事追求完美的性格，让萧瑀有了这个嗜好，只是为了自己的理想，他付出太多，他太累了。

或许，他最好去研习自己的佛经。因为，那里才是他的净土，他需要心灵的宁静。

虽然给了惩罚，李世民始终还是记得他的，不久又授予他金紫光禄大夫，复封宋国公，加特进。可是身体已经不再允许萧瑀"疾恶如仇"了，他这炉火就快要熄灭了。这个酷热的夏天，在陪李世民从幸玉华宫避暑时，他得了病，溘然长逝，享年七十四岁，而他的遗愿只有一个：薄葬。他要求子女，自己死后就只穿一件单衣，棺内只放一床单席，不要其他陪葬，只求速朽。到死，他还遵循佛家简便的丧葬程序，着实令人感佩。

这就是信仰的力量，可以超越一切，乃至影响你的一生。

不单如此，萧瑀还有一个好儿媳。萧瑀的儿子萧锐继承了父亲的爵位，前后担任太常卿、汾州刺史，并娶了李世民的女儿襄城公主做老婆。襄城公主孝顺长辈，敦睦亲属，很讲礼节，李世民将其树为典范，号召其他公主都向她学习。为了表彰襄城公主，李世民还准备为她建豪宅，襄城公主却坚决辞让，说了一句很孝顺的话："媳妇侍奉婆婆就要像自己父母一样，应当早晚留在身边，不然会有不周到。"她再三固让，只愿把家里装修一下，在门前列双戟而已。李世民也就答应了，以方便她照顾自己的婆婆。

听到萧瑀去世的消息，李世民很难过，伤心得连饭都吃不下，让太子为之举哀，并遣使吊祭。古时有身份的人死后要定谥号，表示对该人的评价，盖棺论定。萧瑀去世后，太常寺经过研究定谥号"德"，而尚书省却议号为

“肃”，两方争执不下。对于此事，李世民却有自己的看法，他说：萧瑀生性猜忌，刚忌太过，气量太小，改为贞褊公，另赠司空、荆州都督，赐东园秘器，陪葬昭陵。

萧瑀的一生，可以说是极尽悲欢离合，历任三朝宰相，却一直展露出出淤泥而不染的品质，虽然在贞观朝有些愤世嫉俗，但他的心是好的，只是方法不对。

无论何时何地，都能保持自己的本色，维护自己的尊严，这或许也是你我的追求。

萧家贵为皁冑，名望卓然，在唐朝出了不少人才，尤其是被后人称颂的“八叶宰相”，更是让人艳羡不已。史书记载：“自瑀逮遘，凡八叶宰相，名德相望，与唐盛衰。世家之盛，古未有也。”八叶宰相，即为八代宰相，从萧瑀开始到唐朝末年的萧遘（音 gòu），萧家一共出了八代宰相，真可谓是奇迹。

史书评价萧瑀“骨鲠亮直，儒术清明”，可以说是恰如其分，他就是这样一个简单的人，一个正直和纯粹的人。

看过萧瑀的一生，我们再来看李大亮，李大亮比萧瑀早死四年，但少活了十五年。不过，李大亮在不到六十岁的生命里，创造了不朽的业绩。

李大亮是在贞观十八年（公元 644 年）去世的，这一年，正是李世民出征高句丽之时，他被任命为留守京师的副留守，可是不到两个月，他就去世了。可以说，他是累死的。

李大亮在长安去世的这天，正是十二月初一。他一生为国，官居要位，却始终廉洁奉公，死后留下的遗产仅仅是：米五斛，布三十端，再无他物。而亲戚中被他收养的孤儿就有十五个，他们都如同死了自己亲爹一样给李大亮披麻戴孝。入殓时，按风俗应该口含珠玉，可家里竟然连这点小东西都拿不出来，可见李大亮已廉洁到何等地步。

临死前，他还在关心国家大事，留下的遗书就是请李世民停止征高句丽，切记以关中为重。

李大亮，开国功臣，到底是个怎样的人？

有大亮，睡觉到天亮

李大亮，雍州泾阳人，出身贵族，后魏度支尚书(相当于户部尚书)李琰的曾孙，爷爷李纲为南岐州刺史，老爸李充节为隋朔州总管、武阳公。李大亮从小就有文才武略，是个难得的少年英才，隋朝末年到韩国公庞玉手下担任行军兵曹。后来李密进攻洛阳击败庞玉，李大亮成了俘虏，同辈一百多人都被拉去砍头，就在这时候，他的恩人出现了，偷偷地把他放掉，两人成为好友，自此天各一方。

就是这举手之劳，演绎了一段感人肺腑的故事。

李渊入关后，李大亮从洛阳来归，被授土门令。刚上任不久，土门县就发生饥荒，盗贼蜂起，老百姓流离失所。李大亮看在眼里，急在心里，他很难过，决定尽自己的责任改变这一切，动员各方力量救济灾民，安抚人心，号召人们返回家乡恢复生产。为了筹钱，他甚至将自己心爱的战马都卖了，做了一个良好的示范。不久境内安定，还迎来一个丰收年，他趁机整顿社会治安，四处缉捕盗匪，“所击辄平”。当时还是秦王的李世民巡视北境时听到这个消息，感慨良久，特意下诏书褒奖，赐马五匹，帛五十段。

李大亮这人有个特点，打起仗来一向“胆大妄为”，可谓是孤胆英雄，从他干的两件疯狂事便可略见一斑。

第一件，单刀赴会。当时胡人寇境，李大亮寡不敌众，他想到的不是逃跑，而是单枪匹马闯到敌人营地找对方头儿做思想工作。他谕以祸福，一番真情实意地劝说，这些胡人居然被感动了，争相请降。他也讲义气，把自己乘的马杀掉和他们一起吃马肉，而后走路回去。就是这样一个大胆举动，胡人前后投降的就有一千多人，从此县内安定。李渊听说后，大悦，擢升他为金州总管府司马。

第二件，计擒张善安。这件事说起来有点复杂，大致情节是这样的：时任安州刺史的李大亮率军进至九江，刚好碰上与辅公祏一同起哄造反的张善安。两人隔水对峙，李大亮又使出单刀赴会这一招，先在对岸晓以祸福，一番真情实意地劝说，“草头王”张善安又被感动，答应投降。而后他只身一人跑到敌方军营，表示了诚意后再带张善安回来“办手续”。等回到唐军军营，他不让其他人进营，而是与张善安进去谈了很久，突然秘密将张善安逮捕。同来的人弄不清实情，只是知道事情有变，奔回去报警，还打算前来袭击。李大亮不慌不忙，只是派使者去传话，说这是你们“张司令”自愿投降，我也没办法。对方信以为真，都撒腿跑人，李大亮趁机杀将出去，大获全胜。

辅公祏自然不甘心，派重兵围攻猷（音 yóu）州，刺史左难当婴城自守，浴血奋战。李大亮前去救援，击败敌人，因功获赏奴婢百人，但他不忍心，将他们全放了。李渊听说后大发感叹，又另赐奴婢二十人，拜越州都督。

李世民上台后，李大亮被任命为凉州都督，他知道自己管辖的地区属于河西走廊中心地带，所以格外用心。李大亮治理凉州，在凉州“以惠政闻”，就是说政绩显著。而就在这时，李世民遣使至凉州，使者得知他养了一只宠物鹰，暗示他将这“上等货”献给皇上。李大亮十分不屑，密奏李世民说：陛下好久都不打猎了，如果是陛下的意思，那是说话不算数；如果是使者擅作主张，则是用人不当。

感恩

李世民接到李大亮的密表，颇为感动，称赞他可谓忠直，说：有臣如此，朕何忧！亲下手诏予以褒奖，还另赐金碗一只，以及平常自己用的外国进口胡瓶一个与荀悦的《汉纪》一部。

待颉利可汗败亡后，李大亮等来了一项更光荣的任务，他以西北道安抚大使的身份安抚散居在大漠外伊吾一带（今新疆哈密）尚未归附的大度设、拓设、泥熟特勤及七姓部落，一时间有很多归降的。当时朝廷可怜这些人，就在碛口存粮，特加赈给，凡是前来投奔的就发粮食，并派使者四处招抚，以至于路上黑压压全是人，全都提着大口袋来装粮食。

长期这样下去不是个办法，还起反作用，李大亮认为这样做意义不大，中国是根本，四夷是枝叶，不能损根本而厚枝叶。本来也是，自己的问题都还没解决，怎么可以去不计代价地“援助”别人？他上书要求废除这个政策，说他们归附大唐就去联络联络，住在塞外做中国的屏障才是施虚惠而收实利，李世民也觉得在理，批准。

李大亮后来调任剑南道巡省大使，他激浊扬清，一身正气，深得世人称誉。恰好征吐谷浑的战争开始了，他被任命为河东道行军总管，协同“总司令”李靖从北路出击，终于击破敌军，获杂畜五万。此战，他以功晋爵为国公，赐物千段、奴婢一百五十人，而后拜左卫大将军。

李世民正式确立太子后，让他兼任右卫率、工部尚书。此时他身兼三职，又宿卫两宫，但始终谦虚谨慎，尽忠职守，每次到皇宫和东宫值班都是通宵假寐，保持高度警惕，连房玄龄都赞不绝口，说他有王陵、周勃的气节，可担大位。李世民更是自豪地说：“有你在，我一觉睡到大天亮。”

不仅如此，他还是一个非常感恩的人。

历经千辛万苦，当初洛口之战被瓦岗军擒获时偷偷放掉自己的恩人终于找到了，他的名字叫张弼。显贵之后，李大亮到处打听张弼的消息，就想报答他的救命之恩。而恰恰这个恩人，就躲在“建设部”当了一个小小的秘书将作丞，从不对人说起。

直到有一天，李大亮在路上碰巧碰到他，他认出了自己的恩人，上前一把紧紧抱住张弼，相见恨晚，眼泪哗哗直流。兄弟，找得你好苦啊！他要将自己的家产全部送给张弼，张弼婉言谢绝。李大亮便将此事上报李世民，说我有今日，都是因为张弼，请求把自己的官爵全部让给张弼。

李世民也很感动，于是提拔张弼为中郎将，不久又为代州都督。当时人们都称赞李大亮不背恩，是个有良心的人，而张弼则不炫耀，品行很好。

一个懂得感恩的人，无需言他，必定是一个好人。

生活中，李大亮虽然身为国家重臣，但生活俭朴，住的地方也是非常简陋，连衣服都舍不得穿好的。他性格忠谨，一看就是位忠厚长者，外表看似不善言辞，内心其实十分刚烈，有着自己的原则，即使碰到皇帝做得不对的地方也是据理力争，毫不留情。对天子敢于据理力争，对自己家人，他却是另一副态度，“事兄嫂有同于父母”——这就是区别，公私分明的区别。在妻子面前，他也从未有过萎靡不振的时候，经常是朝气蓬勃，因为，他不想让妻子担心。

整军备战

征高句丽前，李世民前往洛阳，准备前线战事，就留了两个人镇守京师长安，一文一武，文的是房玄龄，武的就是李大亮。可就在操持国家大事的时候，李大亮病倒了，倒在了自己热爱的工作岗位上。

李世民亲自为他调药，用快马送到长安，但为时已晚，他操劳成疾，已是无力回天。

临死前，他做了一件奇怪的事，写完奏表后叹道：“我听说男人不死于妇人之手。”于是命人将在场的女人屏退，言毕而卒。

李世民听到这个噩耗，废朝三日，特意为他举行追悼会，哭得很伤心。他真的很怀念，毕竟没大亮值夜班了，是不是还能一觉睡到大天亮呢？

死后留名，他被追授兵部尚书、秦州都督，谥曰“懿”，陪葬昭陵。

李大亮走了，终年五十九岁。他在普通民众中并不知名，主要是不像魏征他们一样常年在中央工作，但他可以说是唐初地方官的一个典型代表。正是由于有像他这样的人前仆后继，才造就了“贞观之治”的繁华，这一切，源于三个字：责任心。

当官不为民做主，不如回家种红薯。史书对他的评价也是非常之高，将他视为礼智仁义信和忠孝廉洁的楷模，一句话可以形容他：

他是一个几乎完美的人。

正是由于这些人的努力付出，才有了贞观之治的实现。

另外，在做好人才工作、发展经济的同时，李世民很注意吸取隋炀帝的教训，不轻易开启兵端，这样既不消耗财力，也不牺牲人命。比如益州獠民造反，益州大都督窦轨要求发兵讨伐，就遭到李世民的训斥，他要求窦轨深刻反省，最后没有批准发兵，因为他很清楚，这与自己抚民以静的政策明显不符。

总之李世民对于出兵打仗这种事，十分谨慎，一般他不愿意轻动干戈。他是过来人，知道打仗不是好玩的，无论是打赢还是打输，都会造成很大影响，不单要死人，国家有时还要遭受重创。

不愿打仗，不代表李世民就不打仗了，对于一些国家面临的现实威胁，他的态度也是极其坚决的，绝不是什么坚决反对、强烈抗议、严正交涉这些可笑的把戏，他就一个字——打！

所以在贞观年间，李世民还是打了好几次仗的，比如打突厥，打吐谷（音yù）浑，打高昌，打薛延陀，打龟兹，打高句丽，甚至今天的印度，也被他猛揍一顿，可以说，他对待这些威胁，是绝不手软的。该打的，绝不含糊；不该打的，坚决不打。

为了打突厥，李世民做了多年的准备，他积极整军备战，积蓄能量，准备有朝一日，将突厥从地图上抹掉。他一直都在密切注意突厥的最新动向，虽然有人屡屡向他建议，趁着突厥内部出问题，赶紧出兵，他都拒绝了，他绝不打无准备之仗。要打，就必须是一战而胜。

为了打突厥，他不但让李靖、李世勣、尉迟敬德、张公谨、柴绍等人加紧准备，自己也在皇宫内，与禁军卫士搞起了军事演习。

府兵制

武德九年（公元626年）九月二十二日，李世民带领禁军卫士在显德殿的庭院中练习箭术，他还当面训话，要求大家居安思危，时刻不忘战争的威胁。他还说：平常无事时，我就当你们的老师，一旦突厥入侵，我就当你们的统帅，这样，中国的百姓，就能过上安宁日子了。他还勉励大家刻苦训练，将来走向战场能够所向无敌。

从此以后，李世民每天都要带几百人在宫中练武，搞射箭比赛，他亲自当教练，亲自考核，还准备了刀、弓、布帛这些奖品，凡是射中的士兵，都有奖赏，他们的将领在考核时，也列为上等。

可是这样的举动，让很多人不安。很多大臣都劝李世民，说依大唐律令，在皇帝住处手持兵刃，要处绞刑，现在陛下让这些兵哥哥在宫廷内拉弓射箭，成何体统？万一有哪个胆大妄为的狂徒搞个突然袭击，暗中下手，就会发生严重意外，这不是爱护江山社稷的好办法啊！

李世民不听。

还有人更离谱，工作不干了，骑了匹马就跑到京城来劝他。韩州刺史封同人，诈称有急事，骑着驿马就跑长安来了，见到李世民后，当面直言苦谏，希望李世民不要再这么冒险了。

可李世民依然听不进去，他说：四海之内，都是一家，大唐境内都是朕至爱的子民，我对每个人都推心置腹，以诚相待，却为何要猜忌朕的禁卫军呢？

听到皇帝如此表态，大伙都放心了，也安心训练，每个人都想着自强自立，为国争光，仅仅几年之间，他们全都成为精锐部队（士卒皆为精锐）。

战略上藐视，战术上重视，是李世民对待突厥的基本策略。当时突厥进犯，有人提议要修长城，李世民拒绝了。在他看来，修长城，不是根本解决之道，并且还劳民伤财。在他眼里，突厥迟早一天会自取灭亡，他根本就不怕，修什么长城？

为了进一步提高军队的战斗力，李世民又在李渊的基础上，加强了“兵农合一，寓兵于农”的府兵制建设，在均田制的基础上，建立了完善的义务兵役制。府兵，无事则在家种田、搞训练，有事则出征作战或番上①宿卫。为了统一管理，朝廷在全国各地设立了军府，统领府兵。

这些府兵享有很大的自由，甚至可以自由携带兵器，除了像陌刀那样的重武器，像刀、甲、槊、弓、箭，这些都可以私人拥有，甚至可以自由买卖。

自信且强大的李世民，根本不担心民众造反，所以也不担心民间拥有武器，他有这股霸气，与某些人买把菜刀都要登记可谓是天壤之别。

---

① 番上，一般指府兵定期轮流到京城担任宿卫。但根据近几十年来出土的吐鲁番文书证明，番上，并非一定要远赴京城，有些在本地或地方执勤亦可。

因为府兵制的制度设计非常严格，挑选的府兵也是“魁健有力”者，也都是一些牛人和猛人，病秧子不要，并且他们中间很多都是军户，世世代代打仗，各方面素质极高，所以战斗力十分强大。加之奖罚分明，终身不用缴税，免除徭役，打了胜仗还能得到不少好处，立了军功也能升官发财，所以出现“士马精强，所向无敌”的壮观景象，也就不足为奇了。

正是因为在李世民的直接领导下，唐朝的军队，尤其骑兵部队日益强大，甚至可以与当时世界上最强大的骑兵突厥铁骑媲美了，李世民，已经做好了一切准备，算总账的时候就要到了，出击漠北，正当此时！漠北的寒风，正在呼啸，仿佛在呼喊他的到来。

贞观之治

经过几年的艰苦奋斗，大唐帝国，在李世民的治理下，开始迸发出新的生机。隋朝末年一直在打仗，天下大乱；武德年间，也一直在打仗，天下并未统一；直到李世民执政时期，天下终于安定了，国家开始了经济建设，老百姓开始了新生活，他们的生存权和发展权，得到了最好的保护，贞观之治的美丽和从容，开始向世人展现她的迷人舞姿，让人无限遐想。

忙乎了这么久，现在正是检验成效的时候了。仅仅数年时间，经过李世民与一众贞观名臣的不懈努力，唐朝开始呈现出前所未有的生机与活力，各项事业都有了很大的发展。经济繁荣，社会安定，吏治清明，武功兴盛，人民安居乐业，生活水平大幅提高，走遍全国都不用带粮食，甚至还有东西送，强盗小偷几乎绝迹，在中国大地上，终于出现了夜不闭户、路不拾遗、牛马遍野、谷价低廉、物阜民丰、商业发达、百姓丰衣足食的美好景象。综合国力进一步增强，社会治安更是出奇的好，连牢房都经常空空如也，甚至出现全国一年的死刑犯仅仅只有二十九人的奇迹；官二代、富二代也遵纪守法，老百姓生活十分和谐，大家都能和睦相处、互助互爱，实现了国泰民安、国富兵强的良好局面，一派欣欣向荣，这样几百年都难得一见的繁荣景象，终于展现在了人们的面前。繁荣、富强、多元，成为这个东方帝国的关键词。唐朝，成了一个令人自豪的名字，无论是在政治、经济、文化、法治，还是制度建设等方面，唐朝均处于世界最前列，唐帝国的人类发展指数与文明程度更是首屈一指；可以说，中国人，成为当时世界上最优秀、最幸福、最霸气的民族。

这就是贞观之治，与汉代的文景之治相媲美的又一个黄金时代，这是中国人的骄傲，也是人类的骄傲。因为，当时世界上，其他地区的人，充其量不过是野蛮人；而我们中国人，早已扬眉吐气地傲立在世界东方。

曾经的辉煌，已成过去，为何我们现在落后了，要如何奋起直追才能赶上别人？我想，这是每个中国人都应该思考的问题，我们不能再抱着文明古国的光环自欺欺人了，我们唯一要做的，就是反思自己，寻找差距，直面现实，着眼未来。

人类社会创造的一切文明成果，以及现代化的经营方式与管理方法，我们都必须毫无保留地吸收与借鉴，而不是故步自封，自高自大，只有这样，我们才能够真正拥有未来。

取得如此成就，李世民也很感慨，他说，真希望封德彝能够看到这一天啊！可惜这时候封德彝已经死了，如果他真的活到今天，他会怎么说呢？

贞观之治的实现，让唐朝的综合国力急剧提升，社会财富大幅增加。可是西北地区的少数民族政权，经常侵犯边境，扰乱中原，给唐朝带来了巨大的威胁。李世民知道，对这些蛮族，讲道理是没用的；唯一的办法，就是把他们彻底打趴下，武力解决。

为了去掉这些威胁，统一边疆，李世民又发动战争机器，将战刀挥向空旷的漠北和寒冷的辽东，还有遥远的西北边陲。

东突厥、吐谷浑、吐蕃、高昌、焉耆（音 yānqí）、西突厥、薛延陀、高句丽、龟兹这些地方，都进入了李世民的黑名单，他的第一个目标：东突厥！

这是一场大战，为了这次战争的胜利，李世民做了大量准备，并且为此还制定了详细的作战方案，为的就是一战而胜，彻底消灭东突厥。

击灭东突厥的战鼓声，已经隆隆作响了，李世民，是不是又要再次奔赴战场？不是了，他已经是皇帝，即使想去，一般人还不让。他坐镇京城，遥控指挥这次大规模的军事行动，一场血与火的鏖战，马上就要打响！

第八章　击灭突厥

令人欣慰的是，李世民不负厚望，养精蓄锐，积极准备，意在一战而胜。他的大军，将出现在广阔的漠北草原，在那里，他将建立不朽的功勋。

战略反攻正式开始了，最后的时刻，终于到来！

突厥

突厥，其实分为东突厥与西突厥，但西突厥距离中原比较远，我们一般说的突厥，就是指东突厥。

东突厥汗国自启民可汗开始立国，到李世民执政时期，已经存在了二十七年，先后经历了四个可汗，他们分别是启民可汗、始毕可汗、处罗可汗和颉利可汗。而颉利可汗，在处罗可汗被李渊毒死后，又娶了处罗可汗的老婆义成公主做老婆。他这个老婆，是个奇人。

义成公主是隋朝宗室女，从隋文帝开皇十九年(公元 599 年)，也就是李世民出生的第二年开始，因为和亲嫁入突厥，做了启民可汗的可贺敦(亦作可敦)，也就是他老婆。启民可汗死后，儿子始毕可汗继位，她又做了始毕可汗的老婆。始毕可汗死后，弟弟处罗可汗继位，她又做了处罗可汗的老婆。处罗可汗死后，弟弟颉利可汗继位，她又做了颉利可汗的老婆，总之不管谁死，她都是可汗夫人。她在突厥待了整整三十年才死，虽然只是个女人，但却经常给唐朝掀起滔天巨浪，只因为，隋朝，才是她的祖国和精神信仰；唐朝，不过是篡逆，所以必须消灭。正因为有这个思想觉悟，她经常鼓动处罗可汗和颉利可汗发起对唐朝的战争，并最后将反唐复隋这个政策变成了突厥的基本国策。

其实突厥对于唐朝的政策，要么是互利，要么是掠夺。启民可汗是隋朝扶立的，所以一直与隋朝交好，互惠互利。始毕可汗后来叛隋，不但在雁门关围攻隋炀帝，还帮助李渊夺取长安。处罗可汗一开始还是采取反隋的政策；后来随着唐朝实力的渐渐壮大，他也改变了政策，开始变为反唐，经常带兵到唐朝边境抢掠；后来又准备趁唐军东征王世充之机，发动一场更大规模的战争，被忍无可忍的李渊派人毒死。

处罗可汗死后，义成公主以其子奥射设不堪大任，弃而不立，立了处罗的弟弟咄苾为新可汗，是为颉利可汗。

颉利可汗的上台，标志着唐朝与突厥之间的战争，开始进入大规模发展的不可控阶段。

颉利可汗在武德三年（公元 620 年）即位后，继续执行反唐复隋的计划，接连不断找唐朝的麻烦，李渊和李世民经常被他搞得焦头烂额，京城长安动不动就戒严，甚至逼得李渊要把长安烧了，以迁都的方式来躲避他的攻击。唐朝每年被杀的人，被抢的财物，不计其数，整个国家都处于恐慌之中。看着这样的被动局面，李世民想要彻底解决问题，虽然他早就立有大志，要打败突厥，把颉利可汗用绳子套住拉到长安来，可是理想注定很遥远。刚刚即位的李世民，面对颉利可汗的大军压境，依然只能选择渭水之盟，以破财消灾的方式来化解危机。随后，他开始了整军备战，为的就是有朝一日彻底消灭东突厥。

为了这个战略目标，李世民做了很多准备，在增强国力的同时，密切监视突厥的动向，准备伺机出兵。

贞观四年（公元 630 年），将是他与突厥的决战时刻。而在此之前的五年间，李世民一直与突厥进行周旋，一方面命令军队加紧训练，另一方面则展开积极的外交手段，一步步地分化和瓦解对方，以剪除他们的羽翼，削弱他们的统治基础。

对待突厥，李世民的策略就是：积蓄实力，静观其变，内外相逼，一举消灭。

而对于颉利可汗来说，这两年却是他末日的开始，他的麻烦，就像马蜂窝被捅了一样——蜂拥而来。

天灾人祸

我们在一天天变好，敌人在一天天变坏，颉利可汗之所以变坏，不是被人诱惑，而是他自己把持不住。

其实对于他来说，最大的敌人，就是他自己。

颉利这人性情残暴，还很自大，经常喜欢发动战争。打仗需要钱，要钱就要加税，正因为他喜欢加税，经常搞得天怒人怨，所以很多人都不愿意跟他一起混了，都想远离他。

突厥与大多数游牧民族一样，都是靠天吃饭，并且这些人最崇拜的，依然是暴力，所以他们的兴衰，一般与三个方面有着紧密的联系：

天灾、人祸与敌人。

这三样，如果来一样，够呛；如果都凑齐，肯定必死无疑。很不幸的是，颉利可汗统治时期，真的来了个大满贯，三样全齐了。

天灾，主要是干旱、大雪、霜冻，尤其是大雪灾，更是几十年不遇，“平地数尺，羊马皆死”。

人祸，主要是政策的失误和内部有人造反，“下不堪命，内外多叛之”。

敌人，主要是虎视眈眈的唐朝，还有内部的造反派，“内外离怨，诸部多叛”。

为什么颉利可汗就这么“好运气”，能够连中三元、实现大满贯？原来，这与突厥的组织结构很有关系。

其实突厥并非一个真正意义上的国家，它不过是个武装集团，在这个集团中，不但有突厥人，还有很多非突厥人，甚至包括很多当年为了逃避战乱跑去避难的汉族人。这些人为突厥带去了难得一见的智力资源，让突厥人也学会了玩阴耍诈和尔诈我虞。

突厥靠着军力强大，逐渐征服了薛延陀、契丹、吐谷浑、高昌、回纥等国。虽然这些国家都加入了突厥，成为其中的一部分，但突厥与他们之间的关系，仅仅只是一个松散的联合体，突厥依靠军事威胁，暂时使他们臣服。可以预见的是，这种并非真正意义上的征服，不过是一种假象，一有机会，他们的仇恨就会爆发，烧掉所有的一切。

随着内部矛盾的日益激化，这些暂时臣服的各个部落，全都一哄而起，开始联合起来反抗突厥，甚至还与唐朝结成同盟，一起攻打突厥。

颉利可汗算是光荣地成为"人民公敌"了，他的日子一天比一天难过。北面的各大部族都纷纷叛离，投奔之前背叛突厥并大败颉利可汗的薛延陀，并推举夷男为新可汗，带领他们反抗颉利。夷男不敢接受这个推举，毕竟这是蜜糖还是毒药，谁也不知道，搞不好明天就可能被颉利可汗抓起来剐了。

听到这个消息的李世民，相当兴奋，他知道机会来了。此时正是利用薛延陀的大好机会，敌人的敌人，就是朋友，只要拉拢薛延陀，拉拢这个铁勒诸部最为强大的部落，就能更快地打败颉利。

李世民立即派游击将军乔师望走小路，带着册封诏书册封夷男为真珠毗伽可汗，并赐以战鼓和大纛。夷男十分高兴，赶紧派使臣送来贡品表示臣服，并建牙帐于大漠北的郁督军山下，东至靺鞨，西至西突厥，南接沙漠，北至俱伦水，都是他的地盘。这一区域不但地域宽广，部落也多，回纥、拔野古、阿跌、同罗、仆骨等部落，都依附于他（莫不伏属）。

现在拉拢薛延陀击败东突厥，十年后，就没那么好了，因为，李世民发现，今天的拉拢，变成了养虎为患。当然，此时对于李世民而言，拉拢薛延陀是一个重大利好，因为在颉利可汗的北面，又出现了一个劲敌，与南面的唐朝顿成南北夹击之势。

收买薛延陀，招降突利可汗，然后继承李渊当年结盟西突厥、消灭东突厥的策略，继续与西突厥眉来眼去，并且干掉一直与突厥勾勾搭搭的割据势力，切除颉利可汗的羽翼，灭掉他的马前卒，这一切都是为了最后一个目标——彻底摧毁东突厥。

积极备战，就是为了以后的胜利，这其中，以苑君璋的来降和梁师都的破灭最具代表性。

苑君璋来降

贞观元年（公元 627 年）五月，一直依附突厥的苑君璋率众投降，李世民十分高兴，立即封他为安州都督、芮国公，并食实封五百户，赐帛四千匹，命他继续监视突厥。

当初苑君璋勾结突厥攻陷马邑后，退保恒安，可是他的手下大多是中原人，都纷纷逃离，投奔唐朝。苑君璋十分担忧，主动向李渊投诚，但有个条件，在原地继续守卫边疆。一句话，什么都不变，只是牌子变，李渊答应了，还送给他免死金券。

后来，颉利可汗又派人来诱降苑君璋，苑君璋又动摇了，犹豫不决，儿子苑孝政大为不满，说你两边都想靠，这是自取灭亡啊！说完，他就一个人骑着马跑了，跑向唐朝。

儿子肯定不能跑了，苑君璋把儿子追了回来，马上召开会议，商量怎么办。手下郭子威劝他继续依附突厥，以获取最大利益，苑君璋于是又叛唐投奔突厥，并数次带兵入侵边境。

苑君璋再次投奔突厥后，他手下的人却不乐意了。为了表示怨恨，他们做出一个怪异的动作，写大字报，丢进苑君璋家的大门内，大字报就七个字：

不早附唐，父子诛。

苑孝政怕了，又打算跑，跑回唐朝，苑君璋把他逮起来关了禁闭。一直等到贞观元年（公元 627 年）五月份，一向精明会算计的苑君璋，看颉利可汗形势不对，政事混乱，他知道这棵大树靠不住了，于是再次率兵降唐，这一次，他是最后一次投降。

说起来，苑君璋还真是个奇人，他是个文盲，可能连自己名字都不会写，但天资聪明，能在乱世之中游刃有余，最后还混得非常好，口碑也不错，还得以善终，不能不说，真是个奇迹。

这是苑君璋，另外一个梁师都，就没这么好运气了。

贞观二年（公元628年），突厥的内部矛盾进一步激化，不但百姓纷纷逃离，连颉利可汗的侄子突利可汗都投降了。

铁勒诸部的大规模起义，把颉利推向了极为不利的境地，他发兵平叛，却屡遭惨败，更为重要的一点是，他与突利可汗之间的矛盾，终于彻底爆发了。

突利可汗与颉利可汗之间的关系，一直都很微妙，因为他们都是可汗，但掌权的，是颉利可汗，其实严格来说，颉利只是个摄政王，突利才是真正的合法继承人。

突利可汗是始毕可汗的儿子，当初始毕可汗死后，按道理应该是他继位的，可是义成公主以其年幼，就立了始毕的弟弟处罗可汗，他被封为小可汗，是为突利可汗。

当时的东突厥，已经确立了父子继承的接班人制度。启民可汗死后，就是儿子始毕可汗继位的，而始毕可汗即位后，也立了什钵苾做接班人，即后来的突利可汗；可是后来始毕可汗死后，他妻子义成公主勾结始毕的弟弟俟利弗设，以什钵苾年幼为由，没有立他，这个俟利弗设，就是处罗可汗。处罗死后，义成公主又故伎重演，立了处罗的弟弟咄苾，他就是颉利可汗。

由此可见，一直都应该是突利可汗继承汗位的，可是两次意外，让他始终没有这个机会。

颉利可汗即位后，也拿着这个事头痛，可他也不敢随便杀掉突利可汗，于是让他在幽州以北建牙帐，管理自己的东部事务，契丹、靺鞨、奚等数十个部落都归他管。可是突利可汗毕竟年纪小，不懂事，在辖地大肆征税，搞得天怒人怨，手下部落都纷纷叛逃。

内部分裂

突利可汗虽然有自己的部落，可他与颉利可汗之间的矛盾也很大，等到境内的部落纷纷叛逃时，他们的矛盾，直接转变成面对面的冲突。有一次，突利出兵攻打反叛的薛延陀和回纥部落，吃了败仗，被打得惨败，损兵折将，单枪匹马跑了回来。

颉利大怒，将他抓起来，关了十多天，还用鞭子抽他，狠狠地打了他一顿，过了很久才赦免他，这让突利非常愤怒，对颉利深恶痛绝，暗中想投奔唐朝。因为突利与李世民早就是结拜兄弟，李世民对他非常好，“以恩义抚之”，所以等到颉利可汗多次向他征兵时，他知道，再不走，性命就堪忧了。于是，他想起了李世民，上书朝廷，要求投奔唐朝，并立即入朝。

听到这个消息后，李世民十分高兴，可是没过几天，他又接到突利可汗的求救信。因为，得知反叛的消息后，颉利可汗决定武力解决，发兵攻打突利。为了保命，没处可跑的突利，只能向李世民求援。

李世民召开御前会议，讨论如何应对，他说：我与突利可汗结为兄弟，他有难我不得不救；然而与颉利可汗也定有盟约，怎么办？

杜如晦说，这些野蛮人，根本不讲信义，以后肯定要背约弃盟，不如趁乱出兵，争取主动。

李世民很赞同这个意见，命将军周范屯兵太原，以图进取，又命将军秦武通以并州兵马随时接应。没过多久，突利就来了，李世民厚礼接待，赏赐丰厚。据说李世民为了见突利，连饭都没吃完，还多次赏给他御膳，以示珍爱。李世民封他为北平郡王、右卫大将军，食封七百户，以其部众置顺、祐等州，并任命突利可汗为都督，返回原地，领其部众，以长期作为唐朝北方的屏障。只是可惜的是，贞观五年（公元 631 年），突利可汗就死了，死时年仅二十九岁。

李世民十分悲痛，亲自为他举行追悼会，还让中书侍郎岑文本为他书写碑文。只是谁能想到，八年后，他弟弟结社率，在九成宫突然发动兵变，刺杀李世民。李世民，差点就死在他手里。

对突利可汗的成功争取，是李世民打败颉利可汗的一个重要原因。其实，李世民还做了许多秘密工作，这些史书记载不清，都像珍珠一样，散落在其他一些零碎的史料中。比如西突厥的莫贺设，曾经跑到长安与李世民结为兄弟。再比如处罗可汗的儿子郁射设，与李世民的关系更是不一般，他与李世民早就是好朋友，还娶了唐朝的宗室女，甚至结婚都是在李世民的家里举行的，可见他们之间的关系非同一般。事实也如此，就在开战前，郁射设就跟突利可汗一样，率部投奔唐朝。

做这些工作，其实都是挖墙脚，只要把你的墙脚挖穿，你的房子，也就倒了。

可是颉利可汗不想倒，突利可汗翻脸后，没过多久，他的使者就来了，来谈条件。

当时，以前突厥统治下的契丹族，背叛突厥投降唐朝。为了不让这个趋势继续下去，颉利决定，用梁师都交换契丹；意思就是，他愿意放弃对梁师都的保护，与李世民做个交易，让他也放弃契丹族。

李世民不同意，义正言辞地拒绝了突厥的要求，他的理由很简单，契丹族与突厥不同文不同种，现在归顺大唐，你们有什么理由来要？而梁师都是中原人，迟早要被我们消灭，我换什么换？

虽然不换，但李世民察觉到一个信息：梁师都，已经被突厥抛弃。

既然被抛弃，那就灭掉他。

击灭梁师都

李世民命令围攻梁师都的部队加紧消灭梁师都。梁师都一直依附突厥，经常与突厥一起犯境（不是犯贱），带兵长驱直入，直接威胁京师长安；甚至连两年前颉利可汗率大军十余万进逼渭水、与李世民达成渭水之盟的这次袭击，也是他使的诡计[1]，可见此人的可恶，基本算是头号战犯。

为了拔掉这颗钉子，李世民想了很多办法，包括不计前嫌，亲笔写信劝他投降这些事都干过，但全都无济于事，梁师都铁了心要一条道走到黑。

既然这样，那就只有打了。

李世民命令之前上书“言攻取之计”的夏州司马刘兰成，和以前投降的梁师都大将夏州都督长史刘旻，一同袭扰梁师都。

袭扰的办法，是政治军事一起来，以动摇其军心。他们多次派骑兵破坏梁师都的庄稼，断其粮草，又使反间计，把俘虏的梁师都部属都放回去，让他们充当间谍，慢慢地从内部搞垮他。梁师都本来内部矛盾就一大堆，现在又内外交困，更加不堪其扰，很多部下都纷纷投降了，比如手下名将辛獠儿、李正宝、冯端等人。他们甚至做好了准备要绑了梁师都一起来投降，无奈走漏风声，只好作罢。

梁师都虽然没被绑了去，但内部已经一塌糊涂，相互猜忌，政局岌岌可危；加之唐军又有优待俘虏的政策，于是投降的人越来越多。

要的就是这一天，等你不堪一击了，就好打了。

刘旻等人见时机一到，赶紧向李世民上表，请求出兵打平梁师都。

李世民同意了，立即派出右卫大将军柴绍、殿中少监薛万均上阵，与刘旻、刘兰成两人一起攻打梁师都。

趁着这机会，刘旻和刘兰成两人带领手下劲卒攻破梁师都盘踞的朔方东城。被围在城内的梁师都，想跑，刚刚经历大雪灾的颉利可汗，派突厥兵前来救援，到了朔方东城城下，刘兰成按兵不动，偃旗息鼓，装作不知道。半夜时分，以为唐军毫无防备的梁师都，开始突围，可是刚跑出来，就被刘兰成追上，一顿猛揍，只好又乖乖地缩回去继续当乌龟。

见捞不出梁师都，突厥也急了，调集大批兵力继续捞，在离朔方城几十里的地方，却被柴绍打了个埋伏，双方大战。一开始，突厥仗着人多势众，四面包围，唐军稍稍后退；后来在薛万彻与薛万均两兄弟的猛烈攻击下，才终于打退突厥，斩其骁将，取得了“杀伤被野”的巨大胜利。

---

① 《旧唐书·梁师都传》：“颉利可汗之寇渭桥，亦师都计也。”

突厥惨败，只好撤走，梁师都彻底没戏了。

柴绍的大军像包饺子一样，将梁师都紧紧包围在朔方城中，城内粮食也吃完了，城外突厥兵也撤了，可谓真正是到了粮尽援绝、山穷水尽的地步。一直艰苦奋斗的梁师都，虽然胜利无望，但还在苦苦支撑。

可是有一个人，不想跟他一起撑了，他就是梁师都的堂弟梁洛仁，已经饿得要撞墙的梁洛仁，什么都顾不上了，提着刀就奔梁师都去了。

杀了梁师都后，梁洛仁献城投降，为了消除影响，李世民将朔方郡改称夏州。

梁师都，一个勾结突厥、死不悔改的人，终于彻底灰飞烟灭。这个中国境内最后一个割据势力就此完蛋，全国也实现了真正意义上的统一。

打平梁师都，彻底消除了一个专门勾结突厥、大搞破坏的严重隐患。至此，苑君璋与梁师都这两个突厥的马前卒，一个投降，一个被灭，突厥的日子更不好过了。

颉利内外交困，为了摆脱困境，他开始用战争的方式转移视线，连续向唐朝发动攻击，但李世民早有防备，颉利的方式收效不大。

颉利的这些举动，促使李世民决定，改变往日积极防御的方针，全面反攻，一举消灭突厥。

其实早在贞观元年(公元 627 年)的时候，就有人提议出兵突厥了。

以其人之道，还治其人之身

起初突厥风俗敦厚，政令简单。可是后来来了个叫赵德言的汉人，不知这人是不是李世民的间谍，总之很会来事；更要命的是，他还相当有才，颇得颉利可汗的重用。赵德言仗着颉利的威信，狐假虎威，大肆专权，不但大量改变突厥的旧俗，还把政令变得十分繁琐严苛，搞得百姓大为不满。加之颉利又宠信胡人而疏远本族人，更是搞得内外皆怨，上下离心。

这里的胡人，说的是西域胡人，也就是做生意的西域人，一般称昭武九姓或粟特胡。这些人很狡猾，诡计多端，反复无常，还很有钱，所以一直被突厥的几任可汗看重，引为心腹。他们不但在突厥汗廷担任要职，甚至连粟特文都成了突厥的通用文字。

正因为粟特人见多识广，很会耍阴谋诡计，又善于通商理财，所以很多人根本不是他们的对手，他们成为突厥的新贵族。这些新贵族与突厥原来的贵族之间，产生了巨大的矛盾，以至于后来斗得死去活来。

新旧贵族之间的斗争，直接影响了颉利可汗的统治。以前一直臣服的铁勒诸部开始发动声势浩大的大起义，其中的薛延陀和回纥部落更是起到了先锋模范作用，带头发兵攻击突厥，突厥惨败，一时间境内大乱。

这些贪得无厌的胡人反复无常，动不动就拿刀子砍人。正好又赶上天降暴雪，牲畜大量冻死，加之连年饥荒，老百姓更是饥寒交迫。而颉利可汗不但不体谅，反而重重加税，这更让人受不了，国内怨声载道，反叛四起，很多人不堪忍受，以至于流离失所。

大臣们都觉得这是个大好良机，纷纷要求李世民趁机出兵，李世民问萧瑀和长孙无忌：怎么办？

萧瑀支持出兵，长孙无忌却反对，李世民认真考虑后，也否决了出兵这个提议。虽然长孙无忌说此时出兵背信弃义，其实主要还是准备不足，李世民不打无准备之仗。

随后又有多次出兵的机会，李世民都否决了，原因无外乎还是准备不足，李世民没把握一举消灭突厥，他必须等待。

当然，他不是消极等待，而是积极准备，以积聚实力，增强战备，等待有一天能够一战而胜。

为了打败突厥，唐朝可谓是下了血本，什么办法都想了，甚至还想用挖壕沟、修长城、利用黄河天险兴建水军等办法来进行抵御，可是成本太高，最后都没干成。只有李世民本人的战略十分明确：以其人之道，还治其人之身，建立骑兵，打败他们。

突厥不就是骑兵厉害嘛？那咱们也建立一支比他们还要强大的骑兵，不就可以打败他们吗？

以骑制骑，这是李世民的基本策略。

道理很简单，但实施很困难，因为中原不同于塞外，养马困难，士兵也不大适合骑兵作战。但李世民自小学习骑射，打了这么多年仗，更是把骑兵战术运用得出神入化，甚至还组建了威震天下的玄甲军，这些，都是他对付突厥的法宝。所以，他有打败突厥的信心与实力。

现在要做的，就是继续养精蓄锐，等待时机。

只要时机一到，大唐的铁骑，就要踏平塞外，活捉颉利可汗。

我还记得，几年前，李世民与李建成争论迁都问题时，他的坚持与决绝，还有他的豪言壮语，是何等激越人心：

"愿假数年之期，请系颉利之颈，致之阙下！"

是的，只要短短数年时间，我就一定拿绳子套在颉利可汗的脖子上，把他像狗一样牵着送到长安。

这一天，并不遥远，贞观四年（公元 630 年），很快就要到来。

战略反攻

贞观三年（公元 629 年）八月初八，薛延陀的真珠毗伽可汗夷男派遣他弟弟统特勤入朝进贡，李世民赐给他宝刀和宝鞭，并让他转告夷男，说你统率的部族，要是犯下大罪的，就用宝刀砍；要是犯了小罪的，就用鞭子抽。言外之意就是，在漠北，你有生杀予夺的权力，你的管辖区内你做主，只需要对我负责就是了。

见李世民给予如此大的权力，夷男非常高兴。可有一个人不高兴了，不用猜，他就是颉利可汗。

在夷男弟弟入朝后的第二天，突厥又有九位俟斤带领三千骑兵投降唐朝，十多天后，拔野古、仆骨、同罗、奚族首领也分别率众投降。

远交近攻的策略大获成功。

颉利可汗并不笨，知道李世民来这手，就是要拉夷男一起夹击自己。更为重要的是，夷男的举动，引发了连锁反应，自己的统治区已岌岌可危。他十分恐慌，马上就派使臣跑来长安，求续合约，卑辞厚礼向唐朝称臣，并要求迎娶唐朝的公主，且修女婿之礼。

一句话，我服软了，请你放过我。

李世民当然不会放过他。自己苦心多年，为的就是有朝一日将你彻底铲除，你说怎么会放过你？就在这之后不久，一直往返于突厥的职业外交家郑元璹，再次出使突厥回来了。回来后，他就报告了一个最新情报：突厥人要完蛋了，不出三年，必亡！他的理由就是，突厥兴亡，一直以马羊兴旺为标志，如今他们“六畜疲羸，人皆菜色”，一看就是亡国之兆。

李世民同意这种说法，他开始摩拳擦掌了，并与薛延陀约定进行南北夹击。与此同时，另一个重要情报也及时送来。一直在边境屯田，监视突厥的代州都督张公谨紧急上奏，中心思想就一句话，现在正是灭突厥的大好时机，请赶快动手，原因有六：

一、颉利可汗残暴无情，陷害忠良，亲近奸佞之人；

二、薛延陀、同罗、仆骨、回纥等部均已叛离，且都想反攻突厥；

三、突利可汗、拓设、欲谷设都与颉利可汗翻脸了，颉利兵挫将败，众叛亲离；

四、塞北地区出现霜冻干旱天气，导致粮食匮乏；

五、颉利远族人、亲胡人，胡人反复无常，大军一到，必生变乱；

六、突厥境内的汉人人数众多，如今到处聚众闹事，占据险要，大军一到，必定响应。

这六点理由，详尽周密，一针见血，可以说把颉利可汗基本讲透了。莫非，真正的决战时刻，已经到来？

管不得那么多了，迅速做决定吧，李世民正式决定，向突厥发起总攻，命李靖为统帅，张公谨为副，筹备对突厥大规模攻击。

经过三个多月的准备后，李世民正式颁布诏令，命令兵部尚书李靖为定襄道行军总管，代州都督张公谨为副，出定襄；并州都督李世勣为通漠道[①]

① 《旧唐书·太宗本纪》、《资治通鉴》作通汉道，为“漠”字之衍误（“汉”字繁体“漢”），据考证，以通漠道为是。

行军总管，右武卫将军丘行恭为副，出云中；华州刺史柴绍为金河道行军总管，出金河；营州都督薛万彻为畅武道行军总管，出营州；幽州都督卫孝节为恒安道行军总管，出幽州；灵州大都督任城王李道宗为大同道行军总管，出灵州，一路西进。

唐军兵分六路，合兵十余万，五大总管皆受李靖节度，分道进击突厥。

其中李靖与李世勣为中军，李靖是总指挥，其余四路均为侧翼与后援。

李世民出动大唐的精锐，将与颉利可汗一决雌雄，六把利剑，将刺向突厥的心脏。

倾全国之力，为的就是一举荡平突厥！

这是一场等待已久的战争，寄托了很多人的期待与希望，扫平漠北，踏平突厥，凡是当时的中国人，莫不翘首以盼。只是这一天，实在等得太久。

不是不作为，而是时候不到。

其实李渊早就想打突厥了，从武德八年（公元625年）开始，他就做了大量准备，比如大规模购进战马和耕牛，比如与西突厥缔结军事同盟，比如恢复十二军建制，大修边境军事要塞，等等，总之所做的一切，都是为了彻底消灭突厥。只是玄武门之变突然爆发，打断了他的工作，他再没机会领导这场战争了。这个光荣而又艰巨的任务，落到了自己儿子李世民手上，不然的话，扫平漠北的，不是李世民，而是李渊。

令人欣慰的是，李世民不负厚望，养精蓄锐，积极准备，意在一战而胜。他的大军，将出现在广阔的漠北草原，在那里，他将建立不朽的功勋。

战略反攻正式开始了，最后的时刻，终于到来！

奔袭敌巢

李世民的十余万北伐大军，就要扑向漠北草原。此时的突厥，经过内乱、暴政和自然灾害等的反复折腾后，已经极其虚弱；尤其是与薛延陀的战争，更是屡战屡败，昔日所向披靡的突厥大军，已经老虎变猫了。

在大战之前，唐朝不但继续瓦解突厥的内部势力，并且还制定了详细的招降政策：

“每见一人初降，赐物五匹，袍一领，酋帅悉授大官。”

只要投降，就有奖品，领头的还能当大官。看看这个招降政策，是不是觉得很优惠？

确实很优惠，尤其是对于“六畜疲羸，人皆菜色”的突厥人来说，这简直就是天上掉馅饼。所以看到有这样的 VIP 待遇，很多人都坐不住了，纷纷跑来投降——傻瓜才去打，投降多好！

当然，还是有不投降的，比如颉利可汗这些人，自然不会轻易投降，他要顽抗到底。

对于这种顽固分子，那就只有打了。李世民其实早就做好了打的准备，他命令李靖，向颉利可汗发起最猛烈的攻击。

贞观四年（公元 630 年）正月，大地上的每个角落都散发着春天的气息。春天来了，本是个春意盎然的季节，而此时的李靖，却已是磨刀霍霍，准备对突厥发起致命一击。他是这场战役的总指挥，深知责任重大，虽然他是统帅，但他绝不是坐在家里烤火，遥控指挥，而是亲自上阵，布置好各路兵马后，他准备率先突袭敌营。

善于捕捉战机，然后出奇制胜，这就是李靖经常采用的战术。这一次，他又再次长袖善舞，将敌人一把推下悬崖。

朔风凛冽，天寒地冻，为了打个开门红，李靖亲率三千骁骑从马邑出发，一路急行军，冒着严寒，直插恶阳岭。夜色迷人，他却无心欣赏，以迅雷不及掩耳之势，连夜奔袭突厥的大本营定襄城，大破敌军。

颉利可汗万万想不到李靖出兵竟然如此神速，他简直不敢相信，大为惊恐，吓得脸色大变：

“唐朝若不是倾国而来，李靖又怎敢孤军至此？”

颉利的心都跳到嗓子眼了，他根本无法了解，李靖居然下这么大狠心，几千人就敢这么猛？

领导怕了，下面的人自然也怕，突厥兵吓得不行，人人自危，并且还吓出了花样——“一日数惊”。没办法，只好转移阵地，惊慌失措的颉利可汗也不想过这种苦日子，无心恋战，赶紧将牙帐迁移至碛口。

你跑了，俺可要休息下，先不追，李靖又使了一招——离间，挑拨是非，制造矛盾，使其上下离心，相互猜忌，进而彻底瓦解敌人。

李靖派出高级间谍离间其心腹，很快就收到效果。颉利可汗的亲信康苏密，带着隋炀帝的老婆萧后和当初被处罗可汗立为傀儡皇帝的隋炀帝之孙杨政道战战兢兢地前来投降。而在此前后，颉利可汗的诸多部下，甚至自己侄子郁射设都响应优惠的投降政策，争先恐后地跑来投降；在其境内的诸多汉人，更是大受鼓舞，纷纷造反，大肆攻杀突厥人。

连亲信都投降了，很多人都造反了，说明颉利可汗开始向着众叛亲离的至高境界光荣迈进，他手下的军队根本不堪一击，很快就在各路大军的打击下，纷纷惨败。在灵州、白道、阴山，捷报接踵而至，李靖取得了这场战役的决定性胜利。虽然取得了胜利，但胜利依然来之不易，这与李靖本人的坚定决心，有着很大的关系。

萧后来到阔别已久的长安，此时她的心情可谓是五味杂陈，昔日堂堂一国之母，如今却是个犯人，不知见到李世民之后又是何等心情？再怎么说毕竟与李世民是亲戚。而萧后的抵达，还差点引发一场风波。

将计就计

之前有投降的胡人说唐朝有人搞小动作，私下与萧后联系，图谋不轨。中书舍人杨文瓘（音 guàn）便拿着这件事大做文章，要求审理萧后。李世民不同意，表示如今天下已定，过去的错误又何必追究？看来，亲戚就是好，一两句话就给挡回去了，要是换作别人，那还不把她给折腾死？

不但不追究，李世民还举行了隆重的欢迎仪式，热烈欢迎萧后回国，并送了一座大宅子给她。至于有人经常八卦李世民与这位美丽萧后的绯闻，我这里就不讲了，因为我觉得这很扯。毕竟当年的萧后，根据我的推算，已经是六十四岁的老人了，并且她的亲弟弟还是当朝宰相，你说有可能吗？

而就在这时，李世勣出云中，在白道（今呼和浩特北）与颉利激战，大破突厥——“秦时明月汉时关，万里长征人未还。但使龙城飞将在，不教胡马度阴山”，卫青与霍去病北逐匈奴的壮丽一幕又将再次重演，此情此景，怎能不叫人感慨。

李靖当然没闲着，他明白乘胜追击意味着什么，一路疾驰，率大军死死黏住颉利可汗，紧追不舍，在阴山再次大败颉利。就是这决定性的一役，将东突厥彻底击败，颉利可汗也彻底玩完。

当初颉利兵败后逃窜到阴山北的铁山，手上还有几万人。为了活命，也给自己一个喘息的机会，他派执失思力到长安觐见李世民，当面谢罪，要求投降，表示愿举国内附，并说为了表示诚意，自己愿意入朝，恳求李世民手下留情，放他一马。

李世民也够意思，立即派负责外交事务的鸿胪卿唐俭与代理户部尚书安修仁前去受降，同时命令李靖率军前去接应。

颉利说要投降，是真的吗？

当然是假的，像颉利这种天生顽固的人，不到山穷水尽，是不可能投降的，他表面言辞谦卑，实际上却十分犹豫，并且打算以拖待变。他的如意算盘是，先稳住你李世民，等到草青马肥的时候，再逃回漠北重整旗鼓，卷土重来，到那时，咱又是一条好汉。

他的这个心思，其实早被李世民猜到了：既然是你的缓兵之计，那我就将计就计。而李靖也看穿了颉利的西洋镜，在白道时，他与李世勣遇上了，两人商量如何摆平颉利。

商量来商量去，很快就有了结果，就是挑选一万精兵搞一个突然袭击，生擒颉利可汗。原因很简单，颉利虽然被打败，但兵马依然强大，要是让他跑了，就麻烦了。如今钦差已到突厥营地，颉利一定觉得高枕无忧，如果去偷袭，肯定不战而胜。

李靖十分兴奋，见李世勣的想法居然与自己不谋而合，不禁扼腕叹道：这是当年韩信灭齐的良策啊！

当年韩信灭齐之前，刘邦也是派了使者郦食其前去劝降的，并且还真给他弄成了，齐国愿意投降，还与郦食其一起置酒高会欢庆和平解放。可是谁能想到，之前兵锋直指齐国的韩信，却根本不管郦食其，继续率兵攻击齐国，导致郦食其被齐国烹杀的惨剧。

虽然胜利了，但郦食其却下了油锅。不能不说，这是个比较悲惨的意外。

两人将商量好的计谋告诉副将张公谨，张公谨眉头一皱，觉得这事不靠谱，当场就不同意了。他提出质疑，认为皇上已经下诏接受颉利的投降，并且大唐的使节还在颉利那里，怎么能发动进攻呢？说白了，担心唐俭的安全。

对于这个意见，李靖却不以为然，在他看来，这是机不可失、失不再来的大好良机，唐俭等人何足道哉？

一句话，怕打坏了坛坛罐罐，就别想做成事。

突袭

为了说服张公谨，李靖又再次强调这是当年韩信灭齐的良策，见李靖如此坚持，张公谨也只好同意了。可是唐俭和安修仁呢？他们可还在颉利的营帐内，颉利一旦发现自己被忽悠，肯定第一个拿刀砍他们。

唐俭，又再次陷入危险境地，想当年被刘武周关进大牢，现如今却被拿去当诱饵，不知他会作何感想？

其实，李世民派人与颉利可汗谈判，谈判是假，稳住颉利是真，毕竟草原那么大，要是让他跑了就麻烦了。所以必须先稳住他，再派部队去收拾他。

李靖自然领悟李世民的这个心思，此时此刻，他的内心只有一个信念：彻底打败敌人。

他什么都顾不上了，只是一门心思要彻底打败颉利，休息也免了，又是一个星夜，他依然不曾入睡，亲自上阵打前锋，连夜就带领大军出发，李世勣紧随其后。

月黑雁飞高，单于夜遁逃。欲将轻骑逐，大雪满弓刀。[①]

大唐铁骑如一把把锋利的钢刀，狠狠地向突厥人当头劈去，毫不留情。

在阴山时，他们突然碰上一大堆突厥人，足足有一千余帐，也就是一千多个营帐的突厥人。具体多少，不知道，总之人不少。

李靖并没有杀他们，而是发起进攻，将他们全部俘虏。突厥兵全乖乖地当了俘虏，跟随唐军一起前进，给唐军带路。

李靖这样做，既有了免费的向导，也做个示范，借此告诉突厥人，只要投降，就能活命。

而此时的颉利可汗，果然不出李靖所料，见唐朝特使都来了，他心里面的石头也落了地。可他哪里知道，有一块更大的石头，就要往他脑袋正中砸下来。

颉利热情接待了唐朝的使节，他十分高兴，庆幸自己的计谋成功了。很可惜，十分高兴，真的就高兴十分钟。

李靖的大军，正在向他的大本营猛扑过来。

出其不意，攻其不备。

唐军一路搜索前进，李靖先派出两百骑兵做先锋，打探消息。带领这支队伍的，就是后来大名鼎鼎的苏定方。苏定方带着先遣队一路前行，趁着大雾的天气，秘密行军。

此时正值天降大雾，唐朝勇敢的远征军将士，冒着严寒在大雾中穿行，悄悄地逼近突厥大营。月亮也睡了，只有马蹄的滴答声，除此以外，雾气缭绕。前面，就是颉利可汗的大帐，距离，只有仅仅七里。只要越过这七里地，颉利就到手了。

虽然是秘密进军，可唐军的行踪，还是被发现了。在距颉利大本营七里远的地方，突厥哨兵突然发现唐军，但为时已晚。

苏定方跑得比哨兵还快，如一道闪电疾驰而来，在离牙帐一里许的时候，忽然云开雾散——看，前面就是颉利牙帐！苏定方也不讲客气，扑上去

① 引唐代卢纶诗《塞下曲》。

就先杀了他几十个人。颉利正在为自己的如意算盘暗自欢喜，防备自然松懈，根本不相信唐军已到家门口，还以为神兵天降。去找唐俭，这机灵鬼早已无影无踪，颉利可汗来不及细想，骑了匹千里马就跑。

注意，颉利可汗不是组织抵抗，而是骑着一匹千里马，就这样逃了。

你逃，我就杀！

李靖的主力大军迅即到达，突厥军立即如洪水溃堤，一时覆水难收，溃不成军。

一战雪耻

唐军等的就是这一天，血战开始！李靖指挥唐军奋力冲杀，斩首万余人，俘虏突厥男女十余万，得牛羊牲畜数十万。几任突厥可汗的老婆——隋义成公主也在乱军中被杀，她儿子叠罗施可怜兮兮地被抓了活口。

颉利可汗的千里马到底还是跑得快，毕竟千里马就是千里马。很快他就纠集残部逃往碛口，不料又被李世勣抢了先，切断了他的退路，早已在碛口"蹲点"了。见前后夹击，突厥人算是见识了唐军的厉害，再打下去命都没了，许多人脑子里就闪出两个字：投降。

首先是大酋长率众投降唐军，李世勣乘势俘获五万余人，而颉利本人不知去向，神秘失踪。

唐军大捷，这是前所未有的胜利，李世民一雪前耻，对突厥积蓄已久的怨气全部发泄出来，忍辱十载，只为今日！这一天，李世民不知等了多少年，击破突厥，得地西起阴山，北至大漠，自此北方威胁彻底解除。今天内蒙古、外蒙古以及俄罗斯的广大地区，全部并入唐朝的版图。

大获全胜，李靖用不封口的告捷文书向长安奏报，以布告天下。

这是唐朝对外战争的空前胜利，也是李世民拓边战争最辉煌的成就，唐朝初年最大的边患，就此铲除，突厥对中原多年的袭扰终于落幕，对周边的大小势力起到了极其巨大的震慑作用。这次胜利，不但打掉了中原割据势力的总后台，维护了国家的统一，同时也有利于国内经济的恢复和发展，为后来的开元盛世、建立北庭都护府，以及击灭西突厥，都创造了良好的条件。

李世民听到这个消息后，极为亢奋，温泉也不泡了，立即从骊山温泉急匆匆地回宫，并下诏大赦天下，赐百姓畅饮五日，以欢庆这个伟大的胜利。

举国欢庆！

李世民更是欣喜若狂，对李靖大加赞赏，他说：这是前所未有的胜利啊！足以洗刷我当年渭水之耻了。

四年前的那一次便桥之盟，李世民其实一直耿耿于怀，他整军备战，忍辱负重四年，等的就是有朝一日一雪前耻。

“有志者，事竟成，破釜沉舟，百二秦关终属楚；苦心人，天不负，卧薪尝胆，三千越甲可吞吴！”

到这时候，我想你应该真正了解了李世民，了解了他的坚忍与担当。

搞定突厥，大唐帝国声威远扬，震动天下，赫赫威名让周围大大小小的反对势力都赶紧收起爪子，不敢再来搞事。相反，四方少数民族首领还一齐跑到皇宫门前集合，尊奉大唐皇帝为各族共同的首领，强烈要求李世民做他们的天可汗。

李世民回应说：我是大唐天子难道还要做可汗吗？嘴上虽这么说，其实心里面早乐开了花。

天可汗什么概念？意思就是和天空一样广大的可汗，其称号与和大海一样辽阔的成吉思汗有得一拼，意味着就是这些少数民族公认的老大。最后，少数民族首领们与文武百官高呼万岁——盛情难却，也名副其实，从此以后，李世民给西北各族首领的玺书中，一律改称“天可汗”。他正式成为号令四方的天下共主，从某种意义上说，他就是世界的霸主，想打谁就打谁，想灭谁就灭谁。

彪炳千秋，光芒万丈。

彻底平定

天可汗，不但是一种荣誉，更是一种权力，很多纠纷都必须李世民出面才能摆平，当时各族首领无不以到长安朝贺天可汗为荣，有时甚至一来就是成百上千人。甚至后来，他们还修建了一条连接西北边境与长安的驿道——“参天可汗道”，就是为了能更方便地见到李世民，与内地形成更紧密的联系。

天可汗，一个多么令人激动的名字，环视古今帝王，又有几人能有此荣耀？

绝不求和，绝不屈服，绝不妥协，唯一的办法，就是出击，出击，出击！挥军突进，战胜他们。“金戈铁马，气吞万里如虎”的气势，如今却已成绝响，中华民族的尚武精神，几时才能找回？

打败了突厥，颉利可汗到底是死还是生？根据最新战报，他在绝望的痛苦中去找自己亲爱的叔叔了。

当初，始毕可汗任命启民可汗的弟弟苏尼失为沙钵罗设，统领五万家的部落，在灵州西北一带设牙帐。后来颉利可汗大失人心，手下纷纷叛变弃他而去，只有这个叔叔不离不弃，一直忠心耿耿地辅佐他。突利投奔唐朝后，颉利封叔叔为小可汗。颉利被唐军打得惨败后，他也就跑到叔叔这里来避逃，打算投奔吐谷浑。苏尼失这时候也没说什么，“窝藏”颉利，依然如从前一样默默地保护着他。可是“通缉犯”毕竟有人追，李道宗率大军紧追不舍，以武力威胁苏尼失交出颉利。

叔叔顶不住了，正犹豫不决时，不争气的侄子却招呼也不打，就从后门溜走了。

这小子也太不地道了，居然跑了。

犹如惊弓之鸟的颉利可汗，带了几个骑兵灰溜溜地借着夜色逃跑，躲在荒山野谷之中，做起了“野人”。这时候，苏尼失害怕了，他明白唐军到来的严重后果。此时此刻，人的求生本能战胜了所有的一切，苏尼失急忙派人驰马追赶，将颉利逮获。他并没有主动交出“人质”，他还在犹豫，不过有人不会再让他犹豫了，行军副总管张宝相的铁骑，已经出现在营帐外头了。

没办法，玩不下去了，叔叔只好宣布投降，而颉利自然也一同被千里迢迢地抓去长安受审。漠南一带彻底平定，以至人烟罕迹，史称“漠南之地遂空”。

自此，东突厥正式灭亡，不可一世的突厥颉利可汗，就这样被唐朝的大将用囚车押着，返回长安。这在中国历史上也不多见，多么令人感慨，让人不由得心生豪迈！多少年来，中原的汉人经常是北方游牧部落的“下酒菜”，不被他灭了就算是福气，而颉利可汗一直是唐朝的心腹之患。可如今，这个不可一世的“大魔头”，却耷拉着头，成为大唐的阶下囚，这是何等快意人生。

捷报传来，举国欢庆。

然而就在大家为打败突厥开庆祝大会的时候，国内却传来一个令人极为痛心的噩耗：一颗明星陨落了。

他，就是杜如晦。

杜如晦怎么死的？

杜如晦

杜如晦是病死的，得了什么病不知道。史书只是记载他病重期间，李世民不但派太子前去询问病情，还亲自前往探视。就在俘获颉利的四天后，杜如晦离开了这个让他眷恋的世界，终年四十六岁。

李世民非常伤心，以至于每次得到什么好东西都要想起杜如晦，还派人将东西送到他家中，每每提到他，也是不由自主地流泪。他对房玄龄说，如晦与你一同辅佐朕，而今只看到你，却见不到如晦了——言真意切，听了都让人情不自禁地掉眼泪。

杜如晦，字克明，京兆杜陵人。出身官宦世家，自小就喜爱读书，心怀大志，好谈文史，以风流自居。他最大的特长就是临机决断，这样的性格也成就了他的千古美名。

隋大业年间，吏部预选人才，吏部侍郎高孝基对他一见倾心，说：栋梁之才啊，我要保荐你！不过高孝基要他从基层做起，给他补了一个滏阳尉的小官，这种差事岂是满腹经纶的杜如晦愿意干的？没过多久，他就弃官而去，他在等待时机。

机会终于来了，李渊攻占长安后，有人推荐他为秦王府兵曹参军，后又为陕州总管府长史。当时李世民与太子李建成的皇位争夺战已白热化，李建成屡屡动用釜底抽薪的战术，把李世民身边的人才调去外地。李世民也担心，但人才辈出的秦王府，你一时也调不完，就没怎么放在心上。可轮到对杜如晦下手时，房玄龄却站出来大声疾呼："别人都不足惜，惟杜如晦有王佐之才，如果大王要经营四方，非此人不可！"意思很明白，想做皇帝，少了他还不行。

李世民被当头棒喝，大惊道："要不是你，我还差点失去这个大才！"于是赶紧上奏留下杜如晦。

自此以后，杜如晦就追随李世民左右，成为一名高级参谋。征薛仁果、刘武周、王世充、窦建德，他参谋决断军国大事，运筹帷幄，剖断如流，从容应对，深为同事所折服。以功累迁陕东道大行台司勋郎中，封爵建平县男，食邑三百户，不久又以本官兼文学馆学士。秦王天策府创建后，他被委以中郎，成为李世民的高级幕僚。

当时秦王十八学士，杜如晦居首，是其首席代表，褚亮写给他的赞语是："建平文雅，休有烈光。怀忠履义，身立名扬。"可见已经是非常之高的评价了。他在李世民眼里是宝贝，但在对手李建成的眼里就是眼中钉了。李建成对李元吉说，秦王府中就杜如晦和房玄龄两个人最可怕，既然可怕，那就干掉，但也不能乱杀，那就调走吧！李建成向李渊进谗言，把他和房玄龄调离李世民身边，李渊下令如果见面就是死罪。

直到李世民箭在弦上不得不发的时候，他才与房玄龄跟着尉迟敬德打扮成道士潜回秦王府，紧急筹划玄武门之变的具体细节。终于在六月四日，李世民一击必杀，在玄武门成功发动武装政变，夺取政权。当李世民登上皇位后，立下汗马功劳的杜如晦被授予兵部尚书，进封蔡国公，赐实封三千户，另加益州一千三百户，不久又以本官检校侍中，代理吏部尚书，并总监东宫兵马事。到贞观三年（公元629年）时，他代替长孙无忌为尚书右仆射，与房玄龄共掌朝政。

房玄龄善谋划，杜如晦善决断，两人配合默契，堪称黄金搭档。每每讨论大事，房玄龄总是说非如晦不能断，等到杜如晦来了，往往能以最快的速度分析房玄龄的计谋并做出决断。

“房知杜之能断大事，杜知房之善建嘉谋”，他们之间，成就了一段“房谋杜断”的千古佳话。两人同心同德，一心辅佐李世民，耗尽毕生精力，世称良相，必说房杜。

未了的抱负

在任期间，杜如晦和房玄龄踏踏实实工作，引进贤能，制定帝国运作的一切工作流程，典章制度、政府规模，都是他们俩鼓捣出来的，甚获当代称誉。而杜如晦也是个有情有义的人，当年说他有栋梁之才的高孝基，杜如晦为他立碑纪德，感谢他的知人之鉴。

一人总领数职，权力大得惊人，当然会引发别人的不满，监察御史陈师合上《拔士论》，反对这么做，并将矛头指向杜如晦。李世民不以为意，说：你是要离间我们君臣吗？随后将陈师合贬去岭南——可见对杜如晦，李世民是从心底充分信任的。

然而，自古好事难圆满，任由沧海度终生。正处在权力巅峰的杜如晦，突然病倒了。

这年冬天，他感觉自己身体不行了，上表请求辞职，李世民伤心地表示同意，但待遇不变。他很关心杜如晦的病情，频频遣使到他家里询问，接连请来名医、找来好药为他诊治。后来又要皇太子去看望，但还是不放心，因为李世民离不开他，在百忙之中，他亲自来了。

李世民看着躺在病床上的老朋友，泪水不禁夺眶而出，这一刻，他哽咽无语，企盼他尽快好起来。可是，他的身体已经不允许了，为了大唐帝国的繁荣昌盛，他耗费了毕生的精力，乃至生命。

他闭上了眼睛，永远地闭上了眼睛，他留恋世间的这一切，毕竟太年轻，今年还只有四十六岁，他还有许多未了的抱负。

李世民痛哭，悲痛欲绝，为之废朝三日，赠开府仪同三司，等到下葬时又加司空。他对虞世南说：我和如晦感情太深了，你来写碑文吧！

一天，李世民吃瓜，味道很好，吃着吃着，就想起杜如晦了。他怆然悼之，命人切了一半送到他灵前，想与他一同分享，可是已经不可能了。只是这份情谊，却藏之于心底，与天地同在，永不逝去。

又一天，他赐房玄龄黄银带，对房玄龄说："如晦与你同心辅朕，今天却只见到你了！"说着说着，他眼泪哗哗流，又想起杜如晦来。他也要赏杜如晦，可是想到黄银带鬼神不敢要，于是特意换了一副黄金带让房玄龄亲自送至灵所。后来晚上做梦，李世民又梦到他了，如若平生。到第二天，李世民告诉房玄龄，更是悲泣不已，其后命人将御馔（皇帝的食品）送去祭祀他。

杜如晦的周年祭日，李世民还派人去他家里慰问其妻儿，而他工作时的人员配置也不裁撤，"终始恩遇，未之有焉"。事实也的确如此，一个普通人都很难做到这样，何况是诸事繁杂的皇帝。

杜如晦是李世民的超级智囊，死后获此殊荣，可谓无人能及，可让他万万没想到的是，后来自己的弟弟杜楚客陷入激烈的权力斗争几乎被杀。更为可怕的是，他的两个儿子，都死于非命，主要是次子杜荷参与李承乾谋反，出谋献策，想方设法要干掉李世民，事泄被诛——这其中的点点滴滴，又有多少不可告人的秘密？

杜如晦比房玄龄小六岁，却比他少活了十八年，并且四十六岁就死了，还很年轻，主要原因，是杜如晦身体一直不好。

所以说健康第一，反反复复强调，总是没人听，等到命没了，就什么都没了，一切都将悔之晚矣。

被押到长安的颉利可汗该如何处置，这是一个非常重大的问题，关系国家的长治久安，如何决定，将是考验李世民的时刻。

这天他登上顺天门城楼，举行隆重的受降仪式，随后又举行了盛大的凯旋大典。为彰显大国气象，李世民下令陈列各式战利品，并在众目睽睽之下，召见颉利。面对手下败将，自然不会客气，一见面，李世民就历数他五大罪状，骂得颉利有口难辩。

李世民好不痛快，颉利心惊肉跳，罗列了一大堆犯罪事实，莫非是要最后宣判？

争执

人都怕死，当然颉利也害怕从李世民嘴里听到杀这个字。不料，他最后听到的，却是饶他不死。

听到可以不死，颉利激动万分，命总算是保住了。他痛哭流涕，连连谢恩，感谢李世民手下留情。而李世民果然不亏待他，命他住在太仆寺，并提供丰盛的饮食，好酒好肉款待。

李世民为什么要这么做？

很简单，留着颉利，以震慑突厥余部，并借以展现自己的博大胸怀，告诉其余蛮族，只要投降，朕既往不咎。

颉利可汗能够得以善终吗？

李渊听说生擒颉利可汗的新闻，也是高兴得不行，叹息道："今日我儿子灭了突厥，说明我托付得人，复何忧哉！"

李渊为了好好庆贺一番，决定开一个大型 Party，把李世民和十几位显贵大臣及各亲王、王妃与公主等人都请到凌烟阁一起 Happy。他摆下酒宴，招呼大家不醉不归，喝到兴头上，我们的太上皇也少有地疯狂了一把，亲自弹起了琵琶，而李世民也在音乐声中翩翩起舞，当了回"伴舞郎"。公卿大臣都轮番起身为李渊敬酒，一直闹到夜深才散。

此时的长安城，到处洋溢着胜利的喜悦。流光溢彩中，尽是这十多年来耻辱的洗尽，忍辱负重的不甘、扬眉吐气的豪情——时时撞击着每一个国人的心灵，他们脸上挂满了幸福的笑容，也有心酸的泪水。一股难以言状以雪前耻的强烈情感，在每个人心中尽情地流淌，多少年来的等待，终于有了今日的一吐为快，他们要向全世界大声宣告：我们是强大的中国人！

平定突厥，其部落一部分北附薛延陀或西奔西域，还有十多万人则投降唐朝。如何安置这些人，是一个极为重要和非常现实的问题，毕竟这么多人，吃饭都是个大问题，要是闹起事来更是不得了，它关系到大唐帝国的安危以及国家的长治久安。李世民下诏，即命文武群臣商议如何处理。

大伙争来争去，基本形成三大主张。

第一种就是大多数朝臣认为的，他们提议将突厥人全部迁徙到兖州及豫州一带的农耕区，分散开来与汉族杂居，教他们耕田织布，彻底改变他们的生产和生活方式，化胡为汉，化牧为农，让他们成为中原人，让塞北之地永无人烟。很显然，这是一个“强行拆迁”的野蛮做法，自然不会让突厥人满意。

第二种主张则是中书侍郎颜师古和礼部侍郎李百药提出来的，颜师古认为，将他们安置在河套以北地区，设立酋长分别统领各部落，则可永除后患。而李百药建议在定襄设立都护府管理该地区，认为这才是安定边疆的长久之计。

夏州都督窦静以为，戎狄本性犹如禽兽，不如分其土地，拆其部落，让他们常为藩臣，永保边塞。

这时，温彦博又站出来发表意见，他的意见是，应该将突厥安置在塞下，也就是河套地区，让他们成为帝国的屏障，但必须尊重他们的生产方式与习俗，给予其某种程度的自治权力。

而第三种主张则是魏征提出来的，他认为将突厥置于中原或是塞下都非上策，最好是将他们“遣返原籍”。因为突厥人与中原是世仇，非我族类，其心必异，留着他们必生祸乱，所以不能养虎为患。

各方争论极其激烈，对魏征的主张温彦博提出反对意见，认为应该让他们成为大唐国民，施以德化，使其归心，中心思想就六个字：不抛弃不放弃。

李世民会如何抉择呢？

弹劾

经过一番斟酌，李世民最后采纳了温彦博的主张，在东起幽州西至灵州一带，安置近十万户突厥降众。突厥原地则实行羁縻政策，共置十州，突利的老地盘置顺、祐、化、长四州都督府；颉利的老巢分为六州，左置定襄都督府，右置云中都督府，以统御突厥部众。

李世民的处理办法，正是体现他反对贵中华、贱夷狄的思想，主张各民族是一家，爱之如一。而在行政管理方面，他仍然任命突厥本族首领为都督或刺史，连颉利也被任命为虢州刺史，可颉利不想去，只好改为驻守京城的右卫大将军。其余酋长到长安的，至少官拜将军或中郎将，还可入朝做官，五品以上的竟有百余人，在长安定居的，更是达到近万家。

其实，这不过是李世民同化政策的一个体现，目的就是完全视突厥为大唐子民，以增加其凝聚力。

虽然“优惠”这么多，但李世民还是留了一手的，他后来让突利与阿史那思摩分领突厥故地，其目的就是不让东突厥统一，免得再威胁中国。显然，李世民也听取了窦静分而治之的意见。当然这样安置突厥人，还有另一个原因，这与当年美国为了对付伊朗而培养萨达姆这件事情有异曲同工之妙——最后萨达姆壮大了，却长成一只不听话的大老虎——养虎为患。而唐朝养的这头大老虎，就是薛延陀。

李世民也感受到了薛延陀的威胁，为了防范这只老虎发威，重新“培养”突厥人倒是一个良策。以夷制夷是他一贯的手段，老对手总会有打不完的架。其实这一招还是很管用的，自此以后，处于漠北的薛延陀，始终未能突破突厥防线而直接攻击中原。

可是薛延陀毕竟是不安分的蛮族，十分凶悍，有朝一日，他们又要开始闹腾。但等待他们的，将是李世民的刀与剑，还有大唐如风一般的铁骑。

大获全胜，李靖凯旋，受到英雄般的礼遇。不想福兮祸所倚，他惹上了麻烦，因为有人告状，等待他的，将是弹劾的奏章。

原来是一向喜欢找茬的御史大夫萧瑀上奏弹劾李靖，说他在攻陷颉利牙帐时目无法纪，放纵部下抢掠突厥的奇珍异宝，要求“军事法庭”进行审判。对于这事，李世民特下手敕阻止萧瑀的疯狂举动，他心里很清楚，即便是事实，也情有可原，士兵这么老远袭破突厥大本营，有些不理智的行为也是可以理解的。他必须要保护大唐的英雄，小小的过错，并不能成为否定一切的理由。

当然为了警示李靖，与他见面时，李世民还是为此大加责备，李靖不作辩解，只是叩头谢罪。许久，李世民说我只记你的功不记你的过，随即加封他为左光禄大夫，赐绢千匹，并加食封，连同以前的共五百户。不久，李世民又觉得那天话说重了，又对李靖说：以前有人进谗言陷害你，现在朕明白了，你不必放在心上。为了补偿，另外赐绢两千匹，三个月后，又任命他为尚书右仆射，成为帝国正式的宰相。

其实这一拉一打，不过是李世民的驭人之术，目的就是告诉李靖，面对巨大的功劳时，千万不要骄横跋扈，要谦虚谨慎，要低调。

李靖是非常明白李世民的用意的，这不是猜忌，而是为他好，所以他一直很低调，即使担任宰相了，也毕恭毕敬，与战场上的杀伐霸气，判若两人。据说有时候他十分谦恭，话都不多说，甚至保持沉默，这个固然与他忠厚的性格有关，但恐怕与李世民的善意提醒，也很有关系。

功高盖主，诛杀功臣，功臣造反，不得善终，这是古今中外很多帝王与功臣的经典桥段。可是李世民对于这个问题处理得十分艺术，他不让自己受害，也不让别人受害，一个不经意间的敲打，就胜似千言万语了。

封禅

打了胜仗，大伙又急着要盖好房子了，当时最大的“房地产项目”就是盖宫殿。要么不干，要干就干大的，李世民也准备盖宫殿了，征发士兵修筑洛阳宫为自己巡幸做准备。

不料这个决定让张玄素不爽了，他上书劝谏，认为这是严重错误，理由是这并非当务之急，加之劳民伤财，财政也困难；这么瞎搞，恐怕连隋炀帝都不如了。

李世民很吃惊，这家伙竟敢说我不如隋炀帝，好大的胆子。

“你说我不如炀帝，那么与桀纣相比又如何？”

“如果工程不停止，恐怕也差不多。”

听张玄素这么说，李世民不是震怒，而是醍醐灌顶，叹息道：“是我考虑不周啊！”而后回头对房玄龄说朕以为洛阳是全国中心，所以才想着要修宫殿，应该立即停工，以后去洛阳，就是在露天里睡也没关系。

为了表彰张玄素，李世民赐彩段两百匹。

正是这样节制自己的行为，时刻维护自己的良好形象，让李世民成为大臣们的表率。唐朝的官员们都纷纷以李世民为榜样，以身作则，守法奉公，认真贯彻李世民的每一项治国良策，唐朝的声望一步步提升。

经过几年的精心治理，唐朝的国力大为增强，李世民内政外交无不成就巨大。我想，看着自己儿子有了今天的成就，作为父亲的李渊，肯定十分欣慰。

有了成就，就要分享，相信很多人都有这个心理，李世民也不例外，他想与天地一同分享——封禅。

封禅，简单地说就是祭天地，表示君权天授，以告太平，封为祭天，禅为祭地。而泰山在古代被认为是天下最高山，所以一般都去泰山封禅。文武百官再次请求李世民封禅，他心里有些蠢蠢欲动，讲了一段意味深长的话：“如果天下安定，丰衣足食，就是不去封禅又有何妨？并且祭祀天地神灵，难道一定要这样才能表达敬意吗？”

李世民说这句话的意思，其实是想去，但又不好说破，下面的群臣当然明白话中有话，仍然不断请求说这次一定得封。

这时候，李世民将目光投向了魏征，就怕他唱反调！不巧，魏征又不“配合”了，站出来极力反对，于是，君臣两人一场很有意思的对话开始了。

“你不赞成我封禅，是功劳不够高吗？”

“够高了。”

“是德行不够厚?”

“够厚了。”

“是中国还未安定?”

“够安定了。”

“是四夷还未归服?”

“归服了。”

“是一年的粮食没丰收?”

“丰收了。”

“是祥瑞没出现?”

“出现了。”

这就奇怪了,什么条件都已具备,怎么就这么不给面子?李世民耐心也够好,又问道:“那为什么不可以封禅呢?”

魏征回答说,陛下虽然有上述六项成就,但现在国家还不富裕,国内还有很多问题没解决,这时候去搞这样的活动,不过是劳民伤财,如果为了博一个“封禅”的虚名而造成巨大危害,实在是得不偿失。为此,魏征还打了个比方,说假若一个人得了十年病,经过治疗快要好了,但仅剩皮包骨,很瘦弱,却一定要让他去背一石米每天走一百里路,这样做肯定不行。隋朝战乱不止十年,陛下就是为它治病的良医,病虽然治好了,但还没完全康复,如果现在就宣布大功告成,我深表忧虑。

恰好此时,黄河也不高兴了,发了一场大水,产生严重的洪涝灾害,“封禅”的事情也就提都没人提了。终其一生,李世民都没能封禅成功,不能不说与魏征的谏阻有直接关系。

封禅可以不提,但公主出嫁的事就不能不提。长乐公主要嫁人了,因为是李世民与长孙皇后的宝贝千斤,所以李世民特别宠爱,下令嫁妆要比她姑妈永嘉公主还多一倍。这种家事魏征也要“干涉”,劝阻说这很不合适。

李世民觉得在理,回去告诉老婆,长孙皇后叹道:“我总是听陛下称赞魏征,还不知道什么原因,如今才知道他真正是国家的栋梁啊!”

为了表示自己的心意,她特意派宦官带了四百缗线、四百匹绢赏给魏征，还带话给他要始终保持住这份正直。

当然，魏征也有让皇帝发脾气的时候，一天李世民罢朝回宫，怒气冲冲地咆哮道："我要杀了这个乡巴佬！"

长孙皇后弄得满头雾水，忙问怎么回事，李世民说魏征总是在金銮宝殿上当着大家的面羞辱他。

听老公这么说，长孙皇后却默默地转身走了。

诀别

正当李世民丈二和尚摸不着头脑的时候，长孙皇后又出现了，换了另一套衣服出现了，平时一般穿"休闲服"，而这次却是换了一套"行政套装"。她穿着一身皇后服立于厅堂，这让李世民更是莫名其妙，搞什么？又不是去出席活动。他不知道老婆玩什么花样，非常吃惊，问怎么回事，只听到长孙皇后说："听说君主开明臣下才正直，如今魏征如此正直，正因为有一位英明的君主啊！我怎么能不祝贺呢？"

一句话就把李世民给逗乐了，看来长孙皇后真是聪明，知道怎么给自己老公台阶下。

这就是温柔的力量，用一个奇怪的举动就能打消他的怒气，其实夫妻之间，有时候打趣比打斗要好得多。

这是贞观六年（公元632年），四年后，李世民这位可爱的老婆，将突然死去，他一时难以接受，痛不欲生。而在这几年中，一个个熟悉的面孔，都将慢慢离开人世，消失在李世民的面前，张公谨死了，李元亨死了，李嚣死了，周范死了，颉利死了，李渊死了，再后来，温彦博、虞世南、王珪、宇文士及、魏征等人，也将一一走向这条路，与这个世界彻底永别。

人生无常，世事难料，生亦何欢，死亦何惧？生，未尝可喜；死，亦未尝可悲。

说是这么说，可李世民还是难以释怀；等待他的，将是一个接着一个的悲剧。

日历终于翻到了公元634年，这一年，是贞观八年，李世民做皇帝的第九个年头，开年的第一个消息，就是有人死了——颉利可汗。依照突厥的风俗，李世民下令将其火化，葬于灞水之东，赠归义王，谥曰荒。

颉利死后，有个叫浑邪的部下过于悲恸，自杀而死，而当时抓住颉利的苏尼失也以死殉葬。

虽然还有一群忠心耿耿的人跟随自己，住在太仆寺饮食都由国家特供，但在长安的颉利过得很是郁闷，郁郁不得志，经常与家人相对悲歌而泣，却又不知如何宣泄——哭泣只能代表伤痛，悲歌却为英雄哭泣。渐渐地，他变瘦了，疲惫的身影，满脸的憔悴。

恻隐之心，人皆有之，李世民看在眼里也难过，打算让他去虢州任刺史，因为那儿麋鹿很多，可以游猎——与其待在长安生闷气，把还不如如从前一样自由自在地去打猎。可是颉利不愿意去，没办法，李世民只好授予他右卫大将军，另赐上好的田宅。

颉利在长安仍旧保留着突厥的生活习俗，不住房屋，而是在院子里搭了个帐篷，那里才是他的地盘，可见他始终怀念草原的生活。

雄鹰已然折翼，但心依然翱翔天际。就在他悲泣之时，在不远处，在长安的深宫之中，有一双调皮的眼睛好奇地注视着这一切，注视着这与中原截然不同的生活。有一天，他也疯狂地迷恋这一切，就是这潜移默化的影响，改变了大唐帝国的历史，改变了很多人的人生。他的命运，是如此引人注目，而他的行为，将令李世民悲痛欲绝。

为了及时了解全国各个地区的真实情况，制定更为妥帖的政策，李世民决定派人到全国巡视。可中央巡视组的名单迟迟定不下来，原因是找不到合适的人选，其中最重要的一个人选，就是畿内道黜陟（音 chùzhì）大使，因为畿内道是京畿首善之地，所以必须有一个最好的人选。

李世民问房玄龄，谁可以胜任？

李靖说，畿内事关重大，非魏征不可。

听李靖这么说，没想到李世民一下就不高兴了，明确表示反对，阴沉着脸怒道：魏征要随时纠正我的错误，一天也不能离开，为何要让魏征去，太没道理了。

魏征对李世民而言，太重要了，所以李世民才会发飙。

好了，飙发完了，就是办事。既然是你李靖推荐魏征，那么魏征不能去，你去吧！

李世民派李靖为畿内道黜陟大使，其余诸道黜陟大使分别由萧瑀等十二人担任，他们十三人作为中央的特派员，对各地区进行巡视。而李世民交给他们的任务，主要有三点：

一是考察地方官吏；

二是询问民间疾苦，赈灾敬老；

三是选拔怀才不遇的人才。

当然，给予的权力也是很大的，所到之处，如李世民亲临。后来李靖以病推辞，并请求退休。而就在此时，征讨吐谷浑的战争，马上就要打响了。

第九章 平定吐谷浑

河西走廊的威胁解除了，清脆的驼铃声，又一次响彻在醉人的丝绸之路上，从扬州，到西域，从长安，到波斯，驼队带着人们的梦想和希望，滋润着东西方的文明，一起碰撞出最灿烂的火花——彼此包容，互通有无。

吐谷浑

吐谷浑，中国古代一个古老的少数民族，它是鲜卑慕容部一支，西晋末年就在青海、甘肃一带兴风作浪，并建立了政权，名吐谷浑国。隋朝时，其地被隋炀帝占领，置西海、河源、鄯善、且末四郡，隋朝末年又尽复其故地，开始复兴。唐朝初年，李渊曾经派李安远出使吐谷浑，双方互通友好，建立互市，吐谷浑甚至还帮李渊打过李轨。但吐谷浑始终阻止唐朝从河西进入西域，频繁袭扰唐朝的西部边境。

吐谷浑与其他草原游牧部落一样，也过着四处游荡的游牧生活，他们以畜牧业为主，擅长养马。尤其是他们所产的青海骢，据说是与波斯马杂交而成，能日行千里，是名副其实的千里马。

除了畜牧业，吐谷浑人还搞农业，种植大麦、青稞、豆等作物；并且他们的冶炼业也十分发达，打造的兵器更是远近闻名。

让吐谷浑更出名的是他们的地理位置，他们刚好处在沟通中西方交通要道的丝绸之路上，丝绸之路中的南道，也就是所谓的青海道，恰好从吐谷浑境内通过。而连接丝绸之路的交通要道河西走廊，位于黄河以西的大山之间，地形狭长，宛如走廊，位置十分险要，是唐朝与西域各国的交通与贸易生命线。吐谷浑，就矗立在河西走廊的南侧，时刻扼守着这条黄金通道的咽喉地带。

可以说，吐谷浑坐在那里都有钱收。

正因为地方好，所以吐谷浑的商队十分活跃，远至长江中下游，西至波斯，都有他们的身影。也正因为拥有如此优越的地理位置，这里成为一个是非之地，很多人有事没事都打这儿的主意。

总之从立国开始，吐谷浑就没怎么安宁过，战争不断。唐初虽然与唐朝往来，但它时不时就寇扰唐朝边境，屡为唐朝边患。东突厥鼎盛时期，吐谷浑被它征服，并依附于突厥；等到突厥败亡后，吐谷浑再次焕发出新生，实力越来越强，多次挥兵侵入河西走廊，切断丝绸之路，直接威胁唐朝与西域之间的安全。

吐谷浑建都伏俟城，城内有小城、宫殿，布局深受中原影响，其王公服饰也与汉族类似。他们也有完备的行政体系，老大称可汗，其下有王、公、仆射、尚书、将军、长史、司马及郎中等职。

吐谷浑有很多奇怪的风俗，比如喜好巫术，比如盗马则死，比如迎娶庶母等等。最令人称奇的是，他们找老婆十分有性格，有钱的，大把出钱，没钱的，就偷一个回来，即所谓"富家厚纳聘，贫者窃妻去"。

吐谷浑自东晋咸和四年(公元 329 年)立国开始，到李世民执政时期，三百年间，已经历经十五任可汗，现在在台上的，名叫慕容伏允。

慕容伏允早在隋文帝时期开皇十八年(公元 598 年)就上台了，到李世民上台的时候，他已经在台上坐了二十八年。杨坚、杨广和李渊三个皇帝都耗没了，他还在，可见已经是"灭绝师太"。

伏允这人很会来事，经常喜欢捣乱，本事不大，胆子却很大。等到李世民击灭突厥后，他狐狸尾巴又开始翘了，接连向李世民发起挑衅。

很遗憾，偏偏碰上了李世民。李世民这种人，天不怕、地不怕，谁都不怕，你不惹他他还来惹你，所以可以肯定地说，伏允先生的这种行为，纯粹脑残。

可是既然是脑残了，也没办法，只好把脑残进行到底。伏允开始把自己从幸福模式，强行送入死亡模式。

平定吐谷浑的战役，很快就要打响，慕容伏允，将死于非命，当然在死前，他还反复闹腾，与李世民展开了硬碰硬、马拉松，以及躲猫猫等诸多游戏。最后，他走到死亡模式的终点，在沙漠中迈向死亡。

再次远征

吐谷浑可汗伏允遣使入贡，人还没回去却又派军队攻击鄯州，大肆抢掠一番。李世民很生气，对此予以谴责，并要求他立即入朝。

伏允推辞，说我有病去不了。不来就算了，伏允还莫名其妙地为儿子求婚。

以大局为重，李世民也不多说什么，答应了。可是要这位未来的女婿来长安迎亲时，慕容公子却又不干了，同样说有病去不了。这就无理了，摆什么谱，难道还要老子“送货上门”不成？况且你还有病。

李世民感觉被嘲弄了，非常气愤，当场解除婚约。

没想到慕容伏允脾气更大，不但不道歉，反而继续发兵攻击兰州、廓州两地。不过他此时年事已高，脑子也不好使，糊涂了，接连干了几件蠢事，盲目信赖自己的宰相——鹰派人物天柱王，还采纳他的意见连连犯边，给李世民难堪。更为严重的是，他竟然扣留大唐的使节。

李世民派人反复交涉，要求“物归原主”，前前后后折腾了十多次，总算把人放回来了。

这不是拿我开涮吗？李世民很不爽，又召见吐谷浑在京的外交使节，亲自晓以祸福，可是伏允实在老糊涂了，对李世民的好意置若罔闻，始终没有悔改之意。不但不悔改，他还接连发兵攻击岷州、兰州、凉州等地，摆明了要跟李世民过不去。

好，既然是这样，那就怪不得我了，去死吧！

李世民又拿出了他的黑名单，圈上了第二个目标：吐谷浑。

战前，李世民下发《讨吐谷浑诏》，痛斥吐谷浑"不量其力，不恤其人，肆情拒命，抗衡上国"，所以他决定"长驱克期，穷其巢穴"。

当然平定吐谷浑，并非仅仅出于李世民的个人恩怨，最主要的原因，还是唐朝准备经营西域，必须打通中西陆路交通，保障丝绸之路的安全与畅通，而吐谷浑这个"拦路虎"，自然要干掉。并且解决吐谷浑，也能铲除西部边境的祸害。此外，还有一个不太好说的秘密——夺马，夺取吐谷浑的特产千里马青海骢。

大军又再次开始远征了，李世民命令左骁卫大将军段志玄为西海道行军总管，左骁卫将军樊兴为赤水道行军总管，分别统率边防军以及契苾、党项等部落兵团大举进攻吐谷浑。

捷报很快传来，段志玄大败吐谷浑，乘胜追击八百余里，一直打到离青海湖三十多里的地方，尽情享受着胜利的滋味。吐谷浑人只能无可奈何地赶着一群千里马趁乱逃走。副将李君羡则率精骑绕道一路追击，在青海南面的悬水镇追上敌军，打得他们四处乱窜，缴获牛羊两万余头，可惜没缴获千里马。

吐谷浑虽然赶着千里马跑了，但肯定不甘心，等回去吃饱后，他们又故伎重演，发兵攻击凉州（今甘肃武威）。

唐军这一次并没有达到预期目的，因为准备不足，战线太长，段志玄担心进了敌人的圈套，所以他并没有继续追击。

李世民心里明白，必须果断采取行动，彻底击败吐谷浑！但要达到这个目的，段志玄并不是一个最好的人选，可是谁可以为主帅？这又是一个头痛的问题，本来打算是想派李靖去的，可他毕竟年纪大了，六十好几的人，而且半个多月前还因病辞去了宰相的职务，看来是不能远征了。可没有谁比他更合适。

廉颇老矣，尚能饭否？正当李世民苦恼的时候，李靖沉稳的身影出现了，他通过房玄龄主动请缨，请求再次领兵，远征吐谷浑。

你还能当元帅吗？

我虽然老了，但还可以上阵拼杀。

士为知己者死，这把老骨头了，还能被你如此倚重，又何所畏惧？

疲劳战术

李世民看着眼前这位大唐的功臣，虽已是个老人，但如此坚毅的眼神，就是最好的答案，他大为兴奋，即刻任命老朋友再次远征。

宝刀未老的李靖又将再一次披挂上阵，长途跋涉，带领大唐英勇的战士，为了大唐的荣誉而战——这一年，他六十五岁，这一刻，天也感动了。

东灭突厥，西灭吐谷浑，李靖的战刀，又再次砍向祖国的边陲重地，在那里，他将又一次建立不朽的功勋。

经过十多天的准备，李世民正式任命李靖为西海道行军大总管，总领各军，而其他各"兵团司令"分别是：

兵部尚书侯君集为积石道行军总管，刑部尚书任城王李道宗为鄯善道行军总管，凉州都督李大亮为且末道行军总管，岷州都督李道彦为赤水道行军总管，利州刺史高甑生为盐泽道行军总管。诸路大军连同突厥、契苾部分军队分道出击，以排山倒海之势，向吐谷浑发起毁灭性打击。

吐谷浑，将迎来一次生死存亡的大会战。

为了给将士们鼓舞士气，李世民在出发前，特意在京师长安城西举行了浩大的阅兵仪式，然后，大军开赴前线。李世民在长安紧张地等待前线的消息。

只是让人感伤的是，这次阅兵仪式，李渊也参加了，他却没有听到彻底平定吐谷浑的消息，不到半年时间，就去了，去了另外一个世界。

吐谷浑，丝绸之路上的一颗明珠，这一次，天可汗要将它收入囊中。

一场生死大战已不可避免，前方的路充满艰辛，但勇敢的唐军将士，不畏艰险，一往无前。终于在贞观九年(公元 635 年)闰四月初八，前线传来更为重大的胜利消息，李道宗在库山大败伏允，俘敌四百余人，吐谷浑军“表里受敌，一时奔溃”。伏允只好烧光野草，轻装逃入沙漠隐藏起来，开始玩躲猫猫的游戏。

与其说是躲猫猫，不如说是疲劳战术。伏允虽然败了，但主力尚在，他知道硬拼不是唐军的对手，所以开始跑，避其锋芒，保存实力，等到唐军的战线拉长后，再寻机歼灭敌人。

说白了，先把你放进来，再慢慢打，等你疲于奔命，陷入困境的时候，再给你致命一击，各个击破。

这是一记狠招，利用地形优势以及焦土政策耗尽唐军的后勤，伏允准备跟唐军打一场残酷的消耗战。

打不赢，就拖死你。

见敌人躲进沙漠吃沙子去了，众将见该死的草都被烧光了，马没草吃，也很疲惫，并且敌军诡计多端，此时不可深入敌境，应该先退兵再说。看来大伙说的都有道理，唯独不识相的侯君集提出反对意见，说不能这样，如今吐谷浑人都像老鼠和小鸟一样四处逃散，如果趁其不备，搞定他们还不是捡地上的草芥一般容易？不乘胜追击，一定会后悔的。

意思很明白，只有追击，才能获胜。

这种时候，又是考验领导决策能力的时候了，因为两方都有理，至于是利大于弊还是弊大于利，就在于一念之间的决断了。

李靖权衡利弊，觉得侯君集讲得很有道理，毅然决定兵分两路，进行追击。一路由自己亲自带领薛万均、李大亮、契苾何力走北道，切断通往祁连山的退路；另一路则由侯君集与李道宗走南道，追截南逃的吐谷浑军。两路大军宛如两头狮子，紧紧咬住敌军，形成钳形攻势，向敌人猛扑过去。

迂回包抄，直捣王庭。

为了尽快追上敌人，李靖在出发前就挑选了精锐人马，并轻装前进，死死追赶敌军。

追上了。

追上了，就打吧！

赤水之战

李靖一点都不讲客气，猛打暴打，接连发起攻击。首先，部将薛孤儿在曼头山大败吐谷浑，杀了他们几个头头，还获得大批牛羊；几天后，李靖又在牛心堆（今西宁西北）大败吐谷浑。他一路追击，在赤水原更是痛打落水狗，俘获伏允的心腹大臣高昌王慕容孝隽[①]，收杂畜数万头，看来以后军粮不愁了。

一败曼头山，二败牛心堆，三败赤水原，吐谷浑被打得鼻青脸肿，已毫无还手之力。

兵败如山倒的吐谷浑，只有跑路的份了——哎，摊上这么个猛人，真是倒了八辈子霉，这么一路搞下来，恐怕连逃进沙漠吃沙子的机会都没有了。

可是预想不到的是，南路军，却遇到了大麻烦。

侯君集他们一路西进，深入两千余里，闯进了人烟罕迹的无人区，并且还要翻越白雪皑皑的高山。史书记载："侯君集与江夏王道宗趣南路，登汉哭山，饮马乌海，获其名王梁屈忽，经途二千余里空虚之地，盛夏降霜，多积雪，其地乏水草，将士啖冰，马皆食雪。"

茫茫戈壁滩，巍巍大雪山，四周无水草，处处是难关。

到了吃冰雪的境地，看来已经是没办法了，实在是情况不容乐观。虽然自然条件这般恶劣，但不畏艰险的唐军，依然发扬艰苦奋斗的精神，怀着满腔的热情去争取胜利。经过破逻真谷时，水都喝不上，这时候，勇敢的唐军将士，硬是靠着一股坚韧的毅力与顽强的坚持，人吃冰，马吃雪，历经无数艰难困苦，顺利走出无人区。越过汉哭山后，终于在五月份于乌海追上一路当逃兵的伏允可汗，双方大战，唐军大破吐谷浑，俘获其名王梁屈葱（又作梁屈忽）。而正在此时，薛万均、薛万彻兄弟，又在赤水[②]把那位总与唐朝对着干的鹰派宰相天柱王打得脱裤子跑人。

---

① 《新唐书》作南昌王慕容孝俊，不知何者为是。

② 赤水，又称赤海、赤水源、赤水川，在今天青海的恰卜恰河上游。

赤水之战一开始并不顺利，其中的过程，最是惊心动魄。

当时薛万均、薛万彻两兄弟率轻骑先行，由于冒敌轻进，不幸被吐谷浑军给围住了，并且是重重包围。两兄弟双双中枪跌下马来，但他们依旧忍痛继续徒步战斗，浴血奋战，士卒也死伤大半，报销十之六七。

虽然薛氏兄弟十分勇猛，单枪匹马就敢冲阵，甚至杀到浑身是血，战马也是鲜血淋漓的地步，但毕竟寡不敌众，眼看兄弟俩就要以身殉国、光荣地走进吐谷浑的囚车了，就在这千钧一发之际，左领军将军契苾何力亲率数百骑兵“从天而降”——“突围而前，纵横奋击”，冒死进行突阵，开始惨烈的援救行动。

契苾何力拼死断杀，所向披靡，终于把两兄弟从重围中救了出来。而之后的李大亮就更有“成就”了，与执失思力分别在蜀浑山和居茹川大败吐谷浑军，李大亮不但打了个大胜仗，还俘获吐谷浑亲王二十人，杂畜五万头。

到了赤水，也就离吐谷浑的都城伏俟城不远了。打败天柱王后，李靖乘胜进军，一举攻破伏俟城。破城后，李靖留守，派遣李大亮、契苾何力与薛万均兄弟继续追击落荒而逃的伏允可汗。

吐谷浑人又再次故伎重演，放火烧光野草，退保大非川。

唐军继续追击，翻过积石山与黄河源头附近的星宿海，到达柏海及且末，与吐谷浑军大战数十回，连战连捷，一直打到吐谷浑汗国最西边的边境地区。不想，唐军内部出现了分歧。

唐军得到情报，说是伏允可汗逃进了突伦川，也就是今天的塔克拉玛干沙漠，打算西奔于阗国。契苾何力提议继续追击，一定要活捉他，而刚刚在赤水之战时差点送了命、想起来还在后怕的薛万均，有些心虚，坚决反对。契苾何力也不是吃素的，摆出强硬理由，说吐谷浑人现在四处游荡，如果不一窝端，一旦四散逃走，又怎能捣毁他们的巢穴？

一句话，不能让他们跑了。

薛万均没理由反驳，契苾何力也不再多说，他雄鹰一般的眼睛射向远方，大喝一声，亲自挑选千余名骁骑，策马向“塔克拉玛干沙漠”奔去。薛万均无奈，为不丢面子，也只好率军紧随其后。

追击开始！

平定吐谷浑

因为是在沙漠里行军，没有水喝，将士们只好刺马出血，饮马血解渴。功夫不负有心人，历经千辛万难的唐军"特种兵战士"，追击数百里，终于越过荒无人烟的不毛之地，袭破伏允可汗牙帐，斩首数千级，并获牛羊杂畜三十余万头，生擒伏允的老婆孩子。

慕容伏允也是惨，居然与罗艺迈上了同一条路，抛妻弃子。而他自己虽然暂时捡了条小命，但也只能带着一千多人狼狈地躲进沙漠去看海市蜃楼。他很清楚，这不是长久之计，他想活下去，哪怕是一直窝在沙漠里吃沙子也比死了好，可是不切实际的幻想，迟早要被无情的现实所击碎。

部下一个个都跑了，众叛亲离的伏允可汗成了孤家寡人，手下不过百骑，很快就被左右所杀[①]；而此时吐谷浑的流亡政府，接到伏允可汗升天的消息后，迫不及待地立他的嫡长子慕容顺为新可汗。

慕容顺，杨广的好外甥，伏允可汗的嫡长子，被封为大宁王，当年派到隋朝侍奉皇帝，很长时间都不能回故乡，伏允于是立了其他儿子为太子。后来慕容顺回到故乡吐谷浑，见本该属于自己的位子被人霸占了，心里很郁闷，但他不能说什么，有话只能埋藏在心里。就在国破之际，这位年轻的王子勇敢地站了出来，顺应民心，杀掉可恶的天柱王，然后举国投降唐朝，并称臣内附。

在伏俟城，六十五岁的李靖，接受了慕容顺的投降，至此，吐谷浑彻底平定。

大漠风尘日色昏，红旗半卷出辕门。前军夜战洮河北，已报生擒吐谷浑。[②]

① 另有史料说是自杀，如"伏允大惧，与千余骑遁于碛中，众稍亡散，能属之者才百余骑，乃自缢而死"。此处取《资治通鉴》："伏允帅千余骑逃碛中，十余日，众散稍尽，为左右所杀。"

② 引唐代王昌龄诗《从军行》。

平定吐谷浑，是唐朝的一个伟大胜利，五胡乱华后中国进军西域的道路就此打通。通往西域的商路，终于畅通无阻。

河西走廊的威胁解除了，清脆的驼铃声，又一次响彻在醉人的丝绸之路上，从扬州，到西域，从长安，到波斯，驼队带着人们的梦想和希望，滋润着东西方的文明，一起碰撞出最灿烂的火花——彼此包容，互通有无。

贞观九年（公元635年）五月十八日，掩饰不住胜利喜悦的李靖飞书长安，奏报平定吐谷浑。

接到捷报的李世民，心情复杂，因为他是在极度的悲痛中等到这一胜利的消息的。十二天前，大唐帝国的缔造者，李世民的父亲李渊同志，已经与世长辞了。

还记得，不到半年前，父亲还与自己一起在城西参加了征伐吐谷浑的阅兵仪式，一同检阅军队，慰劳将士。那时候，他依然神采飞扬；现如今，已是阴阳两隔。

悲痛的李世民，无心料理政务，日常事务都交由太子李承乾。现在前线有消息了，为大局着想，必须化悲痛为力量，开始处理国家大事。

三天后，为了恢复当地秩序，李世民下诏恢复吐谷浑国，任命慕容顺为西平郡王和趉胡吕乌甘豆可汗。不过李世民还是担心他根基不稳，于是又派李大亮带几千精兵前去保护，可是谁也想不到的是，没过多久，就出事了。

李世民并不想就此灭掉吐谷浑，一来为了照顾周边少数民族政权的感情，二来吐谷浑还有利用价值，可以利用它，去对付一个更可怕的敌人。

而此次远征吐谷浑，是老将李靖亲自指挥的最后一次战役。他已经老了，六十六岁，一般人都在家里抱孙子了，可他还在战场上拼杀，着实令人感佩。

说实话，李靖很有名，很多人都知道他，但并不清楚他光辉的经历。他的人生，到底有怎样的坎坷与艰辛？

李靖

李靖，字药师，京兆三原人，爷爷是刺史，爸爸是郡守，算是高干子弟。这小子长得很漂亮，是个大帅哥，从小就熟读经史，有文才武略。不单如此，他还是个志向远大的人，常对家人说：大丈夫就应该干一番大事业。

李靖的舅舅是隋朝名将韩擒虎，每次和李靖论兵法都是拍手叫绝，说：能与我谈论孙吴兵法的，除了你还能有谁？李靖初入仕途，只做了个长安县功曹，后任殿内直长、驾部员外郎。虽然地位卑微，但才干非凡，几个大人物都是赞不绝口——吏部尚书牛弘见到他就惊呼："王佐之才也！"首席宰相杨素更是拍着自己的宝座说："这个位子迟早是你的！"

虽如此，隋末乱世，李靖却没有施展才华的天地，他被派到马邑当了一个郡丞，协助王仁恭抗击突厥。

当时李渊在晋阳，曾经和王仁恭一起携手打过突厥，李靖一眼就看出李渊心怀叵测，于是决定去江都告密，不想在长安发生意外，被抓起来投进大牢。等到李渊攻破长安后，他被放了出来，可李渊不是请他喝酒，而是要杀他。得知之前有人要去告发自己，谁都会有脾气，李渊对不合作人士向来都是动刀子，这次也不例外。壮志未酬，李靖脑袋轰的一下，意识到自己可能马上会死，但死前也要像条汉子，临刑前，他扯开嗓子大声疾呼：

"公起义兵，本来是要干大事业，怎能以私怨而杀壮士？"

李渊很惊讶，觉得这小子不简单，加之刚好李世民来了，也看中这个人才，极力为他求情，这才救下一条命来。就这样，他被嗜才如命的李世民召入幕府，成为李世民团队一员。平王世充时，他立有战功，授开府，但不知什么原因，他并没什么突出表现，直到统一南方的行军号角吹响后，才终于迎来了他的大舞台。

平灭萧梁时，李靖上《图萧铣十策》，名义上他是李孝恭的副将，实际干的都是主将的活。他最后率水军浩浩荡荡沿长江一路打到梁国都城江陵，逼降萧铣，其后平定岭南，打下大半个中国，功劳几乎可以与李世民相媲美。而就在这之前，他还有过一次死里逃生的经历。

当时萧铣据江陵，李渊下诏命李靖出兵，他临危受命，带轻骑数人疾驰至金州，刚好碰上蛮贼邓世洛鼓动数万人在山谷间闹事，庐江王李瑗正在卖力征讨。可惜李瑗才疏学浅，怎么也摆不平，还几为邓世洛所败，弄得很没面子。李靖也不能袖手旁观，教了他几招计谋，三下五除二就打败不可一世的邓世洛。可当进军至峡州（今湖北宜昌）时，李靖却遇到了前所未有的困难，被萧铣的大军阻隔，久久不能前进。

这本来不是件什么大事，可让他差点遭遇夺命之灾。李渊听到这个消息，大怒，又想起破长安时的那一幕，于是紧急密敕峡州都督许绍把李靖杀了，罪名是逗留不进。许绍接到这个密令，却没有立即执行，因为舍不得下手，他很欣赏李靖的才能。许绍也不多讲什么，立即上奏李渊，总算保住李靖一条命来。

时值开州蛮族首领冉肇则谋反，领众攻打夔州，赵郡王李孝恭出战不利。李靖不畏艰险，率八百精兵发动斩首战，直接攻击冉肇则指挥大营，乱打一气后，又撒腿跑人。冉老弟还以为唐军败逃，奋起直追，哪想到在半路上中了李靖的埋伏，自己也被临阵斩首，另有五千弟兄被俘，算是倒了大霉。

就是这一次胜利，让李靖获得了朝廷的充分信任，李渊大为兴奋，对左右说，使功不如使过，李靖果然有本事！李渊还特下玺书慰劳："卿竭诚尽力，功效特彰。远览至诚，极以嘉赏，勿忧富贵也。"而后亲下手敕，表示既往不咎：以前不愉快的事情，我早就忘了。

也就是在这个时候，李靖呈上了他的考察报告——"图铣十策"。

征战江南

李渊更为高兴，不但听从李靖的意见，还命他为行军总管，兼李孝恭的行军长史，做他的副手。因为李孝恭战场经验不足，所以军政大权基本都委于李靖——这在初唐很普遍，为了防止兵权旁落，一般主帅多由皇亲国戚担当，但基本都是挂名；真正赤膊上阵的，往往是长史、司马这些“副官”，而李靖也有幸成为其中一员。

以“兵贵神速”的战术摆平萧铣，统一岭南后，下一个目标，就是割据江南的辅公祏。这一次，李靖仍然是李孝恭的“副官”，李世勣、任瑰、张镇州、黄君汉等方面军的七大司令都受其节度。

唐军一开始打得还算顺利，但在舒州时，遇到了大难题。

什么难题呢？原来是具体怎么打闹分歧。辅公祏的手下大将冯惠亮、陈正通在半路上分别率舟师三万和步骑两万屯军当涂和青林山，并在梁山拉起铁锁切断长江，防止战船通过；另筑却月城，延绵十余里，互为掎角之势。

看这架势，大伙有想法了，都想绕开这两头老虎，直接打进辅公祏的大本营丹阳，而且他们都乐观地估计只要攻破丹阳，冯惠亮几个必然乖乖投降。对于这种冒进的做法，李靖坚决反对，说如果丹阳攻不下，冯惠亮肯定从背后袭击，到时候腹背受敌就吃不了兜着走了。如今唯一的办法只有先打败冯惠亮，再收拾辅公祏。

大伙都相信李靖的指挥能力，于是按照他的部署行动。针对冯惠亮坚壁不战的问题，李靖自有妙招解决，派了些老弱病残先去攻营，佯装打败撒腿跑人，等冯惠亮追出来想大小通吃时，李靖的主力部队已经在热烈欢迎了。冯惠亮与陈正通被打得找不到北，只有逃命，两处屯军都被唐军攻破，冯惠亮很没脸面地划了一条小船逃跑了。

搬掉拦路虎，李靖又打先锋，带精锐直接打到丹阳。辅公祏还没弄清怎么回事，唐军就出现在家门口了，他也顾不得那么多，带了几万人弃城而逃，往会稽方向逃跑。

肯定不放过你！李世勣的大军穷追猛打，打得他几万人只剩下几十个。辅公祏在继续如丧家犬一般逃往武康时，不幸被“野人”抓住。这些山民将他送到唐军大营领赏，李孝恭也不讲客气，斩首示众。由于丹阳等地连遭兵祸，百姓生活困苦，李靖采取一系列措施镇抚当地，江南一带随即安定。

江南平定，李靖功劳最大，他被授予东南道行台兵部尚书，赐物千段、奴婢百人、马百匹，后来行台废又检校扬州大都督府长史。

不想南方安定后，北方的局势却又紧张起来了。

武德八年（公元625年），突厥进寇太原，李靖被派往边境抗击突厥，统江淮兵一万屯守太谷。就在这时，李渊复置十二军，打算与突厥决战，不料颉利可汗带了十多万人大掠朔州后在太谷与唐军展开激战。太谷一战，郓州都督张德政战死，行军长史温彦博被俘，并州道行军总管张瑾全军覆没，只身逃到李靖这儿——因为其他各兵种都被打败，只有李靖完好无损，不久他调任灵州道行军总管，继续抗击突厥。

对于他，李渊赞不绝口，感叹说：你是萧铣、辅公祏的克星啊！古代名将韩信、白起、卫青、霍去病岂能及也？

不久，玄武门之变爆发，李靖作为一名职业军人置身事外，他和李世勣一样，站在中间立场，因为他知道，这样的权力斗争还是远离的好。也正因为他在玄武门之变中出力不大，只赐实封四百户。虽然事后拜刑部尚书，受到李世民的尊敬，但毕竟比起其他积极参与的同志们还是逊色不少。

贞观二年（公元628年），他以本官检校中书令，位列宰相，第二年调任兵部尚书。因为这时候，李世民已经做好一切准备，要对突厥发起致命一击了，而最合适主持这次大战的主帅就是李靖。

定襄大捷

贞观四年（公元630年）的春天，身为"国防部长"的李靖亲自出马，兼任定襄道行军总管，率劲骑三千自马邑出其不意直趋恶阳岭，向突厥发起闪电战。颉利可汗被打了个措手不及，惊呼："唐军若不是倾国而来，李靖岂敢孤军至此？"其实他哪里知道，李靖带的只是区区三千人。就是这三千人，就把一向横行霸道的突厥人吓得"一日数惊"。

李靖继续发扬穷追猛打的作风，派间谍散布谣言，离间颉利的心腹，康苏密来降。其后夜袭定襄，大破敌军，获隋齐王杨暕之子杨正道和隋炀帝的老婆萧后，送至京师，而颉利仅以身免，灰溜溜地逃往碛口。

定襄大捷，李靖被封为代国公，不但被赏赐绸缎、名马及宝器，连李世民也大发感叹："李靖以三千轻骑蹀血虏庭，威震北狄，古今所未有啊！"

自定襄失守后，颉利可汗怕得要命，算是领教了李靖的厉害。退保铁山后，他遣使入朝谢罪，请求举国内附。李世民派李靖前去迎接，又遣鸿胪卿唐俭与将军安修仁前往颉利驻地进行安抚，准备签订"和平协议"。

怎么办？李靖仔细权衡利害，作出一个令人意外的决定：趁此机会突袭颉利，一举将他歼灭！他对副将张公谨说出自己的想法，张公谨非常不解，表示钦差都在颉利那里，怎么可以这么疯狂？他只说了句"机不可失，唐俭辈，何足惜！"便督军疾进，出其不意，攻其不备，急行军直扑颉利老巢。

正当颉利还在为自己的缓兵之计大为奏效而兴奋不已的时候，李靖的铁骑已到了家门口。他吓个半死，偷了匹千里马准备逃奔吐谷浑，不料被大同道行军副总管张宝相逮住，送往长安。而李靖获斩首万余级，俘虏男女十余万的辉煌战绩，连颉利的老婆义成公主也在乱军中被杀。

活捉颉利可汗，灭亡东突厥，这是极其伟大的历史功绩，"战神李靖"的美誉也千古流传。只是凡事没有完美的，当他凯旋时，有人告了他一状。一向喜欢找茬的御史大夫萧瑀奏上一本，说李靖攻破颉利牙帐后纵兵大掠，许多奇珍异宝就这样白白丢掉了。这些事情怎能说得清楚？当时只顾打仗，也没太多注意；即便真是这样，士兵们这么辛苦顺手牵点"羊"也能理解，毕竟都不容易。

李世民本来就是个脾气大的人，听到这个消息，大加责备，李靖也不辩解，只是默默请罪。他明白不管事实如何都要担负起这个责任，再怎么说自己是一军统帅，难道出了事还要下属去承担？过了许久，李世民的气也消了，从容表示只记功不记过，还封李靖为左光禄大夫，赐绢千匹，增食邑至五百户。没过多久，李世民又对他说：以前是有人进谗言陷害你，我明白了，你不要放在心上。为了安抚，又赐绢两千匹，拜尚书右仆射。

做了"国务院总理"，李靖不是高高在上，而是宅心仁厚，为人十分低调。每次开会总是小心谨慎，从不出风头，更不乱发言，以朴实稳重著称。有人说他是自保，我认为主要是性格使然，史称"靖性沉厚"，他就是那种不爱多讲话，做事踏实的老实人，并且他是武将入朝为相，肯定要有个学习过程，怎能刚入门就想当老师？当然要多听听别人的意见——这就是李靖，历史上真实的李靖。

做了四年宰相，他又被委以“钦差”前往畿内道考察民情。不久，他觉得自己老了，而且腿脚也有毛病，担心做不好工作，于是言辞恳切地上书提出辞职。李世民特意让中书侍郎岑文本传话表示同意，并赞赏他识大体，不贪恋权位，身居富贵而能知足，是一代楷模。

就这样，李靖退休在家开始颐养天年了，这一年，他刚好六十五岁。李世民除了给予他优厚待遇，赏赐大量财物，还让他病好点后就去中书门下省任平章政事，参与国家大事的决策。次年正月，为了表示自己的敬意，李世民又特赐灵寿杖，以助他脚病早日康复。

就在他正想安享晚年的时候，唐朝与吐谷浑的战争开始了。

再次出征

为了彻底击败吐谷浑，李世民又想起了李靖，可是担心他年纪大了身子骨不好使，不能上战场。听到这个消息，李靖义无反顾地第一时间找到房玄龄，精神抖擞地说：“靖虽年老，固堪一行！”李世民大悦，没想到老将还主动请缨，即刻任命他为西海道行军大总管，统领兵部尚书侯君集、刑部尚书李道宗、凉州都督李大亮、右卫将军李道彦、利州刺史高甑生等五路兵马，向吐谷浑发起大规模的反击战。

李靖接手这个任务的时候，正值寒冬腊月，冷风刺骨，大雪飘飞，别人都围在火炉边烤火，而这位可敬的老人，还在为了帝国的荣耀战斗。他带领大军一路风餐露宿，历经千辛万苦，在伏俟城扎营。李道宗于库山首战告捷，吐谷浑的伏允可汗烧去野草，赶着牧马退保大非川。

敌人坚壁清野放火烧野草，目的就是想饿死唐军的战马，再以逸待劳。看到这种严峻的形势，诸将认为后勤补给跟不上，战马又瘦弱，不能长途跋涉，建议先退兵，只有侯君集一人坚持继续追击。这是考验主帅决断的时刻，李靖权衡利弊，力排众议，决定不给伏允可汗丝毫喘息的机会，兵分两路，南北两道一齐进发，长途奔袭吐谷浑。

他亲率北路军深入敌境，于曼头山、牛心堆、赤水源等地（均在今青海西）多次大败吐谷浑，缴获大批牛羊充当军粮。南路军的侯君集与李道宗虽然进展顺利，但进入荒无人烟的荒漠地带，他们克服重重困难，终于在五月份于乌海追上伏允可汗，大败其军。其后诸军均有战绩，前后数十战，最后伏允可汗被杀，吐谷浑平定。

李靖回国，受到英雄般拥戴，不想又有人背后捣鬼，居然告他图谋不轨。

这个无中生有的人，就是一同出兵的利州刺史高甑生。这家伙当初任盐泽道总管，因为延误军机被李靖责备，没想到就是这个批评，让高甑生心生恨意，回朝后就勾结广州都督府长史唐奉义告李靖谋反。开玩笑，李靖是什么人？李世民自然心中有数，岂是尔等鼠辈所能污蔑？经过一番调查，果然不出所料，高甑生诬告陷害罪名成立。本来是要处死高甑生的，但念他是秦府旧臣，免死充边。

这件事情对李靖的冲击很大，小人难防，从此以后，他变了，变成了另外一个人。不久，他改封卫国公，妻子死后，李世民还特意下诏其葬制依汉朝卫青、霍去病规格，并筑阙如同突厥铁山、吐谷浑积石山的形状，借以表彰李靖的伟大功绩。

贞观十八年（公元 644 年），李靖生病了，李世民亲自来到他家中慰问病情。这一年，正是李世民雄心勃勃东征高句丽的时候，他召见李靖，并在御前赐坐，对他说："公南平吴会，北破突厥，西定吐谷浑，现在只有东边的高句丽还没摆平，有什么想法？"言下之意就是你想一同出征吗？李靖自觉宝刀未老，回答说：虽然残年朽骨，但只要陛下不弃，老臣愿披挂上阵。

看到他都七十四岁了，还怀着一腔拳拳报国之心，李世民也是十分感动，但考虑到年纪实在大了不宜远行，便没有答应他的请求。

虽然未能亲上战场，但李靖时刻关心前方战事。

当李世民没有完成预期目标班师回朝后，问李靖自己怎么会困在安市，一向出奇制胜的李靖当然知道李世民的失误在哪里，可也不好当面刺激他，于是说这个问李道宗就知道了。

李世民明白了，没有听从李道宗奇袭平壤的计策，才导致迟迟不能进军的后果。人都要面子，尤其是在战神面前，李世民只好说记不得了。或许他心里也在后悔，要是当时李靖在场，以李靖一贯的作战思维，肯定是另一番景象——可是人生就是这样，没有如果，只有如此。

在其后的几年中，年老力衰的李靖已经不能继续戎马生涯了，他将自己一生的军事经验写成了不朽的军事著作，可惜年代久远无缘得见，但在少数史籍中仍能管中窥豹，获知他的军事思想。后人托他名写成的《唐太宗李卫公问对》都成了军事名著，成为中国古代最权威的兵书之一，可见其影响力是何等深远。

贞观二十三年（公元 649 年），这位老人病了，而且一病不起，同样也在病中的李世民又抱病来到他家里，流着泪对他说：我好担心你啊！

意外

不久，这位为了大唐帝国付出无数辛劳的超级战神溘然离世，终年七十九岁。李世民不但隆重礼葬他，还让他陪葬昭陵，想以后让他一直陪伴在自己身边，到了另一个世界，也能经常说说心里话。仅仅八天后，老朋友李世民真的“步其后尘”，一同奔赴天堂——君臣二人连死都似乎商量好了一样，真可谓是同心同德。

关于李靖的历史功绩，真不是一两句话能说得完的，天下英雄谁敌手？称他为大唐第一名将当之无愧！他的军事思想也影响了许多人，时至今日，依然熠熠生辉。他已逝去，但徒子徒孙们仍旧为了帝国的强盛征战沙场，其嫡传弟子苏定方便是唐朝一代名将。

李靖有两个兄弟，哥哥李端，字药王[①]，他沾了弟弟的光，袭永康公，封

① 李靖字药师，一个药师一个药王，不明就里还以为是中医世家。

梓州刺史。李靖还有个可爱的弟弟，为什么这么说呢？看看他弟弟的作为你就知道了。

他这个弟弟叫李客师，也是行伍出身，贞观年间官至右武卫将军，以战功累封丹阳郡公，永徽初年以年老致仕，回家养老。这家伙是个老顽童，一大把年纪，不单善骑射、喜驰猎，还在昆明池南建有一幢别墅，他经常去那里游玩，京城之外，西际澧水的鸟鹊都认识他。只要一出行，这些可爱的动物就会前前后后围着他到处飞，叽叽喳喳地叫个不停，人们戏称他为"鸟贼"。

就是这个"鸟贼"，直到唐高宗总章年间才去世；享年九十多岁——看来李靖家族有长寿基因，想起来也是令人艳羡不已。

平定吐谷浑，本该是一件大好事，可是相继却发生了几件令人非常不快的事故。

第一件是党项人闹事了，还派兵攻击叠州地区。

当初李靖进攻吐谷浑时用重金收买党项部落，让他们做向导，党项酋长拓跋赤辞来到唐军军营，对众将表示：隋朝无情无义，总是强行抢劫我们，如今你们的兵马只要没有害我的意思，我不但愿意带路，还可以供给粮草；如若不然，我就封锁险要，挡住你们前进的道路。

既然丑话都说在了前面，那就应该照办才是，并且唐军诸将还与拓跋赤辞搞了个歃血为盟的仪式，答应按合同办。可世界上的事情总不会一帆风顺，意外事故时常不期而遇，这其中就有人开小差了，他就是赤水道行军总管李道彦。"李司令"行军至阔水时，发觉赤辞没有设防，觉得有机可乘，一时冲动，竟然冲上去就抢东西，抢到牛羊数千头。

牛羊这些宝贝可是游牧部落的命根子，哪是你想抢就抢的？这下闯大祸了，把党项人彻底得罪了。他们真的兑现承诺，封锁险要野狐峡，造成交通堵塞，让李道彦前进不得。而更猛的还在后头，赤辞也说话算数，带兵发起攻击，把这个"抢劫犯"打得落花流水，造成几万人被杀的惨剧。

没办法，受到严重伤害的李道彦只好退保松州。而与他一起前进的左骁卫将军樊兴，也是逗留不前，延误军情，手下士卒死的死，逃的逃，搞得极其狼狈。

这次真是亏大了，用几万条人命换来几千只牛羊，无论如何都无法交差了，况且还胡作非为，破坏唐朝的整体战略规划，给下一步的行动带来极为不利的后果。

果然，李世民大怒，将李道彦和樊兴流放边疆，去支援“西部大开发”，没处死他们，已经算是很给面子了。

第二件是有人事后不认账，惹出大乱子。

李世民派使臣前往大斗拔谷慰劳远征军将士，没想到薛万均这家伙红眼病发作，耻于排名在契苾何力之下，厚着脸皮诋毁契苾何力，夸耀自己的功劳。这让契苾何力十分恼火，他妈的什么东西！老子都救了你一命，怎么事后不认账，你良心难道被狗吃了么？忘恩负义之徒，留之何用？

契苾何力心头按捺不住的熊熊烈火顿时燃烧起来，他拔刀而起，向薛万均砍去(挺刀起，将杀之)。

诬告谋反

幸亏旁边有人，急忙劝架，总算救下惹是生非的薛万均。李世民听到这个事情，责备契苾何力怎么这么大脾气，不搞好兄弟们的团结。

契苾何力一肚子气，但他强压怒火，将赤水之战的详细经过据实汇报，李世民这才知道错怪了他。原来是薛万均这家伙自己捣鬼，好，那你就要付出代价！李世民大怒，为了奖罚分明，打算撤去薛万均的官职，转授给契苾何力。没想到事情的发展出乎意料，契苾何力以德报怨，极力推辞，说要是这样，胡人就会认为陛下重视他们而轻视汉人，以讹传讹，麻烦也会更多起来。而且胡人更会认为我大唐的将领都像薛万均一样，也会产生鄙视心理。

李世民见契苾何力这么明事理，也就听从了。为了表彰契苾何力，李世民命他驻守皇宫要地玄武门，检校屯营事，并把宗室女临洮县主嫁给他。

第三件事就更奇怪了，居然有人告李靖谋反。

刚刚打了大胜仗就谋反，脑子长草了吧！

原来是岷州都督、盐泽道行军总管高甑生一直逗留不前，延误军情，被主帅李靖责罚，这让他怀恨在心，一回来就无中生有，伙同广州都督府长史唐奉义一起诬告李靖拥兵自重，意图谋反。

李靖何许人？我的心腹大将！李世民一般不会听这等胡言乱语，但既然有人告，就必须理，这是程序问题。很快，相关部门开始调查，结果是高甑生为泄私愤，故意陷害李靖。

既然这样，那就没什么好说的了，李世民下令，将高甑生、唐奉义以诬告问罪，流放边疆。有人替“高司令”求情，说他是原秦王府功臣，请求宽恕。

李世民根本不吃这一套，反驳道：“不听指挥还搞诬陷，如果连这种事情都能宽恕，那法律还有什么用？”

没错，是可忍，孰不可忍。

高甑生虽然去了一个遥远的地方，得到了应有的惩罚，可从此以后，李靖却发生了很大变化，难道是受了伤害？那倒不是，可能是怕小人再行挑拨，或是担心功高盖主，他变得异常低调起来，甚至到了苛求的地步，史书记载：“李靖自是阖门杜绝宾客，虽亲戚不得妄见也。”他不再与外界交往，闭门谢客，安然自处，甚至连亲戚都不能随便进出他的家门。

家门一关，连亲戚都难得一见，不明白的人还以为他在修行炼丹，其实不过是为了避嫌，免得再生是非。

而就在这时，吐谷浑又出了大事——慕容顺死了。

慕容顺因为在中原当人质太久，让吐谷浑人觉得丢脸；加之他深受汉文化影响，上台后急于改革，激化了内部矛盾，民意支持率连续下降。此外，慕容顺还被原吐谷浑旧臣胁迫，阴谋反唐，乃至后来酿成动乱，造成极其严重的流血事件，他本人也被部下杀死。唐朝于是只好立他儿子燕王慕容诺曷钵为新可汗，而诺曷钵年幼，大臣们也只顾自己的利益，争权夺利，搞得到处乌烟瘴气，国内大乱。

这是个大问题，必须解决。李世民只好再次下诏，命“国防部长”侯君集带兵进入吐谷浑，前去保护诺曷钵，平息动乱。

为了警告吐谷浑的顽固势力，李世民特意派淮阳王李道明持节前往吐谷浑，册封诺曷钵为乌地也拔勒豆可汗，赐以鼓纛，并把丑话讲在前头：先派使者来调解，如有不从的就打。

只是这“先礼后兵”的策略，能否奏效呢？更为重要的是，河西走廊是通了，可是神秘而又广阔的西域，又似一位绝色美女，再次挑动李世民的心弦。那里，有着更大的诱惑与魅力，高昌、焉耆、龟兹、西突厥、薛延陀，这些熟悉和不熟悉的名字，都将一一走进李世民的黑名单。

丝绸之路是重新热闹起来了，可是繁荣之下，是新的隐患，更大的挑战，正在等着李世民。

第十章　生死离别

谁念西风独自凉，萧萧黄叶闭疏窗，沉思往事立残阳。被酒莫惊春睡重，赌书消得泼茶香，当时只道是寻常。

失去了，才知道珍惜。

李渊驾崩

就在平定吐谷浑的时候，唐朝又发生了一件大事——太上皇李渊去世了。从去年秋天开始中风，李渊一直忍受着病痛的折磨，到五月初六不幸在垂拱殿驾崩。虽然晚年过得不太如意，但看到自己儿子将国家治理得蒸蒸日上，多少也有些欣慰，他可以含笑而去了。

从武德九年（公元 626 年）八月开始正式退位，到贞观九年（公元 635 年）五月去世，李渊还活了九年，也就是说，他当了九年的太上皇。

在这九年中，李渊到底过得怎么样？有人说，他十分凄惨，屡被羞辱，过着囚徒一般的生活，生不如死，其实，这完全是误解和胡说。

根据现有的史料来看，李渊过得并不差，李世民对他也是颇为孝顺的，偶尔有些小矛盾，不可避免，但总体而言，他依然是受人尊敬的太上皇，而非被软禁的囚徒。

太极宫是政事活动中心，皇帝一般听政和生活都在那里。唐朝建立后，李渊就一直住在那里。

李世民即位后，本来应该马上住进太极宫的，但他为了顾及父亲的感受，直到三年后，才在李渊自己的要求下，搬进了太极宫。

从此以后，李渊住进了由弘义宫改称的大安宫，弘义宫建于武德五年（公元 622 年），当时是为了表彰李世民，特意建了一座宫殿赏赐给他，现在儿子做了皇帝，也就自己住了。

大安宫内环境优雅，有山林胜景，深得李渊喜爱，在这里，他度过了自己生命中的最后六年。

现在有人老是拿这起“移宫事件”来说事，说李渊被迫搬离太极宫，被李世民逼得走投无路，是大大的不孝。我觉得这很扯，本来李渊就不应该住在那里，他已经不是皇帝了，李世民为了照顾他的感受，还让他住了整整三年，也没丝毫逼迫的意思，难道这就是不孝？

很多人说，李渊被李世民软禁了，名为太上皇，实为囚徒，任其摆布，遭受侮辱，我不同意这个说法，因为事实并非如此。

李世民登基后，他还是一直很善待自己父亲的，李渊也有自己的自由，他接见使者，慰劳将士，甚至时不时就开个 Party，把李世民和朝廷高官以及公主、王子都叫来，一起饮酒作乐。我实在想不通，一个被软禁的人，还有这些自由？

击灭突厥后，他就在凌烟阁开了个大型 Party，一边玩乐一边喝酒，喝到兴头上，还亲自弹琵琶，李世民翩翩起舞，公卿大臣轮番为他祝酒，“逮夜而罢”。

贞观七年（公元 633 年）十二月，李世民刚刚打猎回来，又在未央宫摆酒设宴孝敬李渊，朝廷三品以上官员都来参加。李渊叫颉利可汗跳舞，又叫南越酋长冯智戴咏诗，李渊十分高兴，笑着说：胡越一家，自古未之有也！

李世民举杯祝酒，说我有今天的成就，都是父亲教导有方，圣明神武的结果呀！

李渊大悦，殿上的群臣也很兴奋，都齐呼万岁，直到深夜才渐渐散去。

贞观八年（公元 634 年）三月，李渊又在两仪殿宴请西突厥使者，他看着长孙无忌说：当今蛮夷悦服，自古以来都未曾有过啊！

长孙无忌起身奏拜，夸赞一番后，祝愿李渊千秋万岁。

李渊十分高兴，又赐酒给李世民，李世民顿首谢恩，随后举杯祝酒，流着泪说：百姓安宁，四夷咸服，都是父亲的教诲和指导，岂是儿臣之力？

说完，李世民和长孙皇后给李渊争相进献御膳，还送上上好的衣服（皆珍宝奇异），一家人其乐融融。更令人惊奇的是，李世民居然让长孙皇后亲自给李渊梳头，看到他头发都白了，两人很难过，全都哭了，而李渊反而很高兴。

这一幕，大家都看在眼里，“莫不内怀感悦”。

祭祀献陵

可能有人会说，这不过是李世民故意作秀而已，仅此一次。其实不是的，有史料记载的，都不止一次，还有没记载的。有时候李世民不但和长孙皇后一起去孝敬李渊，甚至还要亲自为他抬轿子，尽自己的孝道，等等，这些事，足以看出李渊在李世民心目中还是父亲，而非仇敌。

完全不顾皇帝的威严和朝廷的繁琐礼仪，与李渊以家人相处，我实在看不出李世民是在虐待自己的父亲。

还说一件事，李世民很喜欢去九成宫避暑，他也多次请求李渊一起去。可是李渊不去，不去的原因是以前隋文帝死在那，李渊很忌讳，毕竟是老年人了，有这个心理也能理解。

没办法，最后李世民只好又建造一座大明宫，专门作为李渊的避暑之地，只是可惜的是，大明宫还没建成，李渊就病了。

李渊是在贞观八年（公元 634 年）的秋天得病的，得的是中风，在床上折腾了半年多，直到贞观九年（公元 635 年）的五月初六，他再也坚持不住了，就此离开了这个世界，享年七十岁。

临死前，他留下遗诏，对自己的一生做了简短的回忆和总结，并交代如何操办自己的丧事，叮嘱李世民要以国家为重，在居丧期间继续处理军国大事，而丧事全依汉制，服丧三十六天即可，一切从简。

可以说，临死前的一刻，李渊想的不是自己，而是国家。

父亲去世后，李世民十分悲痛，根本无心处理政事，一概交给太子李承乾，由于过于哀痛，他茶饭不思，连身体都瘦了很多。他还经常穿着孝服到处跑，李靖要他依照李渊遗嘱改穿常服，他都不肯。可见李世民与父亲，还是有着深厚感情的，毕竟父子亲情，这是无论如何也改变不了的。

另外，经常有人拿李世民建"望妻台"眺望昭陵思念妻子而不是父亲这件事来大肆批驳，说李世民不孝，要老婆不要老爸。其实事实并非如此，说这话的，主要是读书太少了。在《册府元龟》上，对于这块有多处详细记载，告诉我们李世民是怎样祭祀献陵的。

试举例如下：

十三年正月，帝朝于献陵，至小次，降舆号哭，入阙门西面，再拜，恸绝不能兴，礼毕，改服入，于寝躬，亲执馔阅高祖及先后服御之物，匍匐床前，悲恸左右，侍御者莫不歔欷。(《会要》又载：初，甲辰之夜，大雨雪，及帝入陵，悲号哽咽，百辟哀恸。有苍云出于丘陵之上，俄而流布天地，晦冥礼毕，帝出自寝宫，步过司马门，泥行二百余步，于是风静雪止，天色开霁，咸以为孝感之所致焉。)

十六年四月，辛亥，制每荐新于太庙，令太常卿及少卿一人行事。十二月，令左监门中郎将齐士员将兵卫献陵。乙酉，帝召士员，至望见而降殿自迎，悲咽不已，谓从官曰："顷属岁阴，道暮情深，罔极所备，新衣珍馔，欲以正旦奉荐园陵，朕若亲行，便劳扈从，三元告始，家有吉凶，庆慰之礼，咸重兹日，朕不欲烦劳，乃自抑止。"因命江夏王道宗代行所献之物，并跪授道宗焉。

这里我就不翻译了，我想一般都能看明白吧。我要说的是，评价一个人，不能走极端，揪住一个小辫子就大批痛批，要全面去看，客观地去评价。

片面，只能是盲人摸象；全面，才能洞察分明。

最受贬低的一位君主

上面说了这么多，可能你会说，李渊难道就生活在天堂，过着颐养天年的幸福生活？这倒不是，我说这些，无非是想告诉大家，李世民是一直很善待自己父亲的，李渊也得以善终。虽然在玄武门之变时，他"杀兄弟于前殿，囚慈父于后宫"，挟持李渊逼他交出权力，但获得胜利后，他并没有为难自己的父亲。在古代，为了权力，杀父弑君的事情举不胜举，李世民能做到这样，已经不错了，我们不能苛求他。

当然，从皇帝的宝座上跌下来，而且是被迫的，换了谁都难受，尤其是权力的失去，更是让人无所适从，这种莫大的失落感，肯定难以承受。所以，李渊的晚年，还是过得并不如意的，说是凄凉的晚年，亦不为过。

另外，他毕竟不是皇帝了，做事不能随心所欲，并且也要顾及影响，所以他的很多爱好，也都终止了。比如他酷爱打猎，史书上的记载不绝如缕，光《新唐书·高祖本纪》就有二十次之多。但自从当上了太上皇后，他就不再打猎了，不是不喜欢，而是不允许，一来怕麻烦儿子，二来毕竟年纪也大了。

李渊一直是在一种复杂的心绪中度过自己的余生，喜怒哀乐，只有他自己最清楚。另外他与李世民之间，多多少少还是有些心结的，李世民也不能完全原谅他，毕竟他当年是坚决不立李世民的，这肯定让李世民难以释怀。幸好，李世民并没有怎么为难他。

孤独、失落和无奈，我想，这应该是李渊晚年最真实的心情。

但事已至此，也只能如此了。幸运的是，他看到了贞观之治的实现，看到了儿子的成就，并且对自己也很不错，他可以稍感安慰了。

李渊死后，群臣上奏谥为大武皇帝，庙号高祖，所以我们都称他唐高祖，后来李隆基执政时期，又改称神尧大圣大光孝皇帝，所以我们今天翻开《新唐书》和《旧唐书》第一卷,第一句话就是"高祖神尧大圣大光孝皇帝,讳渊,字叔德,姓李氏,陇西成纪人也""高祖神尧大圣大光孝皇帝,姓李氏,讳渊,其先陇西狄道人,凉武昭王暠七代孙也"。

很多人十分关心对李渊的定位,到底应该怎么评价他?

在我看来,李渊不但是唐朝的开国皇帝,奠定了唐朝近三百年的基业,他还是贞观之治的奠基人,为贞观之治的形成,准备了充足的条件和铺平了稳定的道路。他拨乱反正,统一了全国,恢复了社会秩序,制定了行之有效的政策,建立了唐朝的各项制度,租庸调、均田制、府兵制、官制、法制、教育等等,都是在他的手里建立起来的,李世民虽有改革,但很多都是创造性的继承和发展。尤其是李渊的很多政策以及高贵的品格,更是给了李世民相当大的影响,为贞观之治的成功,奠定了坚实的基础。比如重视纳谏、罗致人才、轻徭薄赋等方面,李渊实际上是李世民最好的老师,贞观之治的实现,李渊也有很大的功劳——军功章有我的一半,也有你的一半。

如果说贞观之治是一座永恒的丰碑,那么李渊就是这座丰碑的基础,他为李世民这个历代称颂的历史功绩,打下了良好的根基。

综合各方史料来看,李渊的历史功绩丝毫不逊于他那可爱的儿子李世民,只是后世史家为了给李世民打造更多的光环,有意忽视他,他的功绩被精心掩盖,所以也就一直委屈他了,他也就成了"中国一切史书中最受贬低的一位君主"[①]。

千百年来,他在很多人眼里只是个无能之辈,但细看大唐帝国的创业过程,没有他还真不行。即便退一万步来说,没有他,也就没有李世民。能够在乱世中重建一个强大的中央政府,已经是了不得的成就了。虽然他也有这样那样的毛病,但他依然是一个伟大的人,至少为了自己的理想,他努力去奋斗了,并且还基本达到了他的预期目标。只是儿子太过耀眼,他的光芒也就无法让人察觉了,但历史的真相是永远也改变不了的。

时间久远,人们或许会遗忘许多本该铭记的往事,但真实的历史却是无法抹杀的。关于李渊更多的历史真实,随着时间的推移,亦将逐渐呈现在我

① 引自《剑桥中国隋唐史》。

们的面前——他与李世民一样,必将永垂不朽。

简单来说,他是个好人,也是个好皇帝。

安葬父亲

要安葬李渊,可不像咱老百姓一样搞具棺材或是一把火烧了了事,不单要国葬,还要建帝陵。

为了建陵这件事,朝中又掀起了一场大讨论,原因是李世民下诏说要厚葬,要依照汉高祖刘邦长陵的规模,务求高大,可是工期太短无法完成。而当初李渊临死前曾经留下遗诏,要求“园陵制度,务从俭约”,也就是一切从简,这就让很多人难办了,到底该听谁的?

秘书监虞世南上疏反对厚葬,理由无非是厚葬无益,因为怕有人盗宝;建议参照《白虎通》一书砌一座三仞高(两丈一尺)的坟,陪葬物一律从简,并在陵旁立碑,刻上陪葬器物清单,然后重抄一份藏于宗庙,以作后世子孙效法的典范。

可是奏章递上去,却没下文,他只好再次上疏,这次不讲挖宝的事,只讲当年汉武帝茂陵修了五十三年,而如今只有几个月时间,办不到。这么说还有些道理,李世民于是将他的奏章转发有关部门进行审议。

房玄龄开会讨论,经过一番辩论,终于达成一个共识:既然汉高祖长陵高九丈,汉光武帝原陵高六丈,而九丈太高,三仞太矮,那就折中处理,依原陵规格高六丈。

李世民批准。

帝陵问题解决,祔(音 fù)祭大典的事情也要落实——祔祭说通俗点,就是在祠庙中祭祀祖先。谏议大夫朱子奢请求立“三昭”“三穆”庙,而太祖庙暂不设。于是又增修太庙,将五世祖李重耳与高祖李渊的牌位一齐放进去,增四室为六室。房玄龄等人建议将西凉王李暠尊为始祖,于志宁认为王业并非从凉武昭王那里传承而来,李暠不能当始祖,李世民也听从了于志宁的意见。

这些礼仪性的东西弄好了，李世民又想亲自去自己父亲的陵园看看，毕竟不用过多久，这里将是他老人家的长眠之地。此时的李世民，依然悲痛欲绝，身体极为瘦弱，大臣们见他这副样子，生怕再把这位宝贝皇帝搞没了，都极力劝阻，劝他不要去。

李世民听从了，但对于帝陵的建设，却十分重视。很快，这座帝陵就建好了，名曰献陵。

献陵现在位于陕西咸阳市三原县，远远望去，巨大的封土堆就像一座丰碑，向世人展现这位唐朝开国皇帝的丰功伟绩；而陵前硕大无比的石老虎和石犀牛，生动威武，令人震撼，它们好似勇敢的卫兵，一刻不离守卫着长眠地下的李渊。

父亲刚刚死，悲伤还没过去，李世民又要迎来更大的悲痛——他老婆的去世，那一天，是贞观十年六月二十一日，离那一天，仅仅只剩下半年。

李世民的痛苦，接踵而至。

贞观十年(公元 636 年)，还刚刚开年，正是正月初十的时候，李世民做出一个重要人事变动，任命前东突厥的阿史那社尔为左骁卫大将军。以前的老对手还让他掌握兵权护卫皇帝？万一稍有不测，岂不……

不怕，英勇无畏的天可汗，有这份包容和自信，这也是大唐帝国与生俱来的包容和自信。

阿史那社尔，生在草原、长在草原的突厥王子，处罗可汗之子，十一岁时就智勇双全，闻名于草原。处罗封他为拓设(亲王)，在漠北建牙旗，与欲谷设分别统领铁勒各部。十年间，他实行休兵养民的政策，不但不收税，还不敛财。这让一起混的人不爽了，抱怨不能搞创收，他却不以为意，高风亮节地说了一句很动人的话："大家富裕了，我就满足了。"自此，手下人也觉得惭愧，继而敬佩不已。他屡屡劝阻颉利用兵，但不被采纳。后来薛延陀叛变，在马猎山击败欲谷设，阿史那社尔前去助战，被打得一塌糊涂，他只好带着余部逃往西陲。颉利可汗败亡后，西突厥出了乱子，咄陆可汗兄弟争权，这让他有了空子可钻，假装投降，引兵突然袭击西突厥，几乎打下一半土地，从此拥兵十余万，自称答布可汗。

有了点实力，复仇的种子又在心中萌芽了，阿史那社尔疾言怒色地对各部落说：我要为先可汗报仇，把薛延陀从地图上抹掉。

阿史那社尔

不料他的提议遭到激烈反对，部落众人说刚刚得到西方一块地就应当好好经营，如今舍之而去，西突厥肯定会来闹事。可是仇恨实在太大了，大到让人失去理智——如果败了，死而无恨！阿史那社尔一意孤行，不顾众人反对，领五万骑兵在漠北袭击薛延陀，双方缠斗了一百多天，最后的结果是手下许多人不能忍受长期作战的煎熬，纷纷逃奔西突厥。

如此一来，力量发生根本性变化，薛延陀趁机大规模进攻，大败阿史那社尔。他走投无路，只好投奔高昌，部下也只剩下一万人了。这时的他一脸茫然，太多的心酸与无奈，他欲哭无泪，只能抬头仰望上天——苍天啊！既然你那么的仁慈，为何要对我这般不公？他要呐喊，他要质问：这世上的不平事，为何总落在我头上？痛苦的心，并不能克服恐惧的本能，他惧怕西突厥前来报复——他还能从失败中站起来吗？这时候，他脑海里闪现出一个神秘而又神往的地方，他忧郁的眼神掠过遥远的东方，就是这惊鸿一瞥，改变了他的一生。

终于，他带领部众义无反顾地投奔唐朝。

李世民非常高兴，下令将其部落安置在灵州(今宁夏灵武)以北地区，而留他在长安做官，拜左骁卫大将军，让他在禁苑内典领屯兵，另外还把自己的妹妹南阳长公主嫁给他。从此，阿史那社尔忠心耿耿，为了大唐帝国的稳固和发展，做出了莫大的贡献，成为唐初番将中的佼佼者和一代名将。

贞观十四年(公元640年)，阿史那社尔被任命为交河道行军总管，从侯君集平高昌。高昌平灭后，众将都私下攫取战利品，只有他说没接到皇帝诏令丝毫不取，等到专门的敕书下来他才接受，但也只是领了一些老弱仆人和残次品。李世民大为感慨，直赞他清廉谨慎，欣然赏他高昌宝刀与各色绸缎一千段，命检校北门左屯营，封毕国公。

后来，阿史那社尔又跟随李世民征高句丽，手下将士作战都特别勇猛，英勇杀敌，他自己也不幸被流矢射中。不过身为勇将的他，只是咬牙把箭拔掉随手一扔，又接着冲杀上去，立下很大战功，回朝后被授予鸿胪卿。

两年后，他作为统帅，挥军十万讨平龟兹，这是他人生最为辉煌的时刻，当他带着傲人的战绩准备回长安向李世民报喜时，传来了皇帝驾崩的噩耗。他不敢相信这是真的，知遇之恩，何以为报？他想到自杀，想到用突厥的特有习俗以身殉葬。可有人早就想到了，新皇帝遣使告诉他李世民早就交代过不许他这样，此时此刻，不知他作何感想——君臣同心，竟能如此默契，古今又有几人？

其后，阿史那社尔再也没能上战场了，但仍然一直升官，迁右卫大将军，进封镇军大将军。

永徽六年（公元655年），这位唐朝的“开西域第一人”悄悄地走了，他的灵魂，始终在西域和中原的微风中轻柔柔地飘拂，奔放而且安详。静谧的丝绸之路上，又响起了清脆的驼铃声，他是华夷一家最好的见证，他要去追寻那个曾经给他最大信任的天可汗，去到另外一个世界，永远地追随他……

他死后，谥曰元，追赠辅国大将军、并州都督，陪葬昭陵，其冢像葱山（葱岭）一样傲然耸立。

“碧海蓝天青一色，葱山翠岭绿千重”，从此，他可以每天凝望不远处的天可汗了，而在众多武将中，他是离李世民最近的。

开明的民族政策

其实不单阿史那社尔，突利可汗、执失思力、阿史那思摩、阿史那忠、苏尼失、康苏密等等这些突厥降将，李世民都给予厚待，甚至有人还被封为郡王，地位在很多汉将之上。

李世民之所以这样做，与他开明的民族政策很有关系，当然还有一个不好说的缘由：重用番将，以抑制功高盖主的汉将，借此达到权力平衡。

唐朝李世民时期的疆域十分广阔，“东极于海，西至焉耆，南尽林邑，北抵大漠，皆为州县，凡东西九千五百一十里，南北一万九百一十八里”，在这个辽阔的国度，不但有汉族，还有众多的少数民族，他们生活习俗各不相同，但都在一起快乐地生活，一同建设这个统一的多民族国家。

李世民，正是这个国家的奠基者，他享有崇高的威望，被尊称为“天可汗”，这也与他开明的民族政策是密不可分的。

李世民的民族政策，主要体现在三个方面：

一是和亲，二是团结，三是德化。

先说和亲。和亲，简单来说，就是把公主或宗室女嫁给别国，以换取和平，一般都被视为屈辱和妥协，可是李世民的和亲政策，却自有特色。

别人和亲，经常是被逼，李世民不同，他是别人来求他。为了与唐朝攀亲戚，很多少数民族的君主纷纷以和亲为荣，不但多次派人来长安，表示为唐朝效力，还厚加聘礼。比如薛延陀，为了和亲，一次就献马五万匹、骆驼一万头、羊十万只，就为了讨个老婆，这么下本钱，可谓是下了血本。

李世民也认识到和亲的好处，一直比较支持，在他看来，外嫁公主以后生了孩子就是自己的外孙，外孙怎么好对自己外公和舅舅发动战争呢？所以他频频批准和亲。

东突厥、西突厥、吐谷浑、薛延陀、吐蕃这些国家，李世民都答应了他们的和亲请求。这里面，尤其是与吐蕃的和亲，影响最为深远。

吐蕃崛起于青藏高原，在李世民时期，他的首领松赞干布是个十分厉害的人物，十三岁就即位，经过一番艰苦奋斗，终于统一西藏，建立了完备的国家政权，大力发展经济，国力不断强盛。

松赞干布为了与唐朝结好，也想与李世民和亲，可李世民一直没答应。所以他的求婚方式就非常特别了，由求婚，变成了逼婚。

他不是扛着炸药包，提着燃烧瓶来你家里逼婚，而是派兵来打，打了吐谷浑，又打党项，打了党项，又打白兰诸羌，连连告捷，一直打到唐朝的边境城市松州西境，在边境屯兵二十余万。

这一年，是贞观十二年（公元 638 年）。

带这么多人来，不是真的要打架，而是恐吓，松赞干布派使者入朝，献上金帛，声称要来迎接公主，并扬言如果李世民不把公主嫁给他，他就要继续进军。

大家都来求婚，你来逼婚，换做别人，可能真的怕了；可李世民不怕，他也没怕过，不理。

好吧，你不理，我就兑现承诺，松赞干布进攻松州，大败松州都督韩威，当地羌人趁机作乱，"皆叛以应贼"。

这还了得，还太岁头上动土了？

文成公主

李世民怒不可遏，立即下令吏部尚书侯君集为当弥道行军大总管，右领军大将军执失思力为白兰道行军总管，左武卫将军牛进达为阔水道行军总管，右领军将军刘兰为洮河道行军总管，统领五万大军迎战吐蕃。

主帅侯君集，率领唐军直驱松州，以雷霆之势向吐蕃发起反击。主力还没到，牛进达的前锋就趁着吐蕃毫无防备之时搞了个突然袭击，夜袭吐蕃军营，大败吐蕃于松州城下，获得斩首千余级的辉煌战绩。

这么猛搞，谁都怕了，加之国内反战声音四起，所以松赞干布也怕了，率军打道回府。回到吐蕃后，立即派人来长安请罪，并再次请求和亲。

这一次，为了安抚松赞干布这颗破碎的心，李世民答应了。

见李世民答应了，松赞干布十分高兴，派首相禄东赞亲自入朝，带着五千两黄金和宝物珍玩数百件，再次来到长安，作为迎娶大唐公主的聘礼。

李世民全收了，据说还搞了个类似于"开心辞典"一样的节目，六试婚使，禄东赞都以自己惊人的智慧顺利完成了测试，赢得了李世民的认可，也完成了迎亲的使命。

贞观十五年（公元641年）的元宵节，李世民命礼部尚书、江夏王李道宗持节护送文成公主入藏，正式与松赞干布完婚。

松赞干布亲自跑到柏海(今青海玛多)来迎接,见到李道宗后,毕恭毕敬,完全按照女婿的礼节行事。他十分艳羡唐朝的服饰、礼仪之美,为讨公主的欢心,还特意穿着精美的丝绸衣服去见她,并为她修筑一座华丽的宫殿,宫殿完全模仿大唐宫苑的样式和风格,为的就是让文成公主住得舒服,并以此藉慰她的思乡之情。这座宫殿,就是布达拉宫。

松赞干布对文成公主非常之好,甚至可以说是百依百顺。当时吐蕃人脸上都喜欢涂成红褐色,说是可以驱邪避魔,可是样子十分难看,还很不舒服,也不卫生。文成公主觉得这是一种陋习,很不喜欢,松赞干布立即下令禁止涂面。

文成公主和亲,奠定了唐朝与吐蕃两百多年的和平基础,虽然两国后来也有战事,但两国的关系却十分友好,光会盟就有八次之多,双方的使臣与商人往来频繁,"和同为一家"。

文成公主成了唐朝与吐蕃之间的和平使者,她为改变吐蕃的落后面貌,促进当地的经济、文化和社会发展,做出了巨大的贡献,比如缫丝养蚕、陶瓷工艺、历法制定这些,都是文成公主带去的;甚至连文字,都是在文成公主的建议下才创制的。

为了学习唐朝的先进文化,松赞干布又送了很多贵族子弟前往长安读大学,学习《诗》《书》以及唐朝的经史典籍,甚至还聘请汉族知识分子做自己的秘书,为自己"典其表疏"。

"自从贵主和亲后,一半胡风似汉家",这是对文成公主的歌颂与怀念,也是对大唐帝国的崇敬与向往。

文成公主,她早已融入美丽的冰川,与日月同辉,她是一盏永远不灭的明灯,世世代代都扎根在西藏人民的心中,被他们奉若神明,顶礼膜拜。

羁縻

再说团结。为了一改古代对待少数民族的压迫政策,李世民采取了很多措施，照顾他们的利益，尊重他们的习俗。比如打败突厥后，李世民就采用了温彦博的建议而没有听魏征的，虽然他经常都听魏征的，这是因为温彦博的做法，完全着眼于团结的基础之上，尊重突厥人的生产和生活方式以及他们独特的习俗。

这样的政策，取得了明显的效果，既安抚好了投降的突厥人，也让他们能与汉族和睦相处。

这是迁到内地的，还有不愿迁徙留在原地的怎么办？

很好办，李世民想到了一个高明的办法——羁縻制度。

羁縻制度，说简单点，就是实行自治，在政治和军事上施以压力，使其不敢反叛，然后在经济和物质利益方面给予优待；除了政治上隶属于中央以及承担纳贡的义务，其他一概不变，一切事务均自行管理。

唐朝对于地方的管理，基本上就两种方式，一种是设置州县，由中央委任官员负责管理；一种就是设立羁縻州府，实行地方自治。

这样的办法，可以省很多事，还能减少矛盾。当然，遇到反叛不听话的，还是要坚决镇压，毕竟原则问题没得谈。

李世民不只把突厥"羁縻"了，在突厥身上取得成功后，他又将这个办法推广到其他少数民族，比如回纥、铁勒、契丹、党项、吐谷浑等部族，只要臣服唐朝的，一个一个地全都"羁縻"了。西北、东北、西域一带，都设立了羁縻州府进行管理，甚至远在万里之遥的地方，也被"羁縻"了，李世民获得了巨大的成功。

羁縻政策的成功实施，不但有利于统一边疆，而且对于提高中央政府的威望，也很有助益，让李世民得以有效地掌控全国。

后世非常有名的土司制度，其实也是源于羁縻制度，可见李世民处理民族事务的高明。

最后说德化。李世民治国，一向采取恩威并施的手段，对待少数民族，也同样如此，但他更偏重于恩怀与德惠。

德化，是与镇压相对的一种手段，简而言之，就是以恩德来感化，是一种怀柔的手段，以争取民心为主要目的，而非武力镇压或者纯粹进行威胁。

为了让德化政策得以有效贯彻，李世民采取了很多措施，比如慎选官吏，比如诱之以利，比如华夷一体。这些措施的推行，不但改善了民族关系，还让各少数民族首领心悦诚服。

有一句话，最能体现李世民的德化思想——“自古皆贵中华、贱夷狄，朕独爱之如一，故其种落皆依朕如父母”。

华夷一家，一律平等，这就是李世民的德化政策。

这一系列开明的民族政策，是李世民赢得天下各族一致尊敬的根本原因。

他曾经说过：凡有功于我的，我必不能忘，凡有恶于我的，我也不会记在心上。

非凡的气度，博大的胸怀，如海一般的宽广——海纳百川，有容乃大，这就是李世民，神话一般的李世民。

阿史那社尔，正是在李世民这片“大海”中，尽情地展现自己的才华。

长孙皇后

人生不如意事十之八九，就在阿史那社尔刚刚来到长安，让李世民颇感欣慰的时候，李世民的妻子长孙皇后却突然驾崩了。

我们的天可汗，何其悲痛，何等凄苦，去年死老爹，今年死老婆，人生无常，生死天注定，也只能无奈地接受了。

上苑桃花朝日明，兰闺艳妾动春情。
井上新桃偷面色，檐边嫩柳学身轻。
花中来去看舞蝶，树上长短听啼莺。
林下何须远借问，出众风流旧有名。

这是李世民的妻子长孙皇后仅存的一首诗，看过后，你作何感想？

长孙皇后，河南洛阳人，小字观音婢，名字不见记载。有人替她取了很多名字，居然有叫长孙无垢的，有点无语，我觉得不如叫长孙无邪。

她是长孙无忌的亲姐姐，也是隋朝右骁卫将军长孙晟的宝贝女儿，从小喜好读书，严格要求自己，小小年纪就嫁给了李世民。她与李世民喜结良缘，还有个很奇妙的故事。

当年她伯伯长孙炽对李世民的母亲窦氏爱慕有加，据说还是李渊的情敌，可惜败在李渊手中，窦氏被李渊抢了去。

可是偏偏这个长孙炽十分执着，虽然梦中情人成了别人的老婆，但他老想着去对亲戚，经常拉着长孙晟就说：窦氏这么好的人，以后儿子肯定有出息，一定要结成亲家。长孙晟始终记得这件事，先下手为强，提前“预定”了李世民。可是好事多磨，后来他去世了，长孙无忌和妹妹被可恶的同父异母兄弟赶出家门，幸好热心肠的舅舅高士廉收留了他们，关怀备至——小小年纪的她，就尝到了人间的冷暖。后来，好心的舅舅继承长孙晟未竟的“事业”，将她正式许配给当时还只是富家公子哥的李世民。

这一年，她十三岁，他十六岁。

我不知道她面对自己“龙凤之姿，天日之表”的丈夫有何感想，但我知道，从此以后，她一直做他的坚强后盾，在背后默默地支持着李世民，为他深情专一，为他排忧解难，为他成就大业献出了自己的一切。

一个成功的男人背后都有一个好女人，而李世民背后的这个女人，就是长孙皇后。

一个幼年丧父，一个早年丧母，共同的伤痛，让他们相互扶持，不离不弃。

因为出身贵族世家，她自小知书达理，有着很好的文化素养。看似一个弱不禁风的女子，其实有着过人的胆识，拥有非同一般的勇敢和坚毅，刚柔并济。

李世民争夺太子之位时，作为秦王妃的她不是逆来顺受，而是积极在后宫疏通各方关系，还亲自侍奉高祖李渊以争取支持，帮自己丈夫出了不少力。即使后来贵为皇后，她依然崇尚节俭，从不讲究奢华，什么东西够用就行。李世民深受感动，对她非常信任，还曾经想与她一起商议赏罚的事情。不料她却说：我一妇人怎能干预政事？李世民仍然想夫妻合议合议，可她坚持自己的意见，最后李世民也只能知难而退。后宫干政，在中国古代是一大特色，长孙皇后能独善其身，实属难得。

她深明大义，不贪恋权力，也不计前嫌，不但反对授予弟弟长孙无忌宰相职位，还请求赦免参与李孝常谋反、曾经把自己赶出家门的长孙安业。对太子，她言传身教，李承乾的乳母遂安夫人请示增加东宫什器(日常使用的各种器具)，她毫不含糊地回绝说："做太子的就怕德不立名不扬，哪能光想着缺啥东西？"

可是好心有时并不一定有好报，后来这个不争气的儿子，反其道而行之，对她的话置若罔闻。

母仪天下

凡是后宫中有人犯了错误要被治罪时，长孙皇后总让别人有改过自新的机会。遇到李世民为这些事发脾气，她先顺从他的意思，等到火气消了，才慢慢跟他讲道理。正是由于她处理事情很有技巧，所以后宫中从来没有发生过冤案。不单如此，她还是个与人为善且很有爱心的人，有不知名的嫔妃生下豫章公主后，不幸早逝，她待公主如同自己的孩子。只要下属哪怕是奴婢生了病，她都会将自己吃的药送给他们，甚至有人被治罪，她也会想方设法加以庇护。

上善若水，以德服人，这一次次的善举，打动了太多人，换来的是大家发自内心的敬佩，感谢她的善良与体贴。

她与李世民的嫡出长女长乐公主李丽质，李世民特别宠爱，视为掌上明珠，李丽质要出嫁了，可不能亏待她。由于国家富裕了，李世民命有关部门准备的嫁妆比永嘉长公主都多一倍，可见他对她的喜爱之情。

不过，又有人来管"闲事"了。

长有"顺风耳"的魏征听到这个消息，进谏明确表示反对，认为这不合礼制，于情于理都不合适。李世民想了一下，觉得有道理，于是就还是按老规矩办。之后他将这件事告诉妻子，长孙皇后叹道："以前听说陛下重用魏征，不知什么原因，今天才知道，他才是真正的社稷之臣啊！忠言逆耳利于行，陛下不可不从。"

为了表示对魏征感谢，她还派中使赐钱四百缗、绢四百匹，送到魏征的家中，并传话给他说，"闻公正直，今乃见之"，希望你能坚持。

长孙皇后是李世民的贤内助，温婉贤淑，一辈子默默地陪伴在自己丈夫身边，体贴入微地照顾着他，给他生儿育女，操持"家务"，丈夫是她的全部。可以说，她是他一生中最重要的女人，是上天赐予他最美丽的公主，在他心中，有着无可替代的地位。他们始终相爱，患难与共，风雨同舟，一同走过激情燃烧的岁月，甚至在玄武门之变时，雍容华贵的她还亲上"火线"，亲临现场慰劳前方将士，李世民左右莫不感激。

这一年，她二十四岁，他二十七岁。

多少的落寞，多少的遗憾，多少的忧伤，多少的美丽，幻化成风，随风而去，思绪飘零，消逝在长安的夜空——生死两茫茫，化作相思泪。

如今看到一些描写李世民与长孙皇后的电视剧，几乎都是两口子关系很糟糕，情节很虐情，根本就没有爱情，李世民找情人，长孙氏掉眼泪，其实这里面很多都是根本不了解历史。从历史的记忆中，我们可以肯定李世民与长孙皇后是一对模范夫妻，相亲相爱，至死不渝。

当年李世民得了病，许多年都不能痊愈。病倒了，她就在床前精心照料，昼夜不离身，还经常把毒药系在衣带上。听她喃喃细语，才知道如果她的丈夫有个三长两短，她就服毒自杀——毒药代表我的心，原来她要为李世民殉情。

她自己也与李世民一样有多年的气喘病。前年她随他到九成宫度假，柴绍等人深夜有急事报，李世民身披甲胄出来询问情况。她又抱病跟着出来，左右劝她回去休息，她只是淡淡地说了一句："皇上都震惊了，我又怎能心安？"便一直陪伴在丈夫身旁，温存地给他鼓励和支持。

可能是那晚待的时间太久，她太累了，从此病情愈来愈重，皇宫里的人手足无措。太子李承乾服侍她的时候说药用遍了还不见好，不如要父皇大赦天下，超度凡夫俗子出家来获得神灵的保佑。不想她坚决反对，表示死生有命，并不是人力所能改变的，这样做非但没好处，也坏规矩，如果一定要这么做，还不如早点死了。

太子不敢上奏，含着泪偷偷告诉房玄龄，房玄龄觉得这是大事不能隐瞒，于是禀明皇上。朝臣都纷纷请求准许太子关于大赦和超度的要求，李世民大为伤心，悲痛不已，打算就这么办，而她在病中听到这个消息，依然执意劝阻。

生死相随

见妻子如此坚决，李世民只好换一种方式，下令修葺全国破旧的寺庙，希望能以此获得菩萨的保佑，为她祈福。

等到病入膏肓，要与李世民诀别时，她想到的还不是自己，而是别人。因为刚刚房玄龄受到李世民的谴责，离职回家了，她正为此事放心不下。她深情地望着自己的丈夫，对他说房玄龄是忠臣，没有大错绝不能抛弃他。李世民点点头，泪流满面，凝视着自己心爱的妻子，倾听着她的每一句话。她又交代了几件事，一是不要将长孙家族的人安排到显要位置；二是死后一切从简，用点木头瓦片随葬就可以了；三是希望李世民亲贤臣、远小人，纳忠谏、去谗言，减少劳役，停止狩猎。最后她表示，唯有这样，她便未有遗憾了，并叮嘱不要儿女们老远跑回来，免得她们太伤心。

话都说到这个份上，李世民只有感动，他忍不住地流泪，失声痛哭。

这时，只见她又把随身携带的毒药拿出来，对李世民说："我在陛下卧床的日子誓言与你同生共死，我不能当吕后啊！"

此时此刻，已经无法用言语来形容了，李世民默默地看着行将就木的妻子，相顾无言，唯有泪千行。忽然，他感觉放在自己心口的妻子的手轻轻地垂了下去，再也不动了。

生死相随，感天动地的爱情。

这一年，她三十六岁，他三十九岁。

贞观十年(公元636年)六月二十一日,带着恋恋不舍的眷念,长孙皇后崩于立政殿。一代贤后,就这样永远地离开了这个五彩缤纷的世界,走得匆忙,但走得安详,仅仅活了三十六个年头。

可是,她并没有白活——生命不在于时间长短,而在于是否有意义。

母仪天下,秀外慧中的她真正做到了,而且是当之无愧的榜样,她是最贤惠的女人,更是一位伟大的女性。

她是一朵绝色天香的牡丹,世界级的"第一夫人",千古贤后,万世流芳。

当然,她还有许多放不下心的事,尤其是自己的几个儿子,性格各异,日后是否会同室操戈?可是天意弄人,最让她担心的事情,最后还是不幸发生了。而更加不幸的是,她去世后,生前一直为之忧心忡忡的外戚干政问题,也终于浮出水面。长孙无忌始终得到李世民的重用,权倾朝野,并且成为托付后事的顾命大臣,若干年后,他被流放黔州,被迫自杀——身在天国的她,不知会作何感想?

天地同哭,李世民万分悲痛。

> 谁念西风独自凉,萧萧黄叶闭疏窗,沉思往事立残阳。被酒莫惊春睡重,赌书消得泼茶香,当时只道是寻常。①

失去了,才知道珍惜。

长孙皇后曾经搜集古代妇人得失事迹编成《女则》一书,共三十卷,不但亲自作序,还专门写"论文"批评东汉明德皇后不能抑制外戚是一种危险的做法。直到她去世后,宫中才有人将这本书呈给皇上,李世民看过后,失声痛哭,他悲痛欲绝,拿给身边的大臣看,说:皇后这书,足以垂范后世。失去一个贤内助,朕何以释怀呀!

话音刚落,他似乎又想起什么,即刻召回房玄龄,官复原职。

她用一生去爱自己的丈夫,也想用自己的真心去换取一辈子的爱。他有三宫六院,不会只钟情一人;而她,一辈子就只爱一个人,可嫁在帝王家不

---

① 引清代纳兰性德词《浣溪沙》。

比凡人，必须去接受这些。她得到的，并非一个男人的全部，而是他的尊重，没有什么比这更重要。

一切的青春靓丽，都会随风逝去，唯有尊重才能永久，直到人类的尽头。

此真将军也

在去世五个月后的十一月，这个寒冷的冬天，长孙皇后被安葬于昭陵。

李世民常常想念自己的妻子，不能自已，甚至到了精神恍惚，吃不下饭、睡不着觉的地步。为了减轻痛苦，他让人在皇家园林内砌了一座高台，用来登高望远，眺望昭陵，让自己的思绪飘向那个长眠在大山深处的心爱女人。他只能用这种方式，来表达自己的思念之情，每天在身边的时候没感觉，可一旦人不在了，他才觉得天都好像要塌了一样——拥有的时候不珍惜，失去了才觉得珍贵，难道这就是人的宿命？此刻，他真正体会到了两人之间的情感不能分离，这就是爱，终极的爱。

可是这个“秘密”，还是不幸让魏征小老头发现了，他又风尘仆仆、不解风情地来“拆台”了。

这天，李世民特意兴冲冲地拉着魏征一同登上这个美妙的台子，让他也来个登高望远，一同感受一下思念之情。可是不想魏征细细看了很久，只说眼睛花，什么都看不到。

这就奇了，明明一清二楚，又没雾又没雨的，怎么会看不清？

李世民特别用手指给他看，魏征问，这是昭陵吗？

李世民说，对，是昭陵。

魏征接着说，我还以为是要我看献陵呢，如果是昭陵，我早就看见了。

李世民又听出弦外之音，献陵是埋葬父亲的地方，这不是拐着弯儿批他只想老婆不想老爸吗？他更是伤心，失声痛哭，为了让魏征不再说闲话，李世民命人把这个“望妻台”给拆了，但在他心中，思念始终如一。而魏征小老头则又打了一个漂亮的迂回战，“拆台”成功！

虽然台子是拆了，但李世民并没有停止对她的思念，他在昭陵外通往妻子陵寝元宫的栈道上修建了房子，并派宫女居住在其中，如侍奉活人一样侍奉死去的长孙皇后，“供养如平常”。

可见，在李世民的心里面，她，永远是活着的。

刻骨铭心的追恋。

长孙皇后去世后，李世民再没立皇后。

当初安葬长孙皇后，李世民还特意写了一篇文章刻在碑上，意思是这儿没什么宝贝，不要瞎想。当然这只是一个障眼法而已，后来昭陵被盗，还是挖出不少奇珍异宝。

葬长孙皇后时，还发生了一个小插曲。将军段志玄与宇文士及分别领众出肃章门，护送灵车前往昭陵。李世民夜里突然有急事，派宦官来营地，宇文士及好说话，大开营门，而段志玄不吃这一套，就是不开，宣称军营晚上不能开门。来使也很牛，搬出李世民，说有皇帝手敕——有李世民的条子也不行！段志玄照样回绝，说晚上分不清真假。

来使气得吐血，不但吃闭门羹，还在门外一直等到天亮，喝了一晚上的西北风。

看来段志玄有大麻烦了，敢和皇帝对着干，你有几颗脑袋？可当这个倒霉的宦官回去报告时，李世民却感叹道：

“此真将军也！”

治军一视同仁，严字当头，这让我想起汉文帝时的周亚夫将军。当年汉文帝巡视细柳营，卫士不让他进营，说军中只听将军号令不听天子诏书。好不容易才进门，可进去了简直“面子”丢尽，车子走快都不行，周亚夫也不拜。虽然这样，汉文帝还是称赞道：“这才是真将军啊！”看来汉文帝也是不要面子要里子——历史真是神奇，相隔近八百年，两个皇帝竟然因为同一个问题，说了同样一句话。

老婆死了，李世民还活着，活着并不一定就快乐，也有痛苦和哀愁。李世民还能活十三年，在这十三年中，他将经历更多的压力与挫折，并将遭受内心的煎熬，极其痛苦。尤其是父子亲情在权力面前的艰难抉择，更是让他彻底明白了当初父亲对待自己的惨痛心情。

很多事情，只有亲身经历了，你才会珍惜。

战争、宫斗、谋杀，都宛如鬼魅一般，始终缠绕着孤独的李世民，他看似风光，实则悲凉。

奋斗的路上，越走越艰难。

一路走来，十分不易。

人生的最后十三年，他将要面对哪些难以预测的困难和挑战？

更多精彩，敬请关注《李世民的奋斗》下册“贞观之治·守业”，非常感谢您的支持与鼓励。因水平所限，错漏在所难免，恳请大家批评指正，如果您有任何意见或建议，请来信至：tanghaofang@163.com，谢谢！